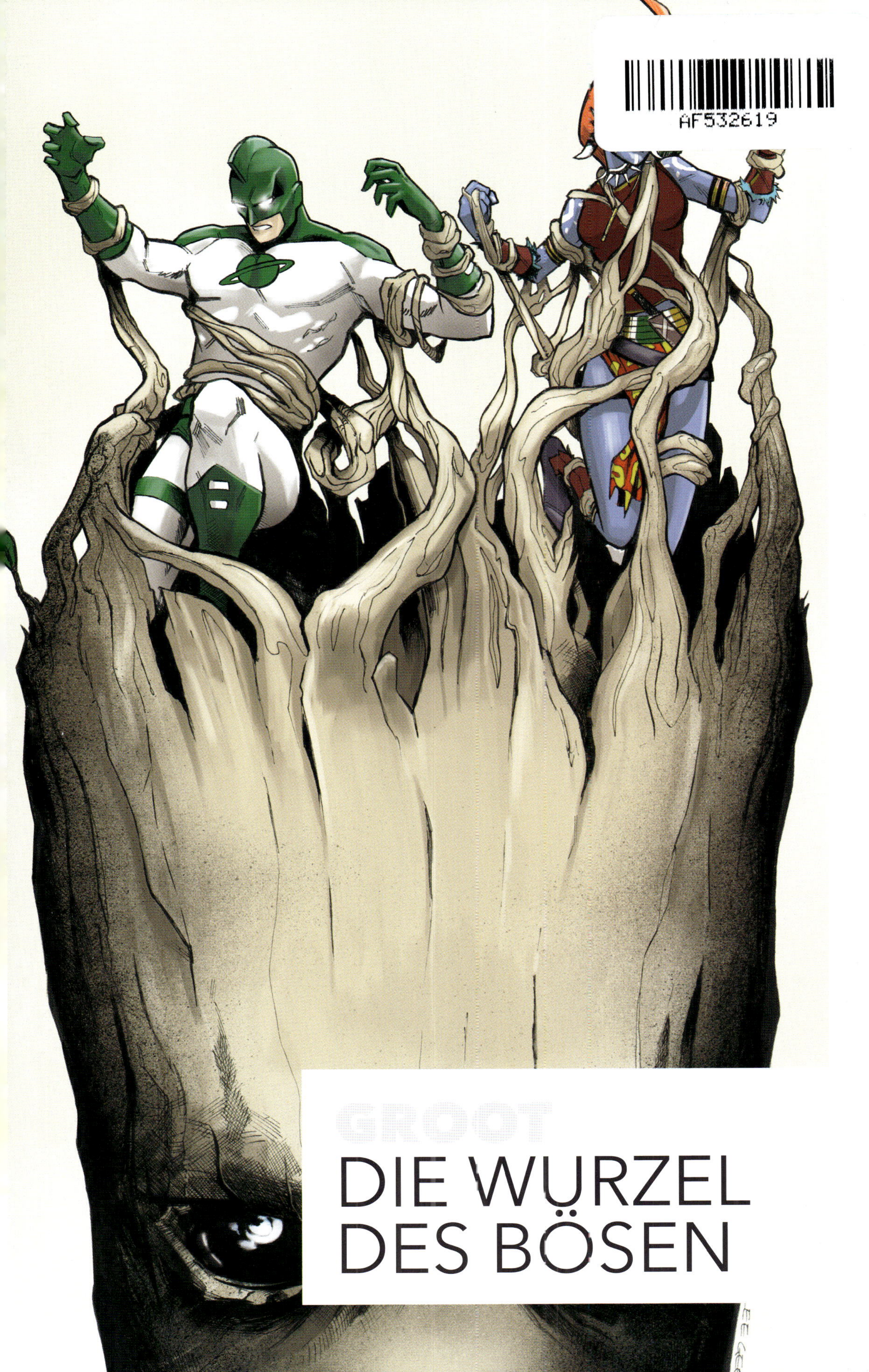
GROOT
DIE WURZEL
DES BÖSEN

GROOT

FUNKSTILLE
Untitled
Groot (2023) 1
Juli 2023

MONSTERJAGD
Untitled
Groot (2023) 2
August 2023

RACHEGELÜSTE
Untitled
Groot (2023) 3
September 2023

BREITSEITE
Untitled
Groot (2023) 4
Oktober 2023

DAN ABNETT
STORY

DAMIAN COUCEIRO
ZEICHNUNGEN & TUSCHE

MATT MILLA
FARBEN

ASTARTE DESIGN
LETTERING

ALEXANDER RÖSCH
ÜBERSETZUNG

KAT GREGOROWICZ
DARREN SHAN
NOAH SHARMA
REDAKTION USA

C. B. CEBULSKI
CHEFREDAKTEUR USA

GROOT erscheint bei **PANINI COMICS**, Schloßstraße 76, D-70176 Stuttgart. Druck: Tecnostampa srl – Pigini Group – Loreto – Trevi. Pressevertrieb: Stella Distribution GmbH, D-22297 Hamburg. Direkt-Abos auf **www.paninicomics.de**. Anzeigenverkauf: BLAUFEUER VERLAGSVERTRETUNGEN GmbH, info@blaufeuer.com. Es gelten die Anzeigenpreise gemäß der Mediadaten 2024. Geschäftsführer **Hermann Paul**, Publishing Director Europe **Marco M. Lupoi**, Finanzen/Logistik **Felix Bauer**, Marketing Director **Holger Wiest**, Marketing **Fabio Cunetto**, Vertrieb **Alexander Bubenheimer**, PR/Presse **Steffen Volkmer**, Publishing Manager **Lisa Pancaldi**, Redaktion **Harald Gantzberg**, **Christian Grass**, **Anja Seiffert**, **Nicola Soressi**, **Kristina Starschinski**, **Daniela Uhlmann**, **Thomas Witzler**, Übersetzung **Alexander Rösch**, Proofreading **Pia Oddo**, Lettering **Astarte Design**, grafische Gestaltung **Marco Paroli** (coordinator), **Cinzia Morando**, Art Director **Alessandro Gucciardo**, Redaktion Panini Comics **Annalisa Califano**, **Beatrice Doti**, Prepress **Cristina Bedini**, **Daniela Guidetti**, **Andrea Lusoli**, Repro/Packager **Alessandro Nalli** (coordinator), **Anna Boselli**, **Mario Da Rin Zanco**, **Valentina Esposito**, **Luca Ficarelli**, **Linda Leporati**. Deutsche Edition bei Panini Verlags-GmbH unter Lizenz von Marvel Characters B.V. Cover von **Lee Garbett**, *Groot* (2023) 4.

Digitale Ausgaben:
ISBN 978-3-7569-0581-2 (.pdf) / ISBN 978-3-7569-0582-9 (.epub) /
ISBN 978-3-7569-0580-5 (.mobi)

Bibliografische Information der Deutschen Nationalbibliothek
Die Deutsche Nationalbibliothek verzeichnet diese Publikation in der Deutschen Nationalbibliografie; detaillierte bibliografische Daten sind im Internet über dnb.d-nb.de abrufbar.

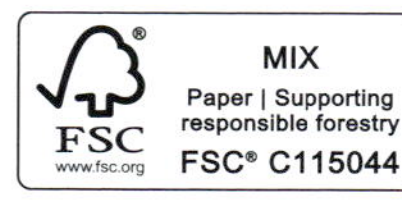

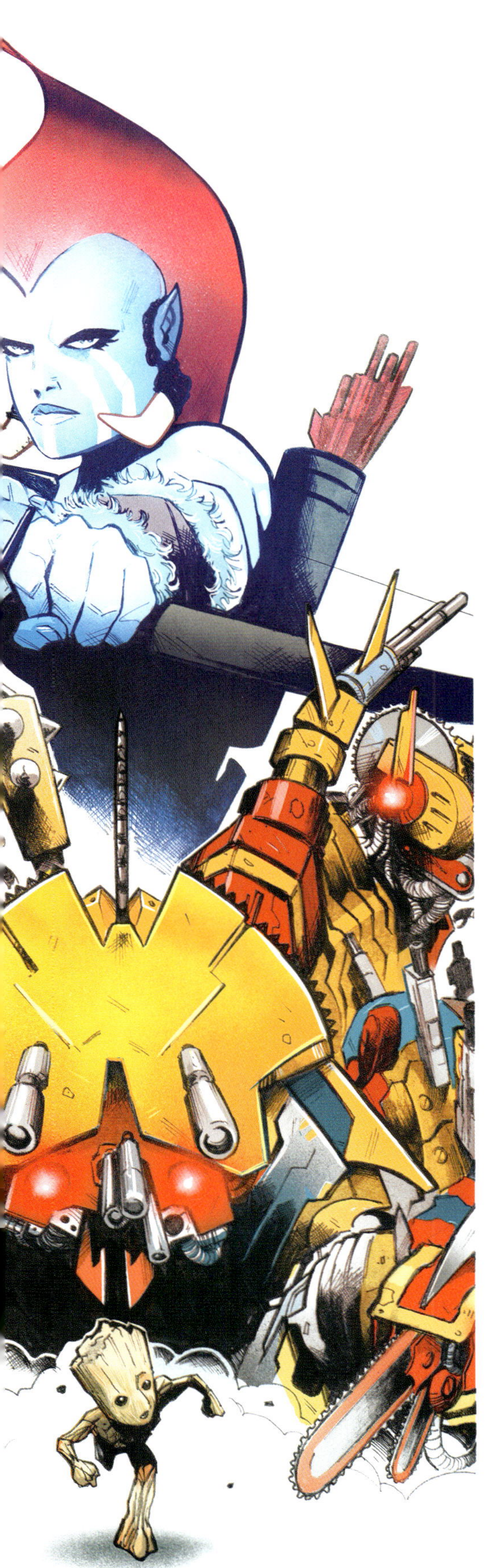

Rund zehn Jahre sind vergangen, seit Regisseur **James Gunn** mit dem Hollywood-Streifen *Guardians of the Galaxy* einen Erfolgshit landete. Was für einige Kino-Experten einer Sensation gleichkam, war bei genauerem Hinsehen keine Riesenüberraschung. Der Blockbuster ist gespickt mit liebenswert schrulligen Halsabschneidern, Gaunern und Ganoven, die für eine Sci-Fi-Verfilmung wie geschaffen sind. Kaum eine Figur im MCU hat die Herzen der Zuschauer allerdings schneller erobert als der knorrige Baumriese von Planet X. Dabei hatten ihn **Stan Lee** und **Jack Kirby** einst erschaffen, um den Lesern das Gruseln zu lehren. Im Comic *Tales to Astonish* war **Groot** 1960 in der Absicht aus dem All gekommen, Erdbewohner zu entführen und für Experimente zu missbrauchen. Seine riesige Gestalt versetzte die Menschen in Panik, sämtliche irdischen Waffen schienen wirkungslos. Er gab sich sogar als König seiner Spezies aus. Die Wissenschaftlerin **Leslie Evans** setzte den hölzernen Hünen schließlich mit speziell gezüchteten Termiten außer Gefecht. Danach tauchte er in der buchstäblichen Monster-Sammlung von **Taneleer Tivan** wieder auf, besser bekannt als **Collector**. Nachdem er sich mit anderen Kreaturen befreit hatte, lief die Monsterbande in New York Amok, bis sie von dem **Ding**, **Hulk**, **Beast** und **Giant-Man** gestoppt wurde. In der Miniserie *Annihilation Conquest* von 2006 war Groot dann in der Gefangenschaft der außerirdischen **Kree** zu sehen. Die Gründe wurden nie bekannt. Groot erhielt seine Freiheit, indem er der Einsatztruppe von **Star-Lord** beitrat. Es war der Beginn der Verbrüderung mit **Rocket Raccoon** und seiner Zeit mit den **Guardians**.

Nur wenig ist über die Jugend von Groot bekannt, außer dass er schon immer prädestiniert war, für die Rechte der Unterdrückten einzustehen. Bereits in jungen Jahren engagierte er sich durch niedere Arbeiten für menschenähnliche Tiere und Pilze, die das Ökosystem seines Heimatplaneten unterstützten. Damit zog er den Unmut seiner Artgenossen auf sich und musste Planet X letztlich verlassen. Doch nun erwartet euch ein gänzlich neues Kapitel aus Groots Jugend.

Thomas Witzler

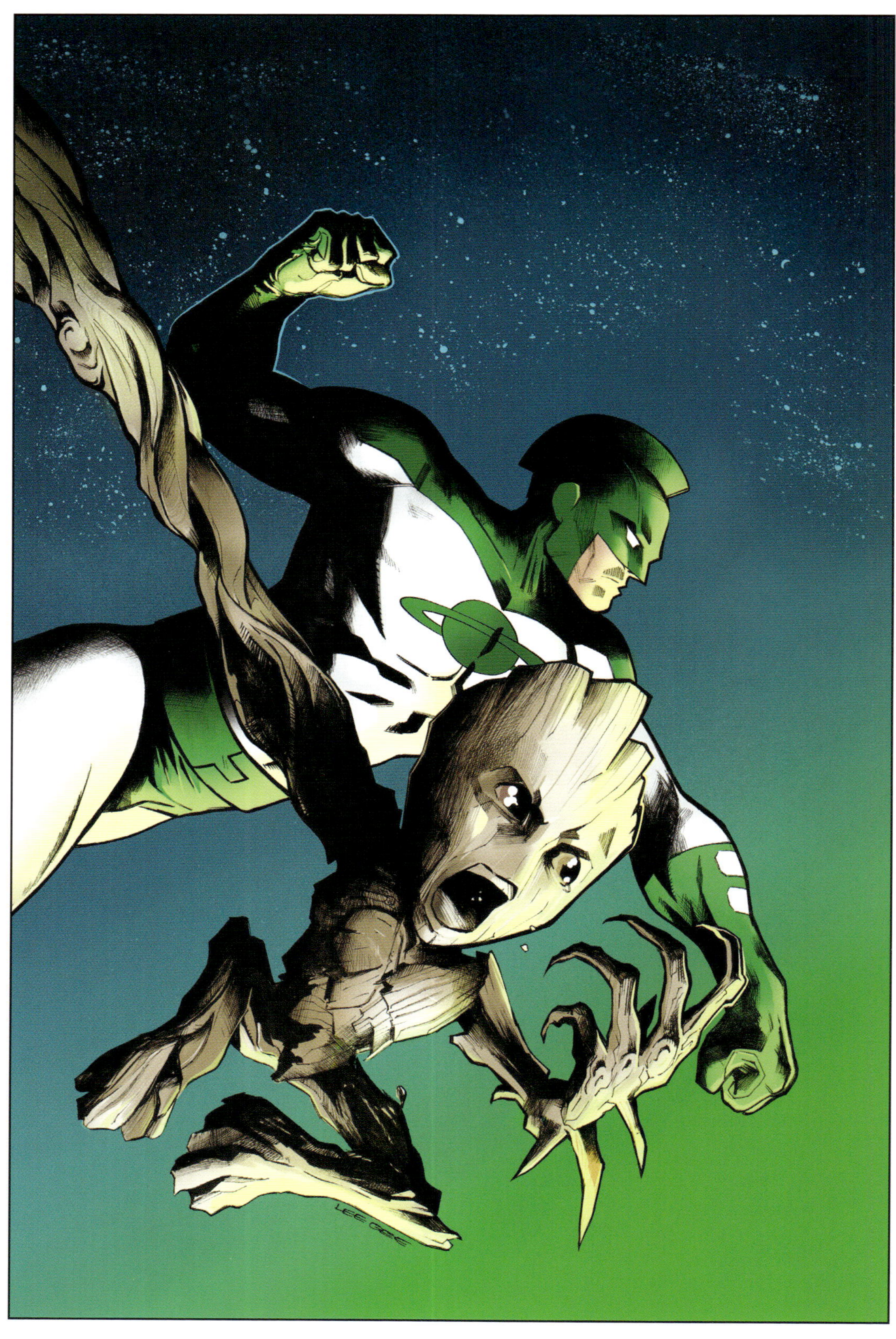

Groot (2023) 1
Cover von **LEE GARBETT**

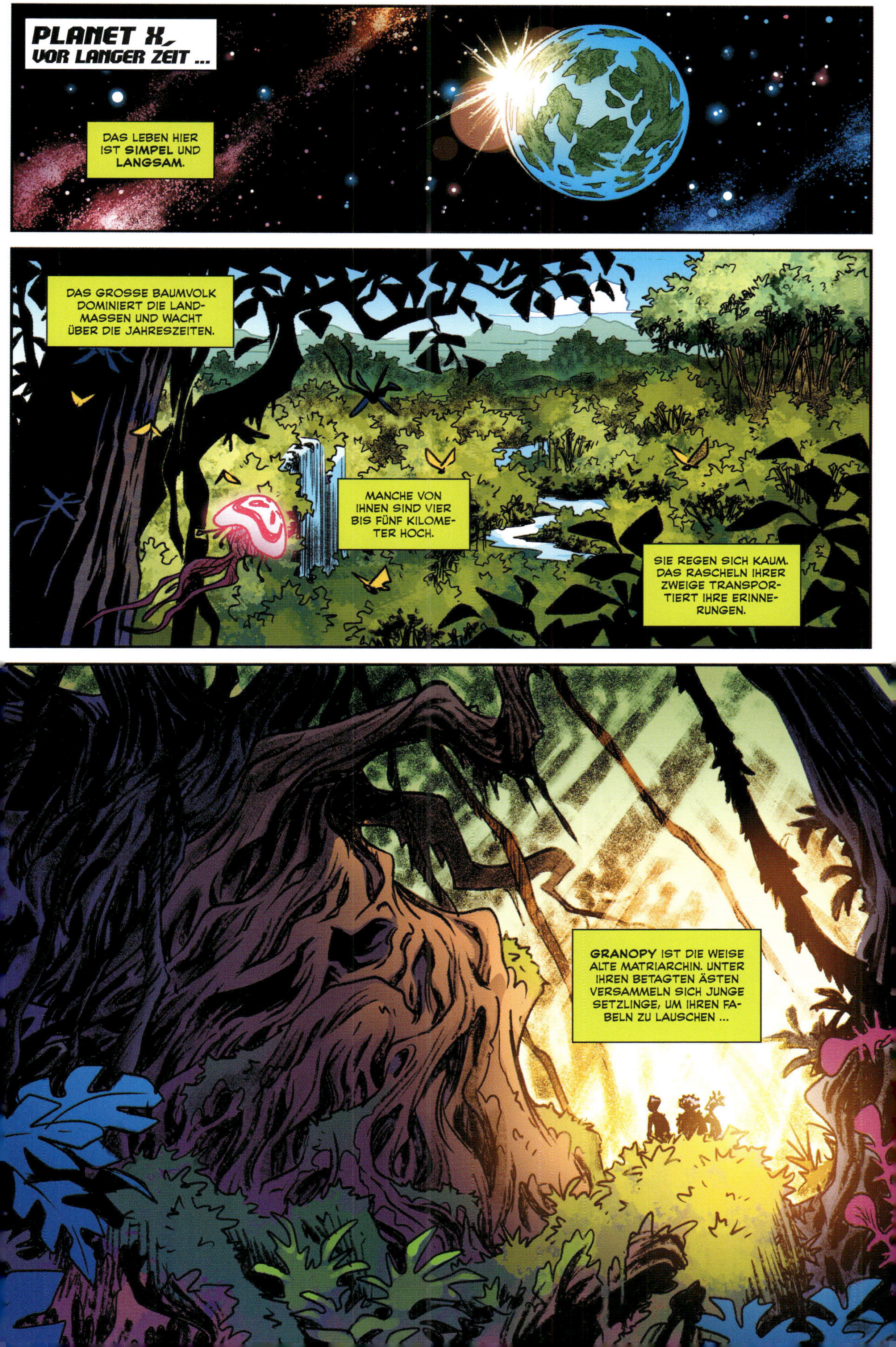

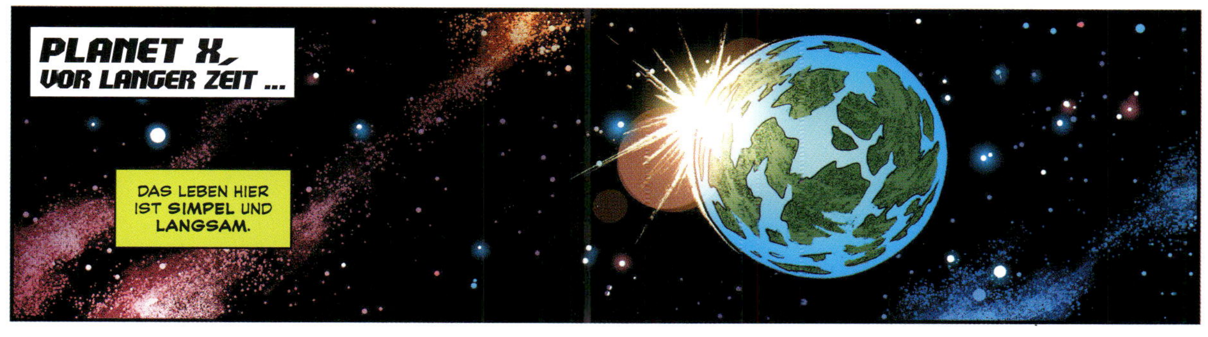

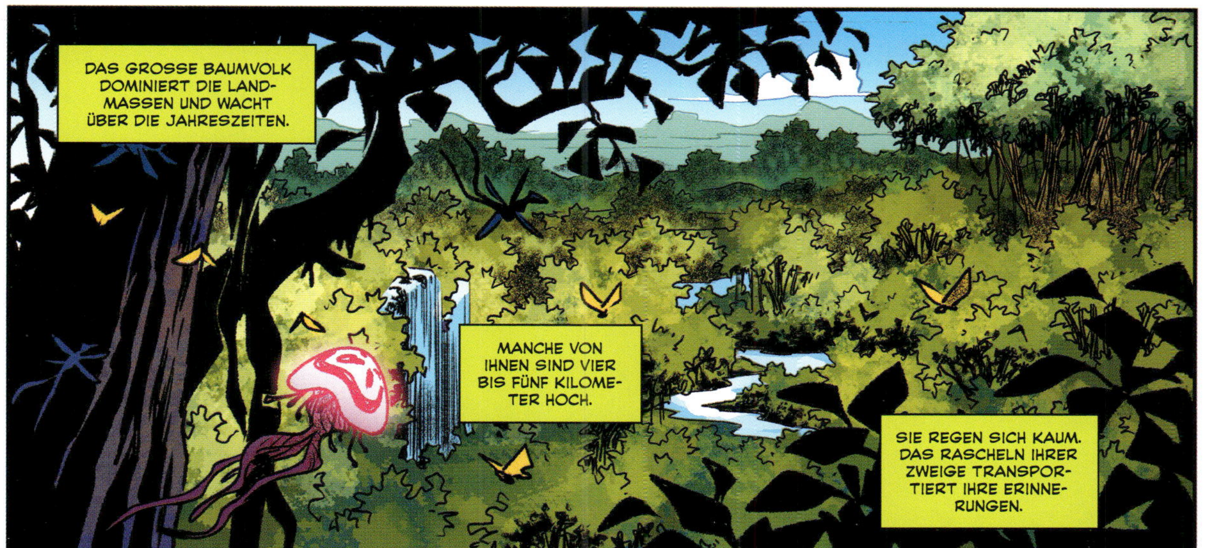

GRANOPY IST DIE WEISE ALTE MATRIARCHIN. UNTER IHREN BETAGTEN ÄSTEN VERSAMMELN SICH JUNGE SETZLINGE, UM IHREN FABELN ZU LAUSCHEN ...

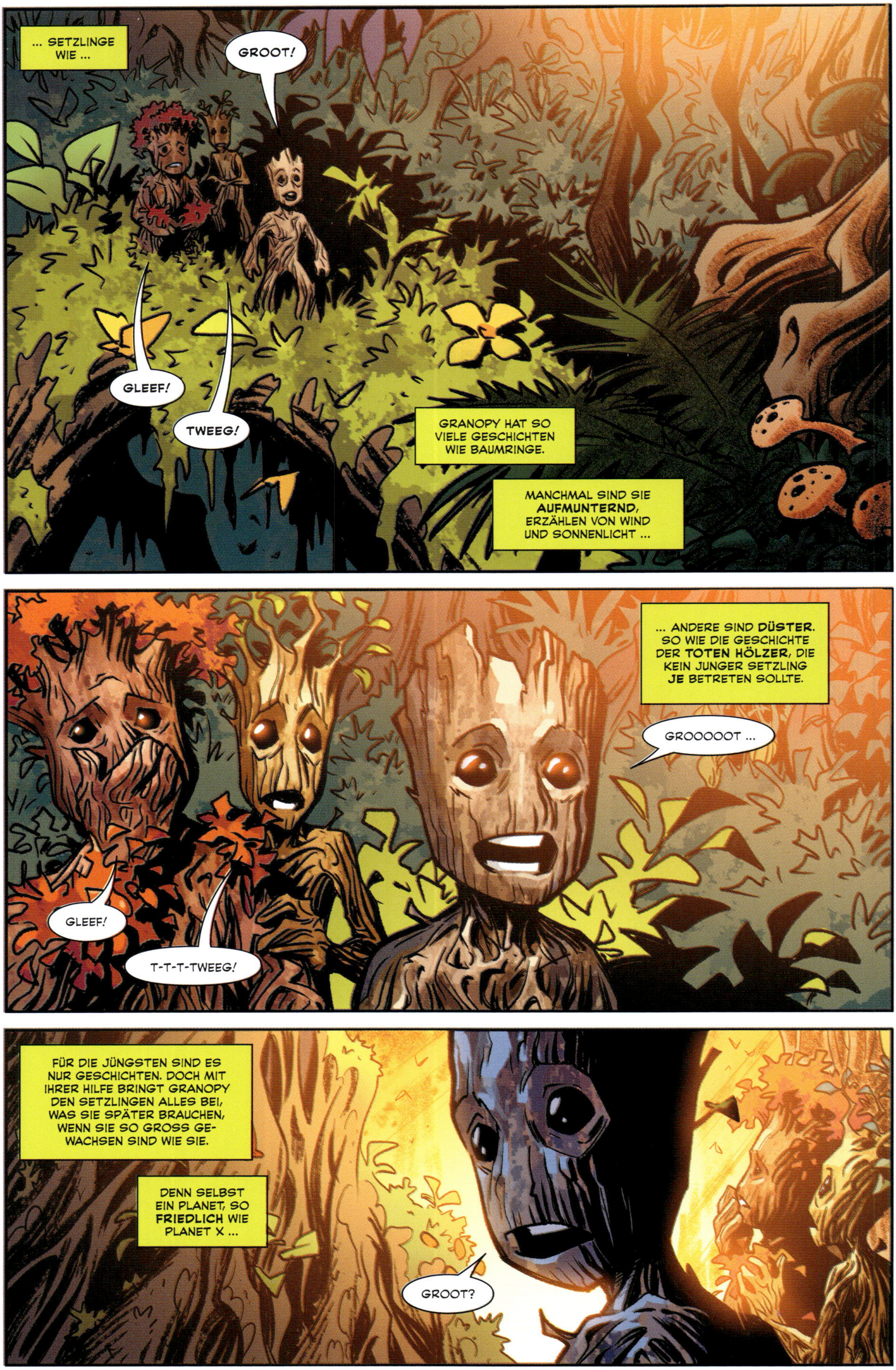

... SETZLINGE WIE ...
GROOT!
GLEEF!
TWEEG!
GRANOPY HAT SO VIELE GESCHICHTEN WIE BAUMRINGE.
MANCHMAL SIND SIE **AUFMUNTERND**, ERZÄHLEN VON WIND UND SONNENLICHT ...

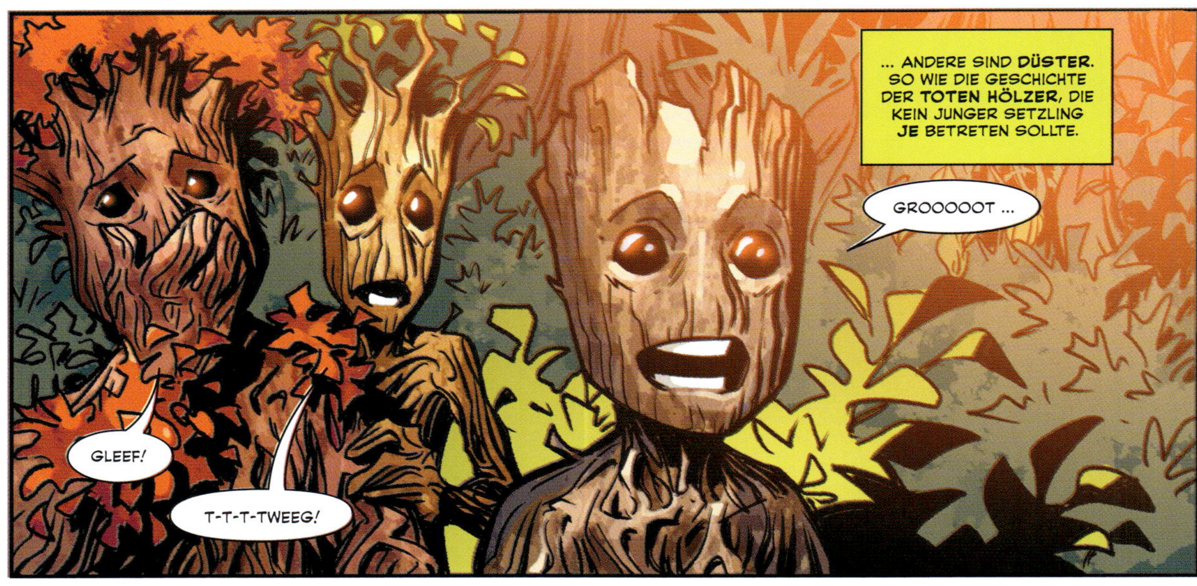

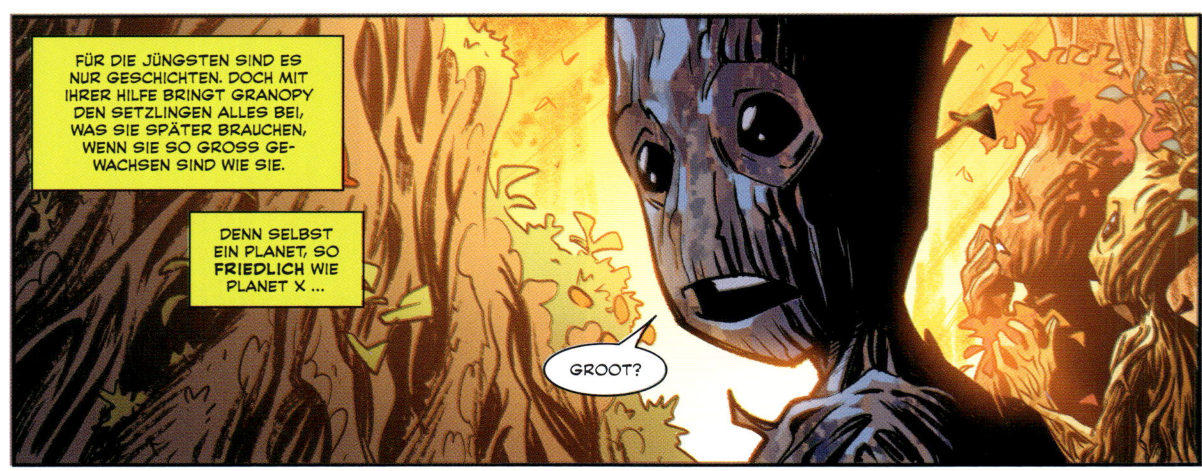

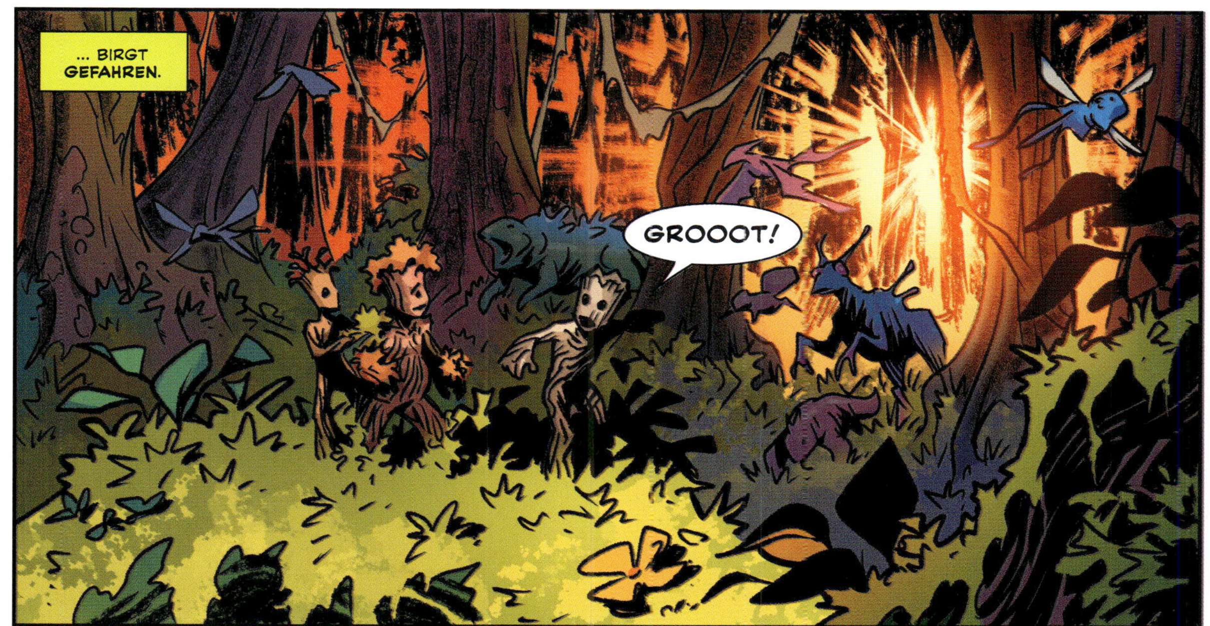

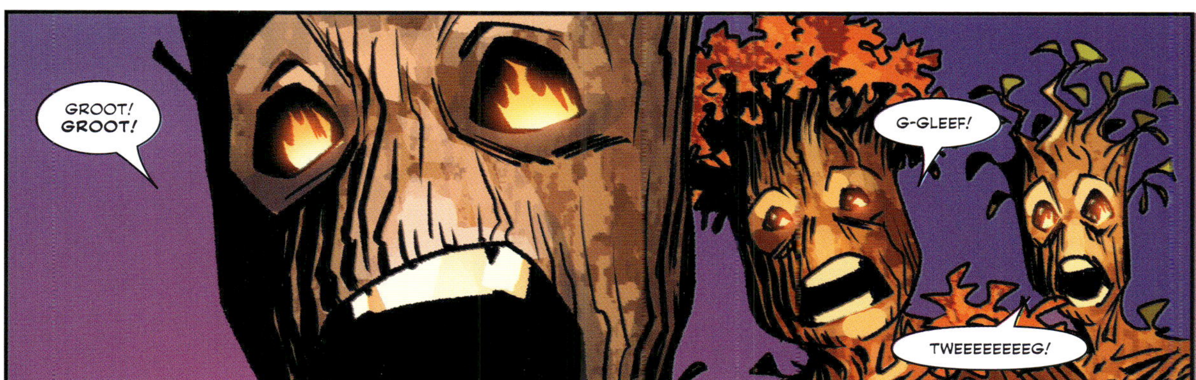

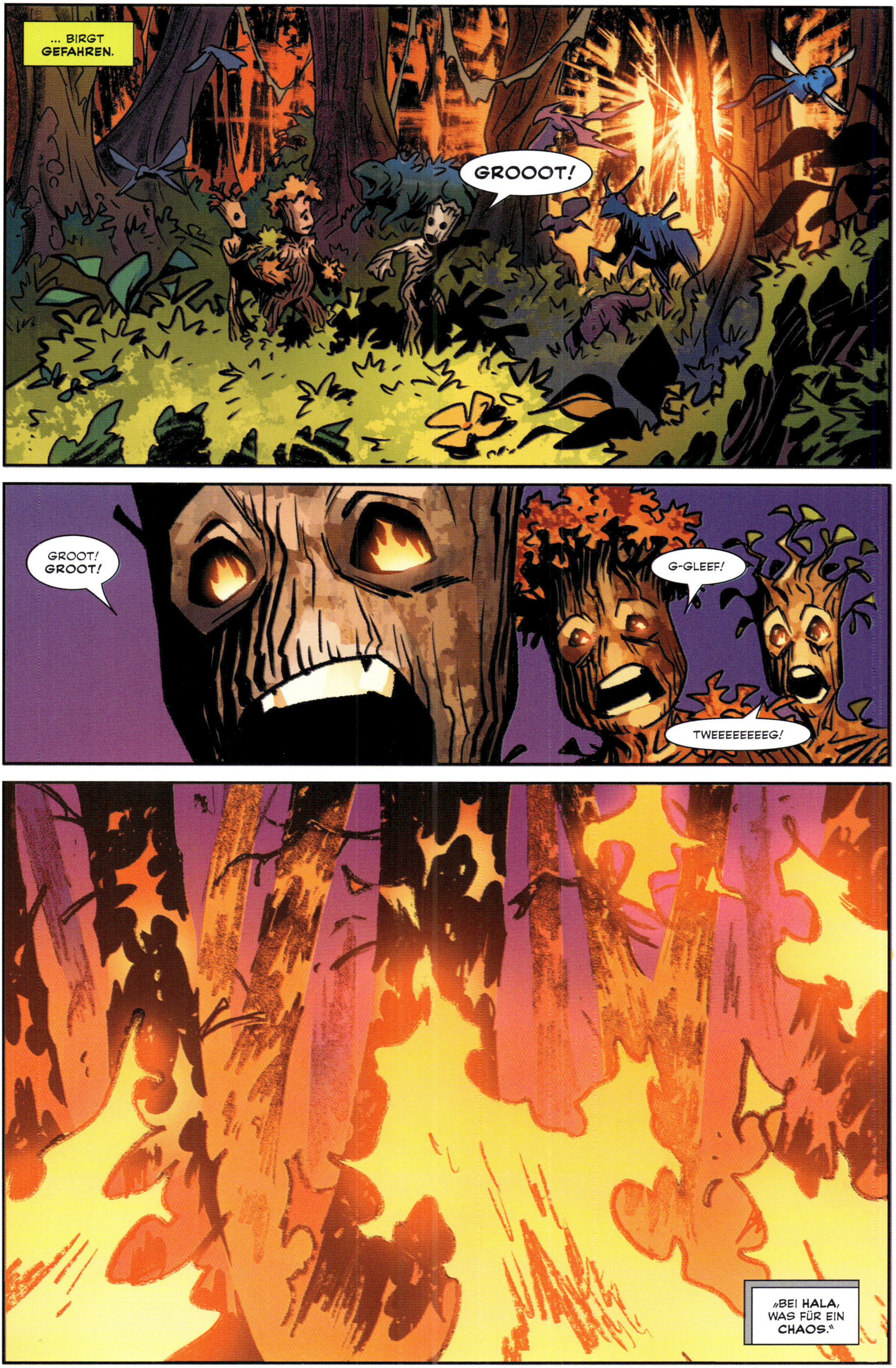

„BEI **HALA**, WAS FÜR EIN **CHAOS**."

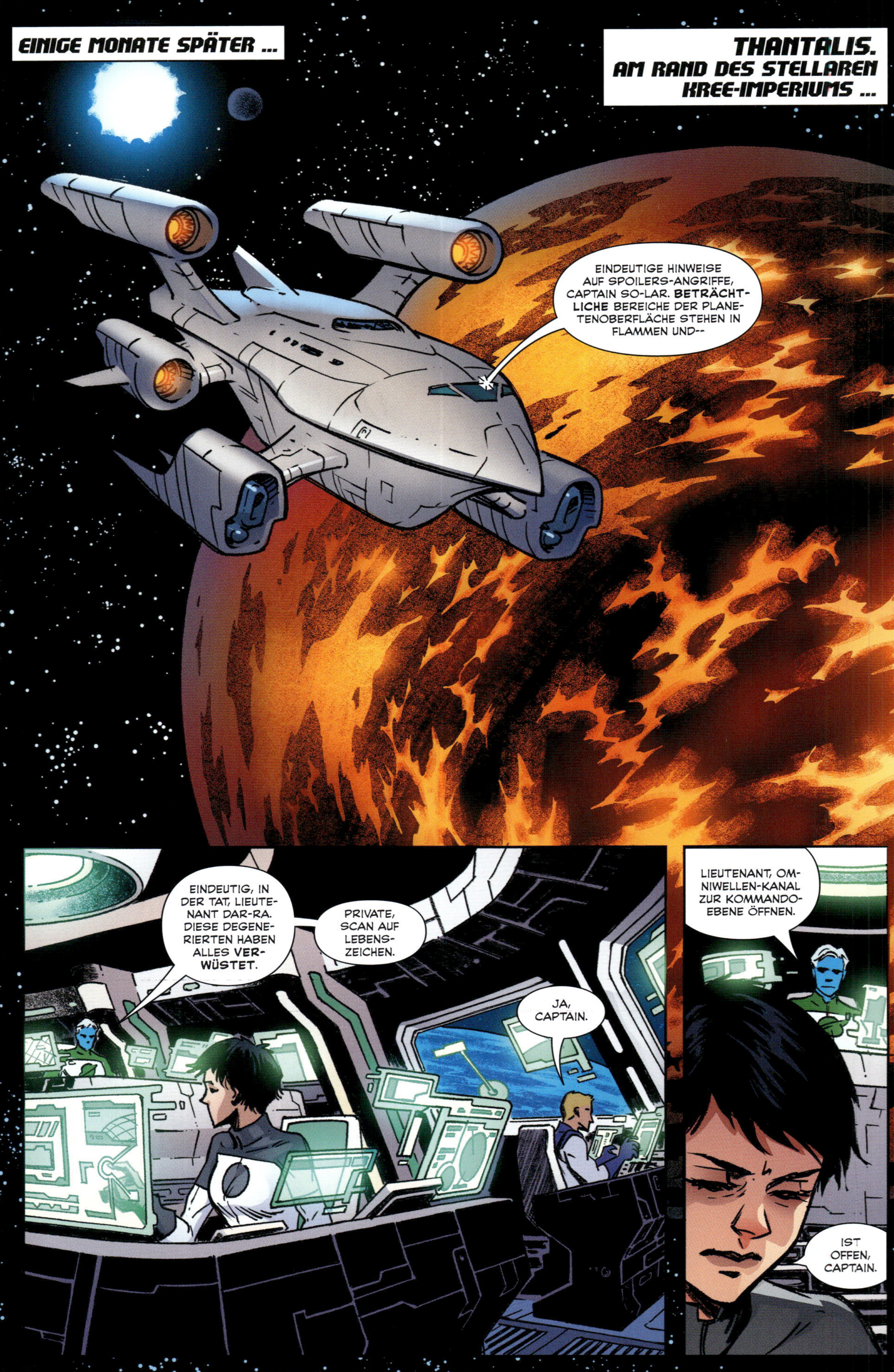
EINIGE MONATE SPÄTER ...
THANTALIS.
AM RAND DES STELLAREN
KREE-IMPERIUMS ...
EINDEUTIGE HINWEISE AUF SPOILERS-ANGRIFFE, CAPTAIN SO-LAR. BETRÄCHTLICHE BEREICHE DER PLANETENOBERFLÄCHE STEHEN IN FLAMMEN UND--
EINDEUTIG, IN DER TAT, LIEUTENANT DAR-RA. DIESE DEGENERIERTEN HABEN ALLES VERWÜSTET.
PRIVATE, SCAN AUF LEBENSZEICHEN.
JA, CAPTAIN.
LIEUTENANT, OMNIWELLEN-KANAL ZUR KOMMANDOEBENE ÖFFNEN.
IST OFFEN, CAPTAIN.

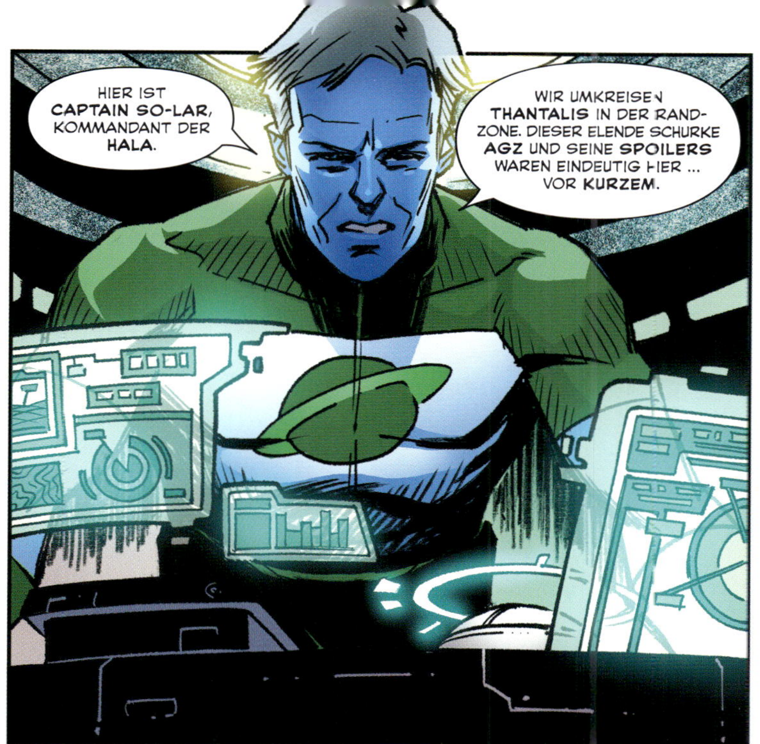
HIER IST CAPTAIN SO-LAR, KOMMANDANT DER HALA.
WIR UMKREISEN THANTALIS IN DER RAND-ZONE. DIESER ELENDE SCHURKE AGZ UND SEINE SPOILERS WAREN EINDEUTIG HIER ... VOR KURZEM.
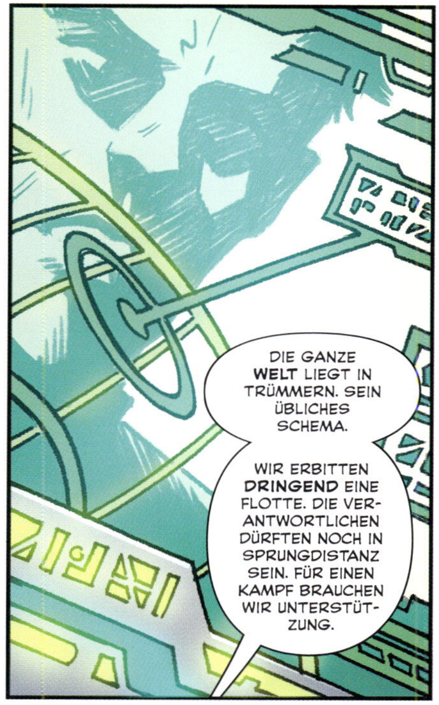
DIE GANZE WELT LIEGT IN TRÜMMERN. SEIN ÜBLICHES SCHEMA.
WIR ERBITTEN DRINGEND EINE FLOTTE. DIE VER-ANTWORTLICHEN DÜRFTEN NOCH IN SPRUNGDISTANZ SEIN. FÜR EINEN KAMPF BRAUCHEN WIR UNTERSTÜT-ZUNG.
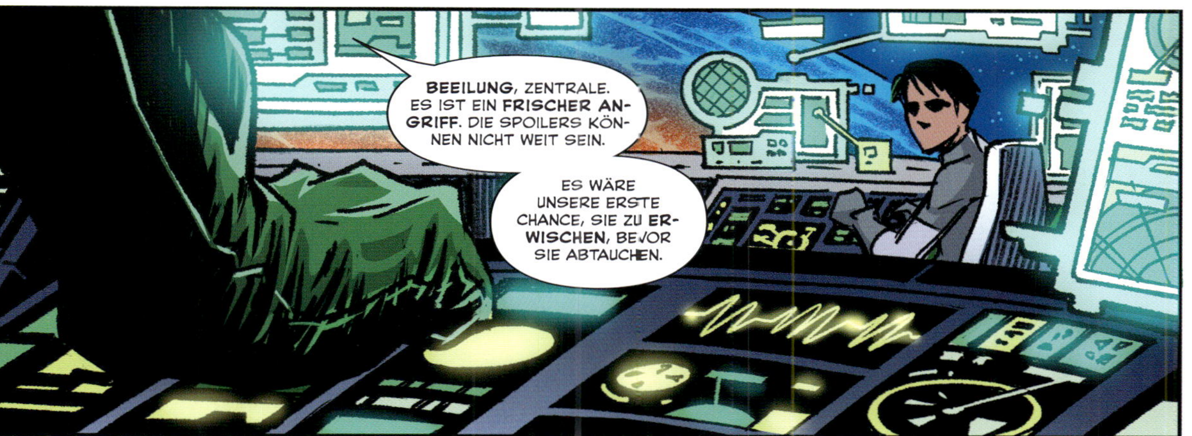
BEEILUNG, ZENTRALE. ES IST EIN FRISCHER AN-GRIFF. DIE SPOILERS KÖN-NEN NICHT WEIT SEIN.
ES WÄRE UNSERE ERSTE CHANCE, SIE ZU ER-WISCHEN, BEVOR SIE ABTAUCHEN.
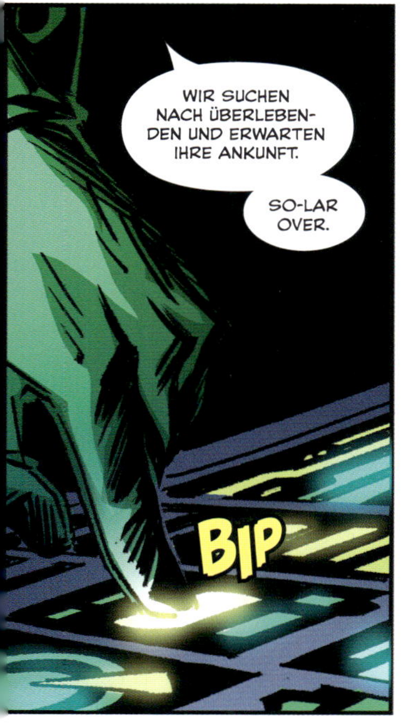
WIR SUCHEN NACH ÜBERLEBEN-DEN UND ERWARTEN IHRE ANKUNFT.
SO-LAR OVER.
BIP
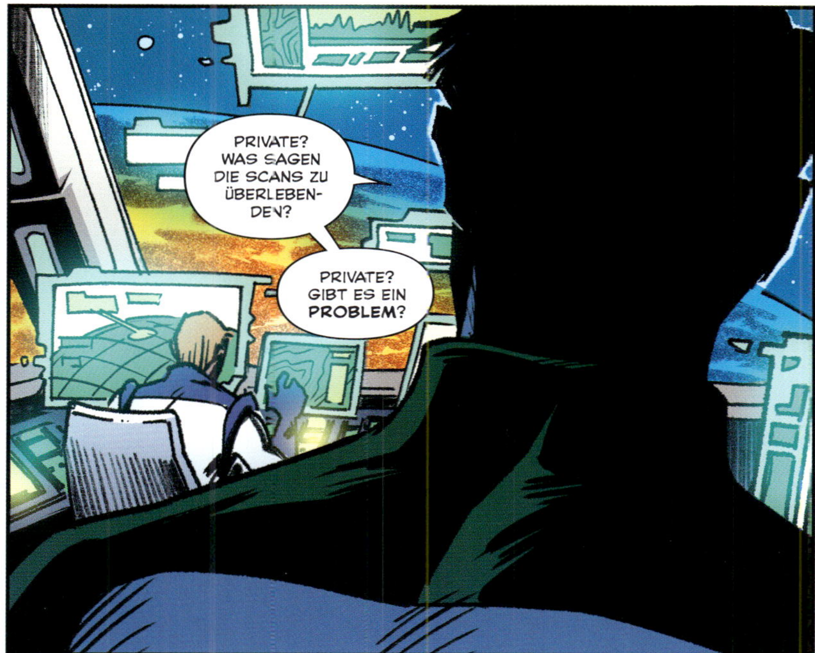
PRIVATE? WAS SAGEN DIE SCANS ZU ÜBERLEBEN-DEN?
PRIVATE? GIBT ES EIN PROBLEM?

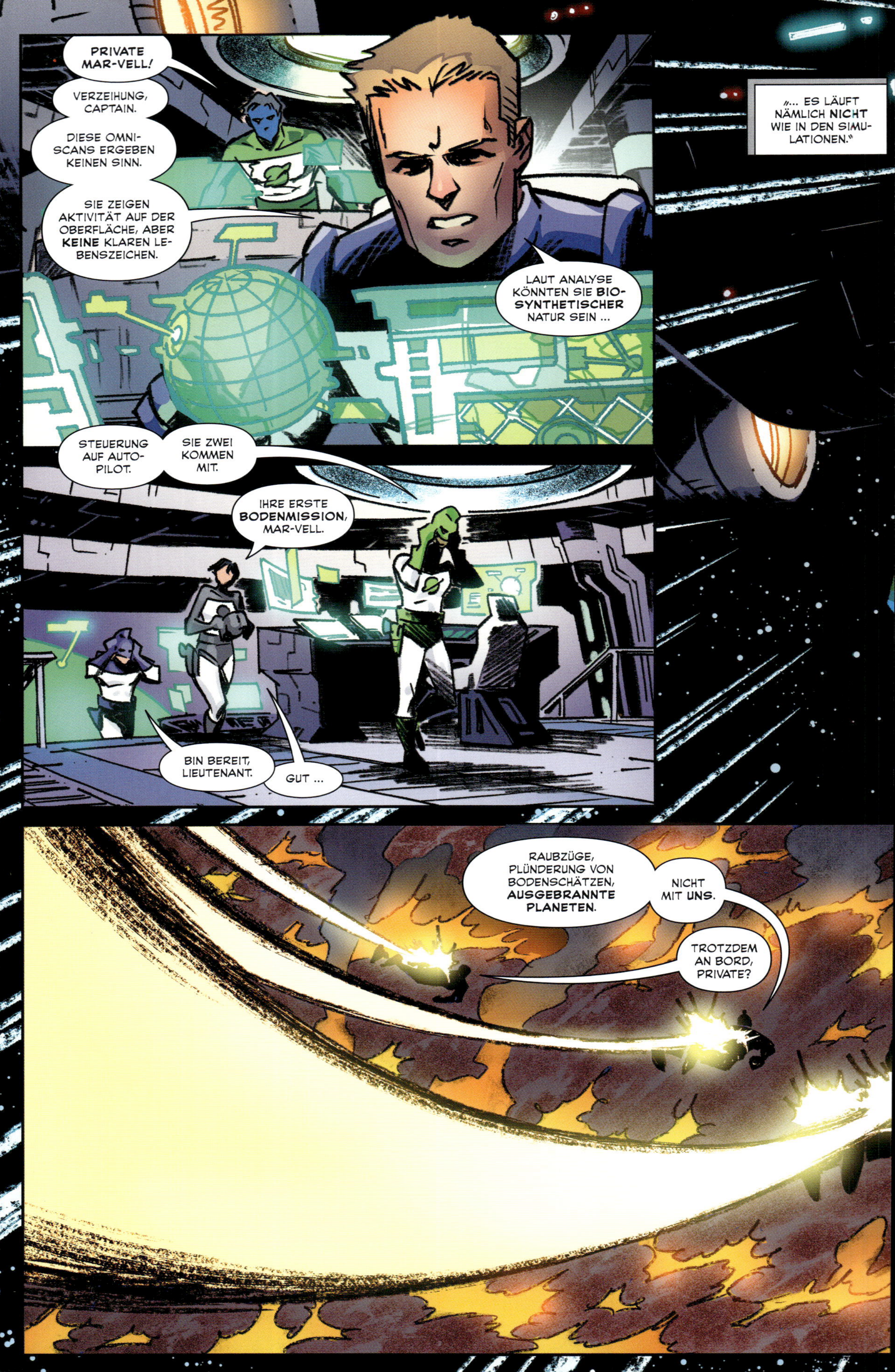
PRIVATE MAR-VELL!
VERZEIHUNG, CAPTAIN.
DIESE OMNI-SCANS ERGEBEN KEINEN SINN.
SIE ZEIGEN AKTIVITÄT AUF DER OBERFLÄCHE, ABER KEINE KLAREN LEBENSZEICHEN.
LAUT ANALYSE KÖNNTEN SIE BIO-SYNTHETISCHER NATUR SEIN ...
„... ES LÄUFT NÄMLICH NICHT WIE IN DEN SIMULATIONEN."
STEUERUNG AUF AUTOPILOT.
SIE ZWEI KOMMEN MIT.
IHRE ERSTE BODENMISSION, MAR-VELL.
BIN BEREIT, LIEUTENANT.
GUT ...
RAUBZÜGE, PLÜNDERUNG VON BODENSCHÄTZEN, AUSGEBRANNTE PLANETEN.
NICHT MIT UNS.
TROTZDEM AN BORD, PRIVATE?

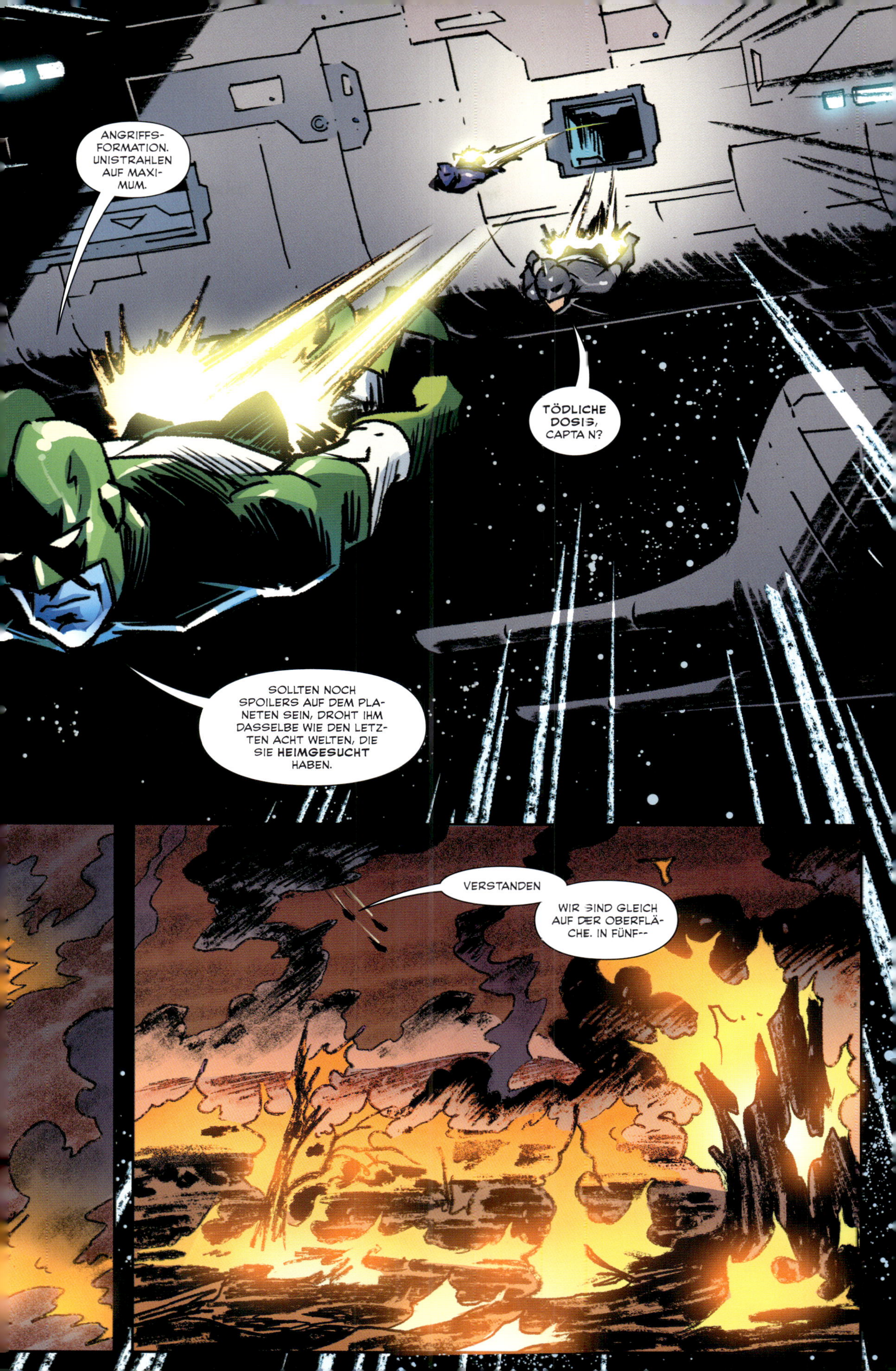

ANGRIFFS-FORMATION. UNISTRAHLEN AUF MAXI-MUM.
TÖDLICHE DOSIS, CAPTA N?
SOLLTEN NOCH SPOILERS AUF DEM PLA-NETEN SEIN, DROHT IHM DASSELBE WIE DEN LETZ-TEN ACHT WELTEN, DIE SIE **HEIMGESUCHT** HABEN.
VERSTANDEN
WIR SIND GLEICH AUF DER OBERFLÄ-CHE. IN FÜNF--

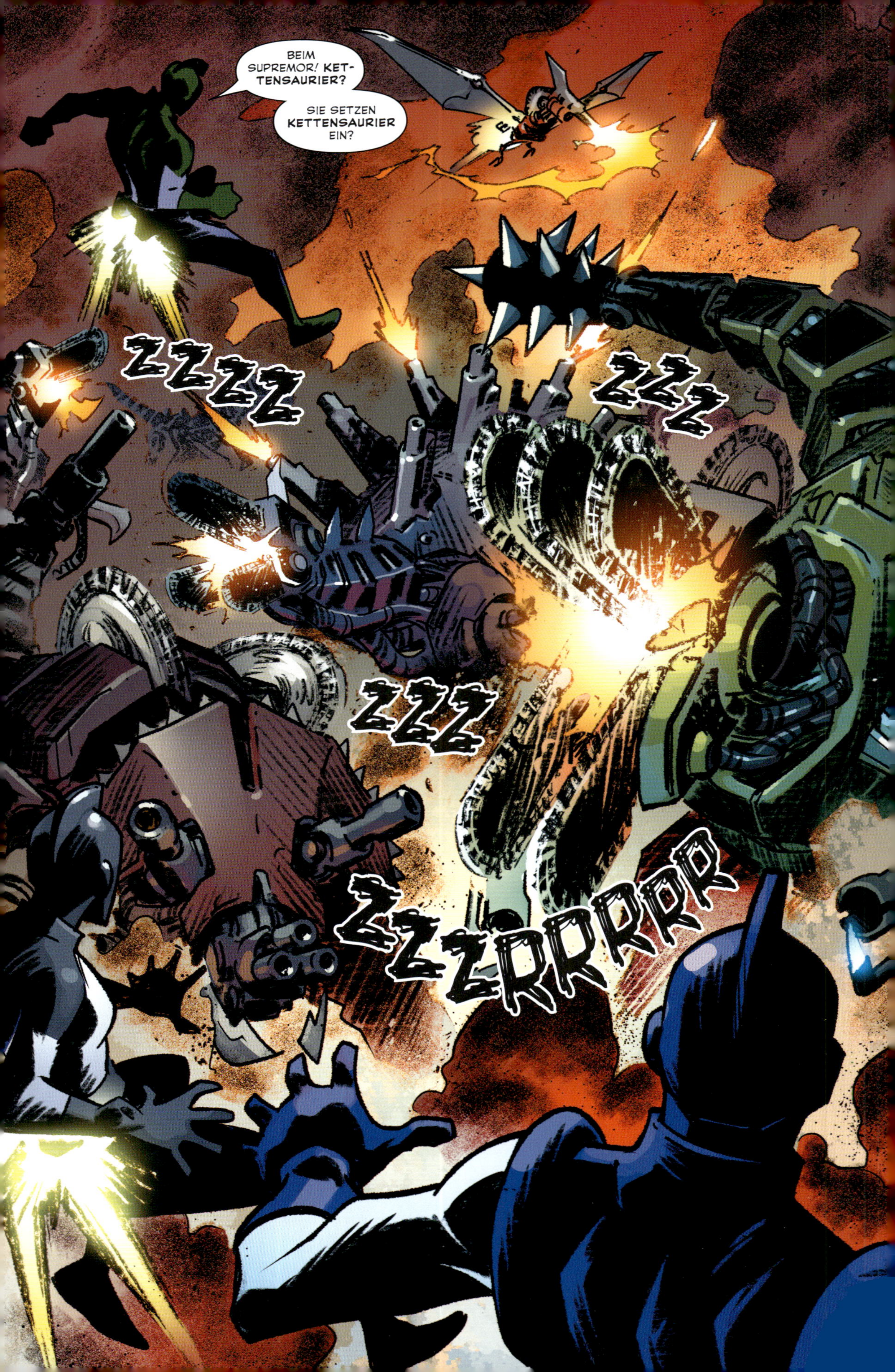
BEIM SUPREMOR! KETTENSAURIER?
SIE SETZEN KETTENSAURIER EIN?
ZZZZZ
ZZZ
ZZZ
ZZZRRRRRR

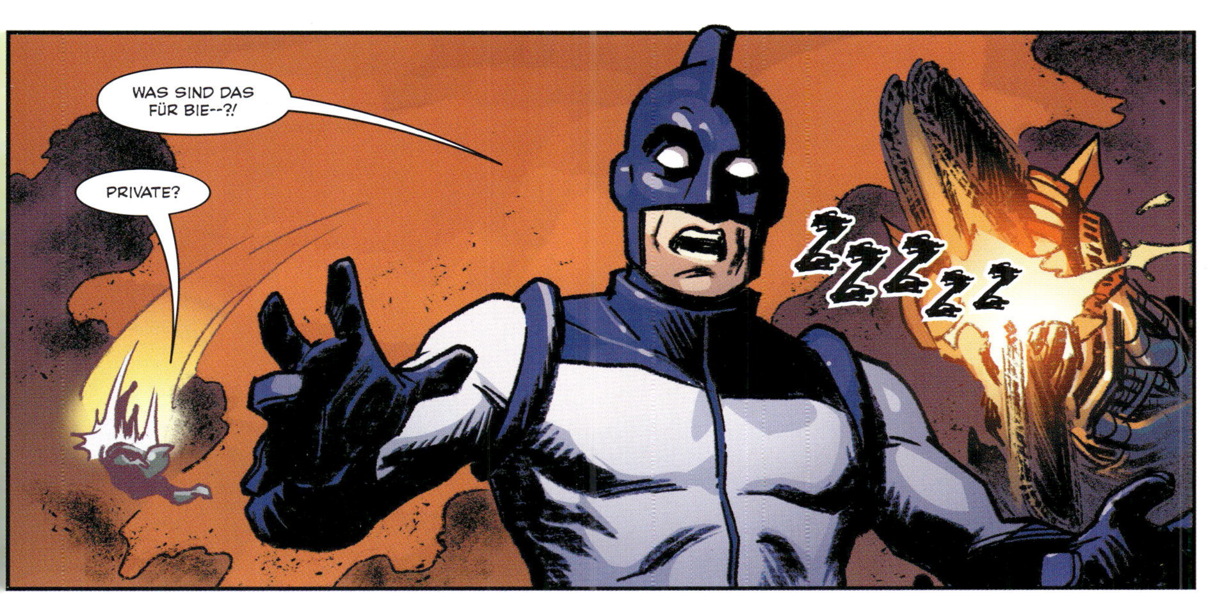

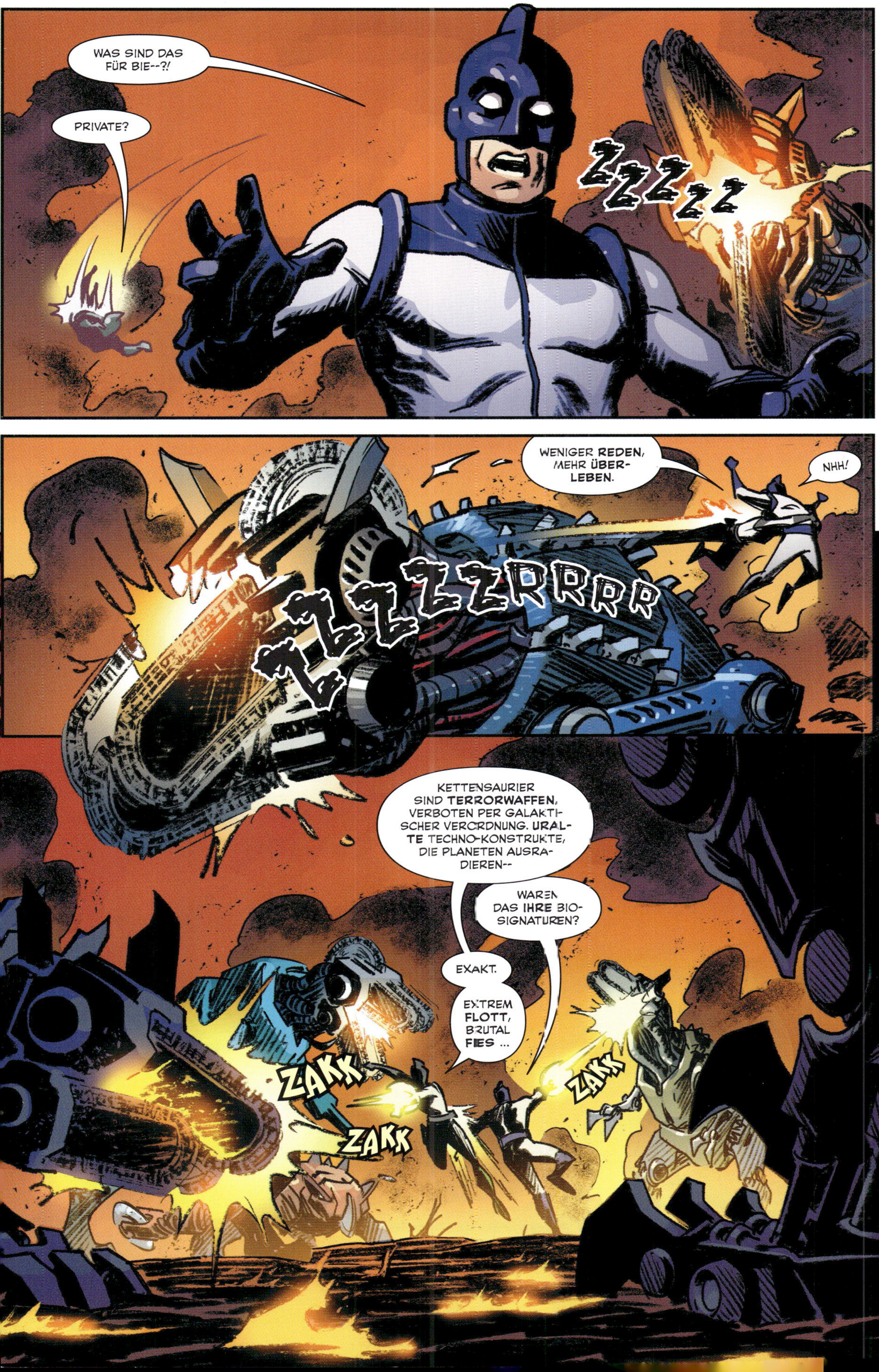

WENIGER **REDEN**, MEHR **ÜBER-LEBEN.**
NHH!
ZZZZZZRRRR

KETTENSAURIER SIND **TERRORWAFFEN**, VERBOTEN PER GALAKTI-SCHER VERORDNUNG. **URAL-TE** TECHNO-KONSTRUKTE, DIE PLANETEN AUSRA-DIEREN--
WAREN DAS **IHRE** BIO-SIGNATUREN?
EXAKT.
EXTREM **FLOTT**, BRUTAL **FIES** ...
ZAKK
ZAKK
ZAKK

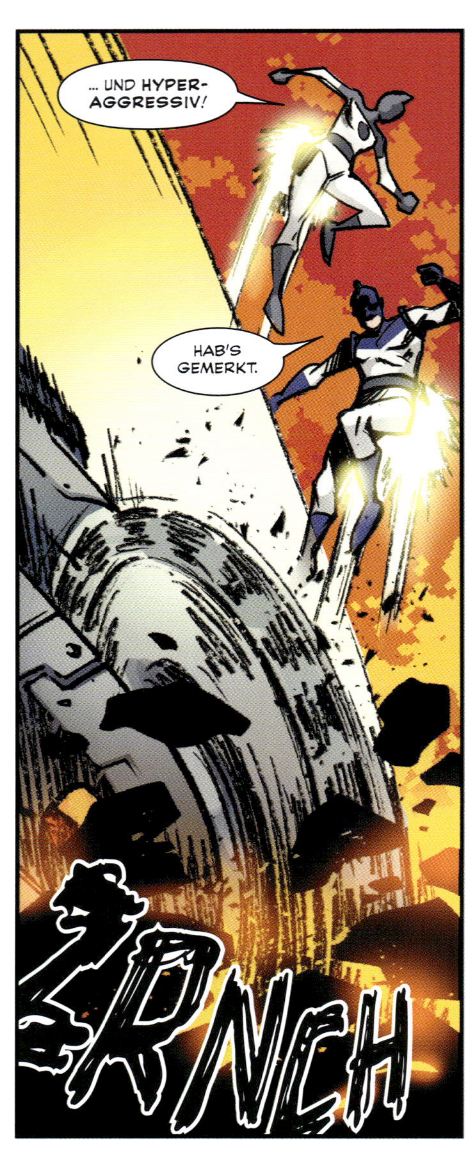

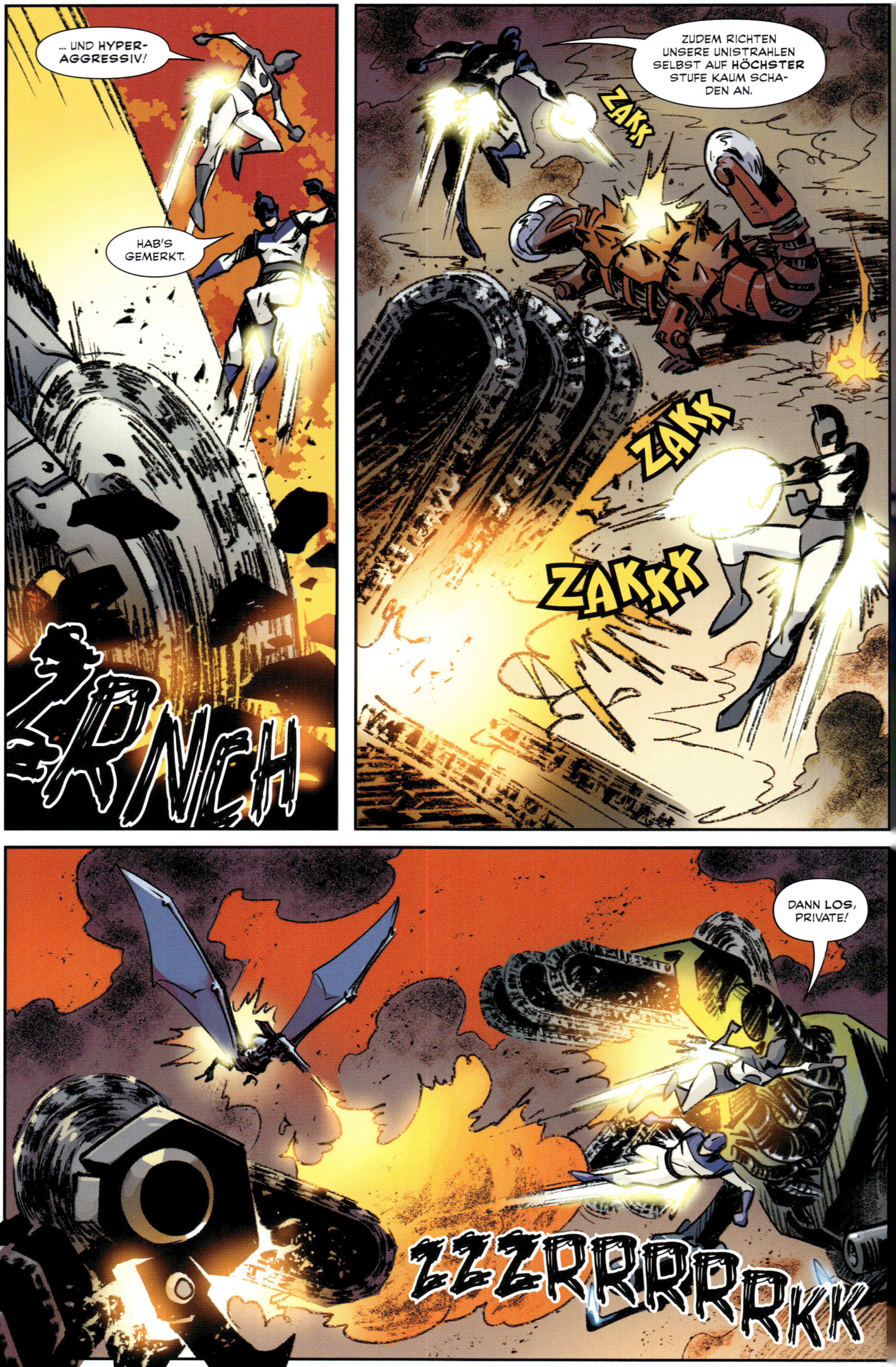

... UND HYPER-AGGRESSIV!
HAB'S GEMERKT.
KRNCH

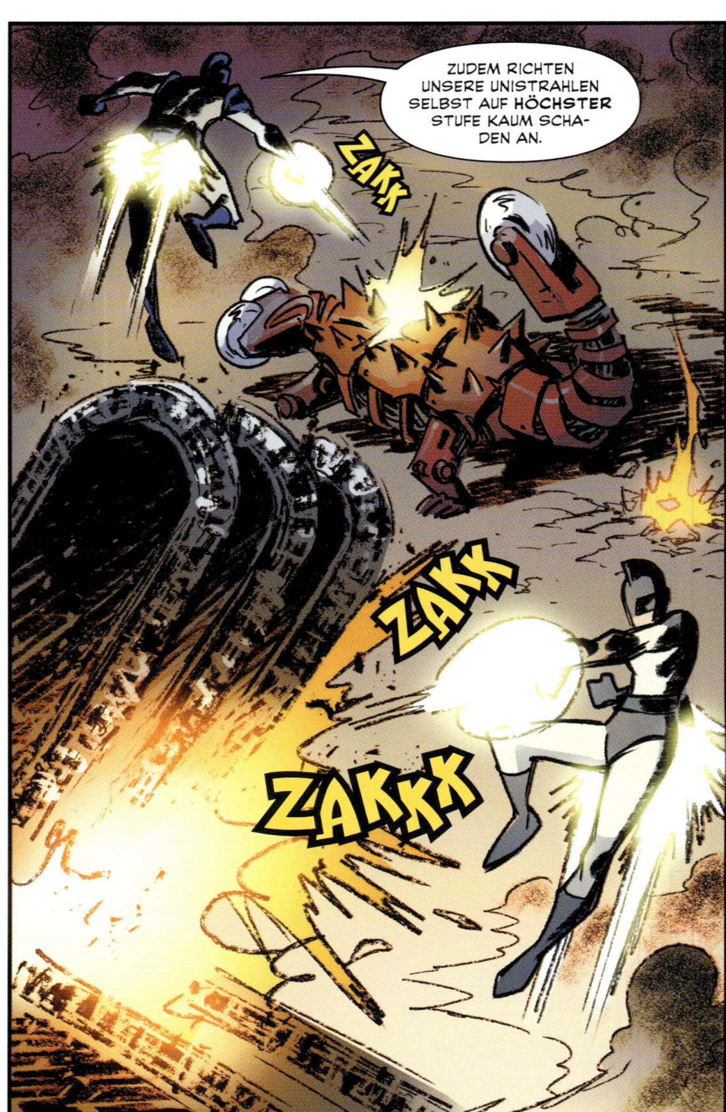

ZUDEM RICHTEN UNSERE UNISTRAHLEN SELBST AUF HÖCHSTER STUFE KAUM SCHA-DEN AN.
ZAKK
ZAKK
ZAKKK

DANN LOS, PRIVATE!
ZZZRRRRRRKK

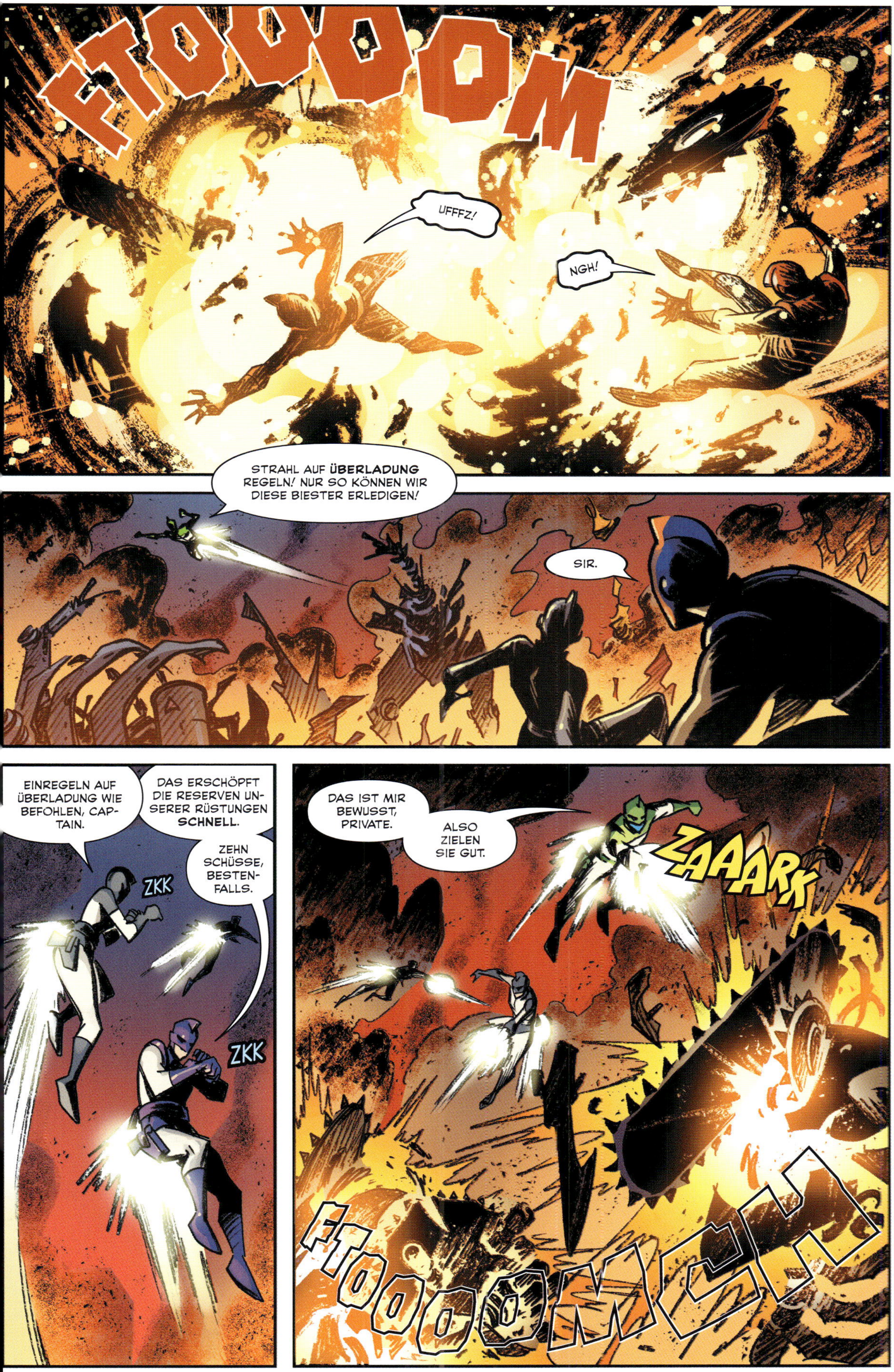

FTOOOOM
UFFFZ!
NGH!

STRAHL AUF **ÜBERLADUNG** REGELN! NUR SO KÖNNEN WIR DIESE BIESTER ERLEDIGEN!
SIR.

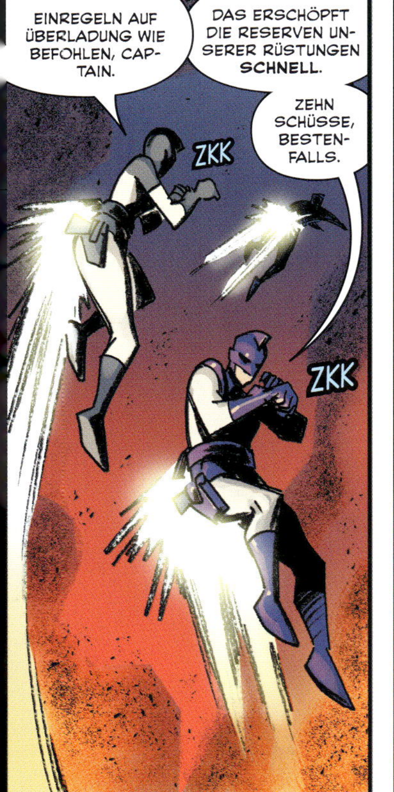

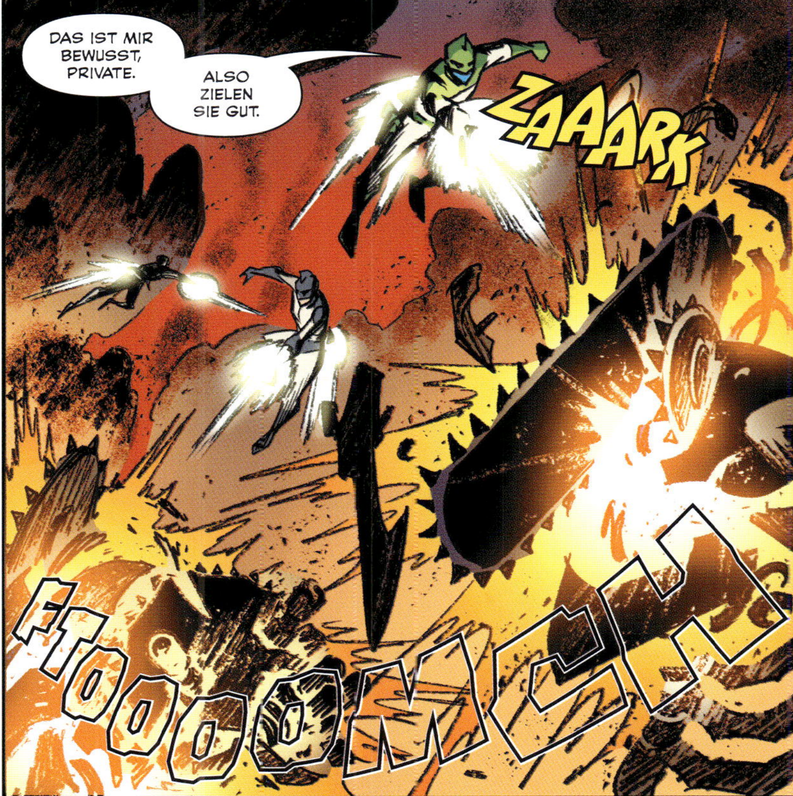

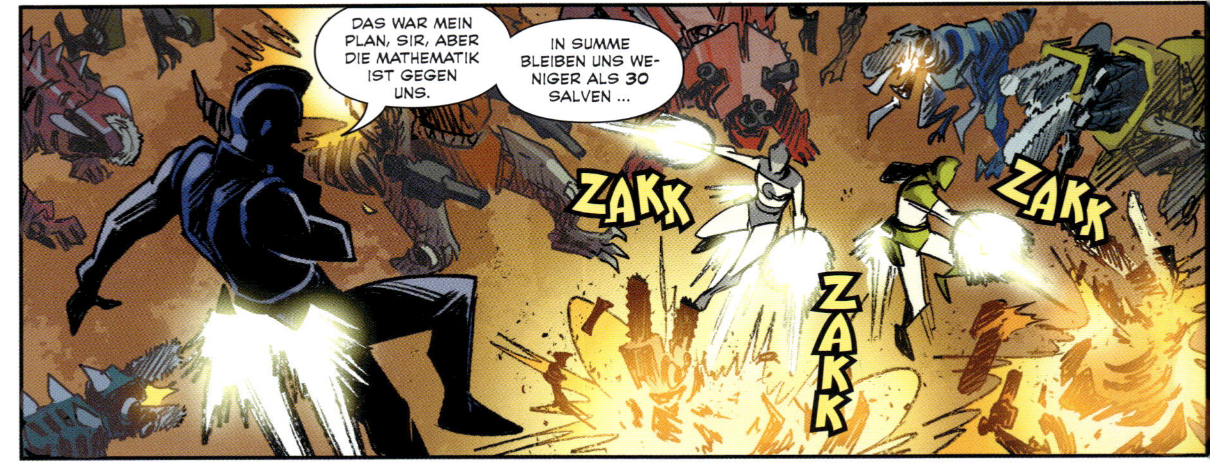
DAS WAR MEIN PLAN, SIR, ABER DIE MATHEMATIK IST GEGEN UNS.
IN SUMME BLEIBEN UNS WENIGER ALS 30 SALVEN ...
ZAKK
ZAKK
ZAKK

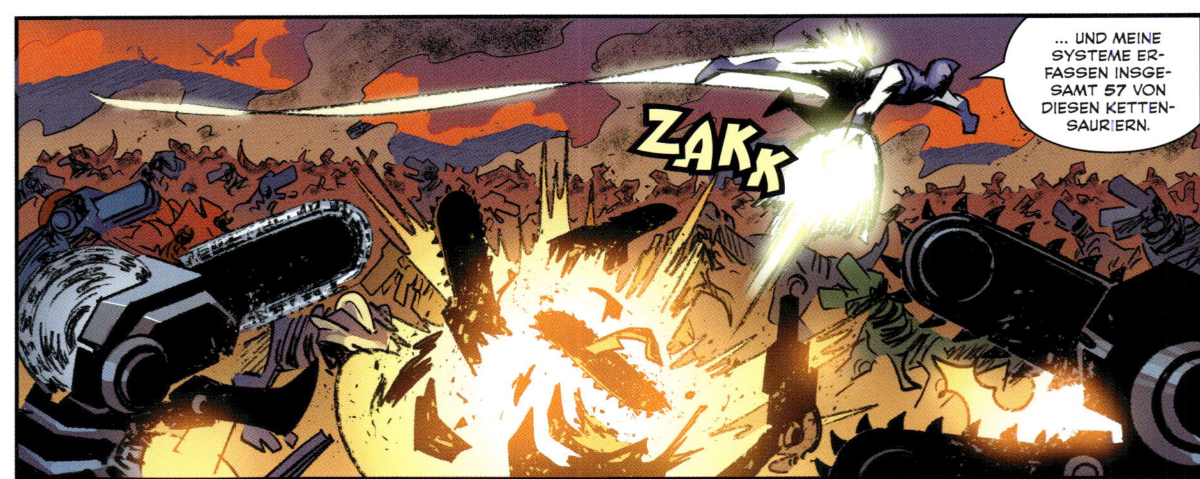
... UND MEINE SYSTEME ERFASSEN INSGESAMT 57 VON DIESEN KETTENSAURIERN.
ZAKK

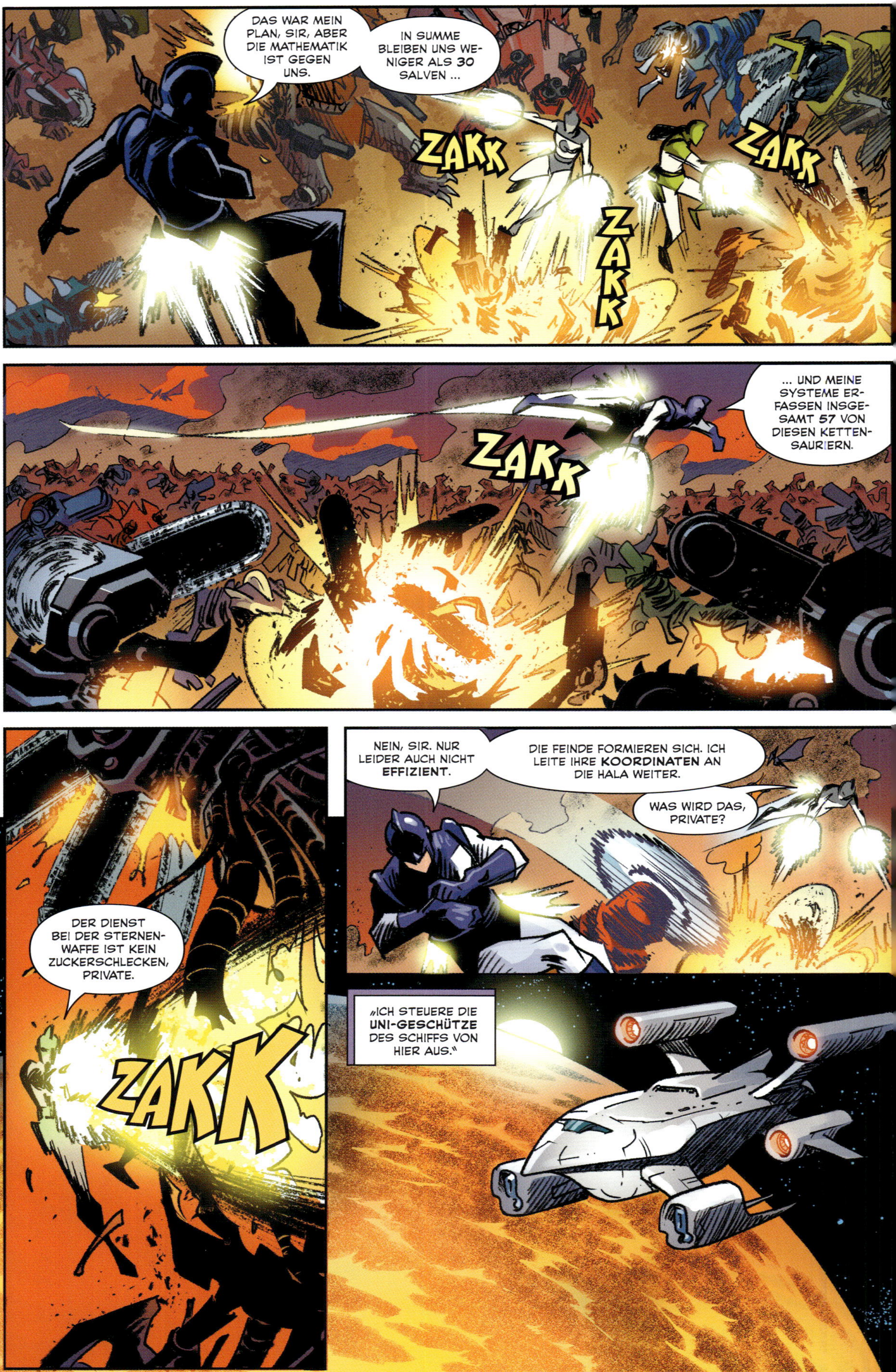

DER DIENST BEI DER STERNENWAFFE IST KEIN ZUCKERSCHLECKEN, PRIVATE.
ZAKK
NEIN, SIR. NUR LEIDER AUCH NICHT EFFIZIENT.
DIE FEINDE FORMIEREN SICH. ICH LEITE IHRE KOORDINATEN AN DIE HALA WEITER.
WAS WIRD DAS, PRIVATE?
»ICH STEUERE DIE UNI-GESCHÜTZE DES SCHIFFS VON HIER AUS.«

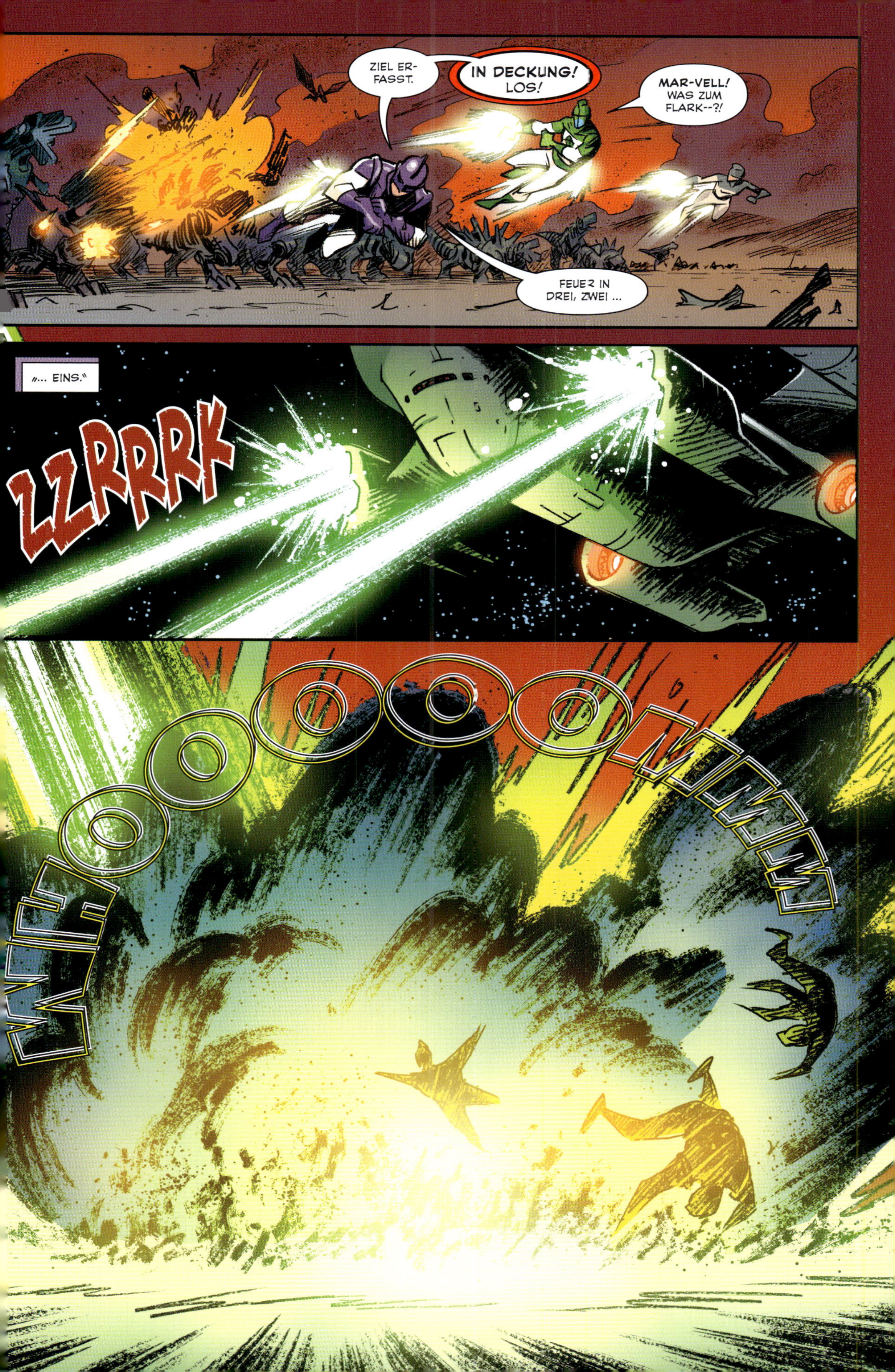
ZIEL ERFASST.
IN DECKUNG! LOS!
MAR-VELL! WAS ZUM FLARK--?!
FEUER IN DREI, ZWEI ...
„... EINS.“
ZZRRRK
WHOOOOOMMMMM

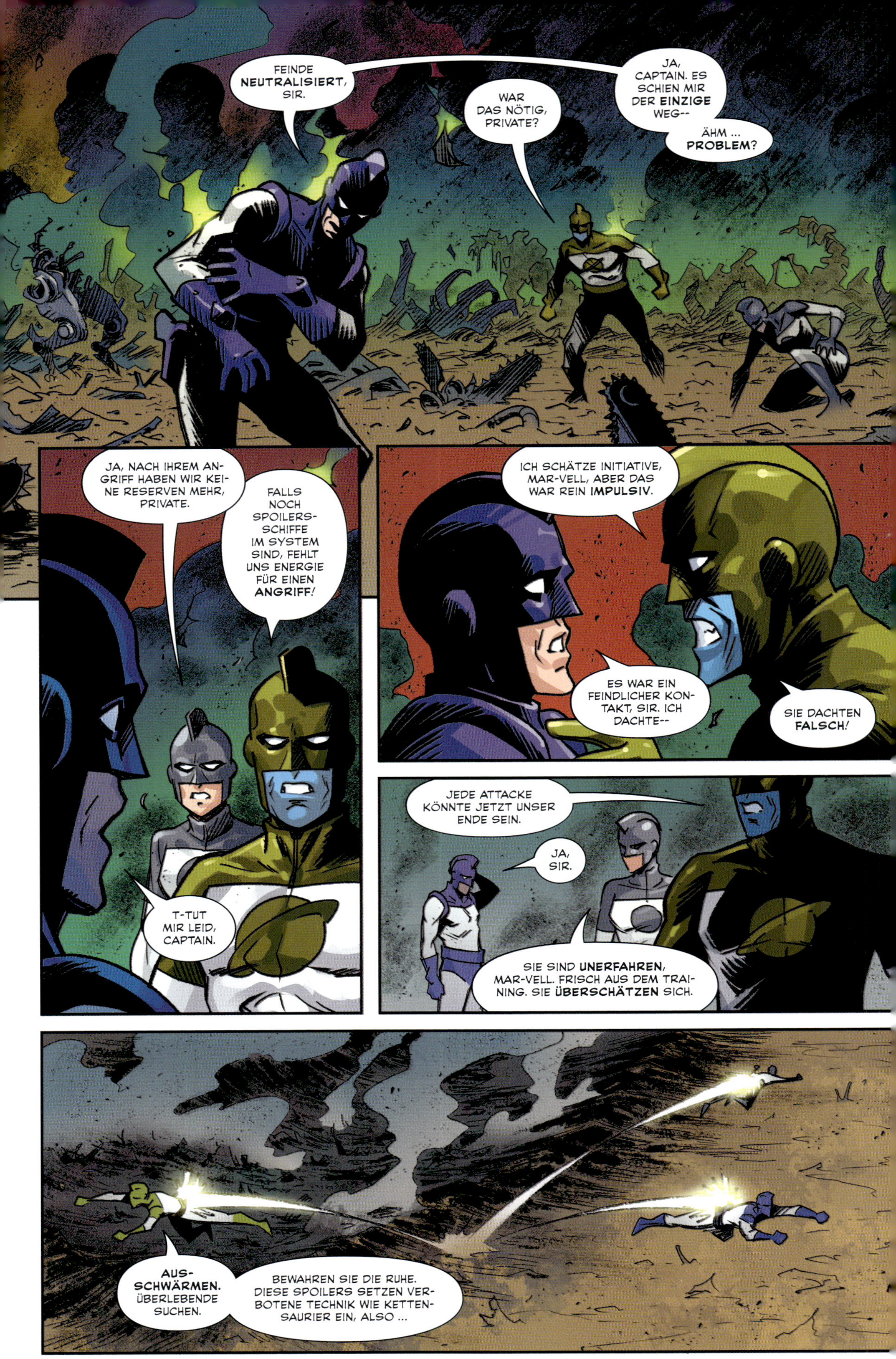

FEINDE **NEUTRALISIERT**, SIR.
WAR DAS NÖTIG, PRIVATE?
JA, CAPTAIN. ES SCHIEN MIR DER **EINZIGE** WEG--
ÄHM ... **PROBLEM?**

JA, NACH IHREM ANGRIFF HABEN WIR KEINE RESERVEN MEHR, PRIVATE.
FALLS NOCH SPOILERS-SCHIFFE IM SYSTEM SIND, FEHLT UNS ENERGIE FÜR EINEN **ANGRIFF!**
T-TUT MIR LEID, CAPTAIN.

ICH SCHÄTZE INITIATIVE, MAR-VELL, ABER DAS WAR REIN **IMPULSIV**.
ES WAR EIN FEINDLICHER KONTAKT, SIR. ICH DACHTE--
SIE DACHTEN **FALSCH!**

JEDE ATTACKE KÖNNTE JETZT UNSER ENDE SEIN.
JA, SIR.
SIE SIND **UNERFAHREN**, MAR-VELL. FRISCH AUS DEM TRAINING. SIE **ÜBERSCHÄTZEN** SICH.

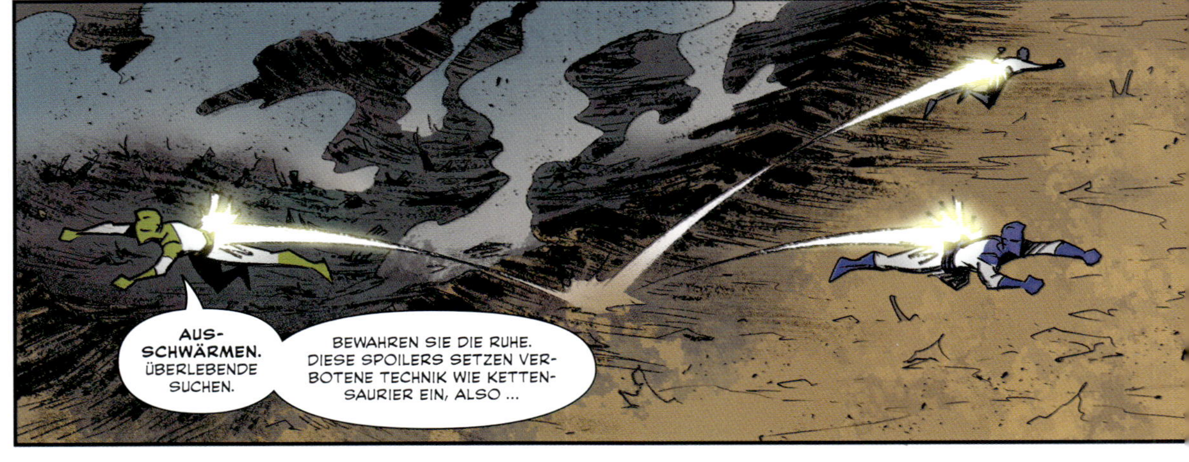

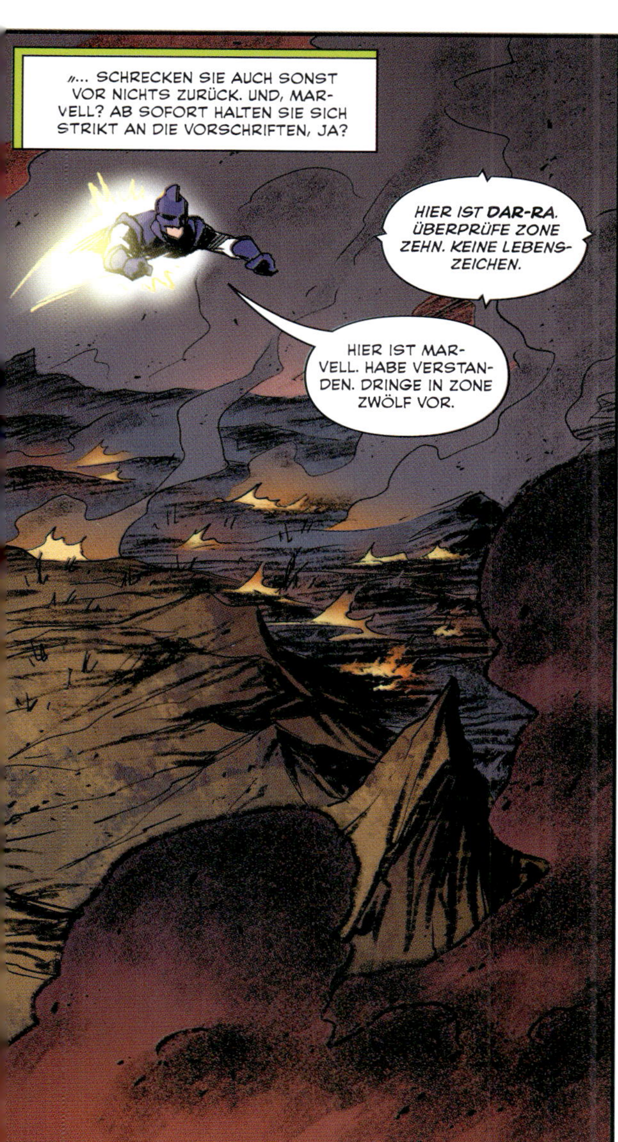
„... SCHRECKEN SIE AUCH SONST VOR NICHTS ZURÜCK. UND, MAR-VELL? AB SOFORT HALTEN SIE SICH STRIKT AN DIE VORSCHRIFTEN, JA?
HIER IST DAR-RA. ÜBERPRÜFE ZONE ZEHN. KEINE LEBENS-ZEICHEN.
HIER IST MAR-VELL. HABE VERSTAN-DEN. DRINGE IN ZONE ZWÖLF VOR.

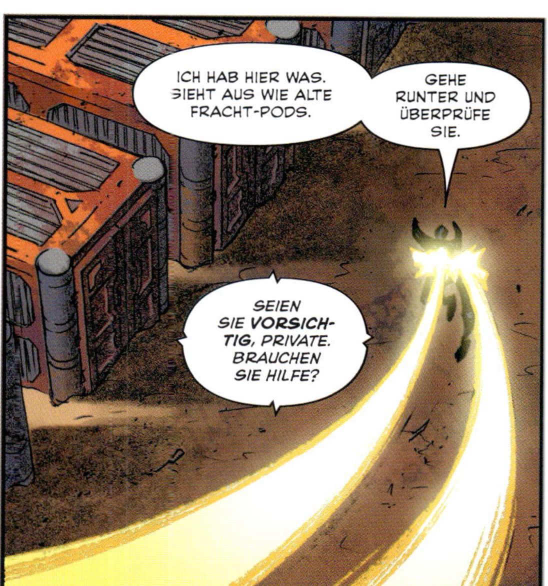
ICH HAB HIER WAS. SIEHT AUS WIE ALTE FRACHT-PODS.
GEHE RUNTER UND ÜBERPRÜFE SIE.
SEIEN SIE VORSICH-TIG, PRIVATE. BRAUCHEN SIE HILFE?

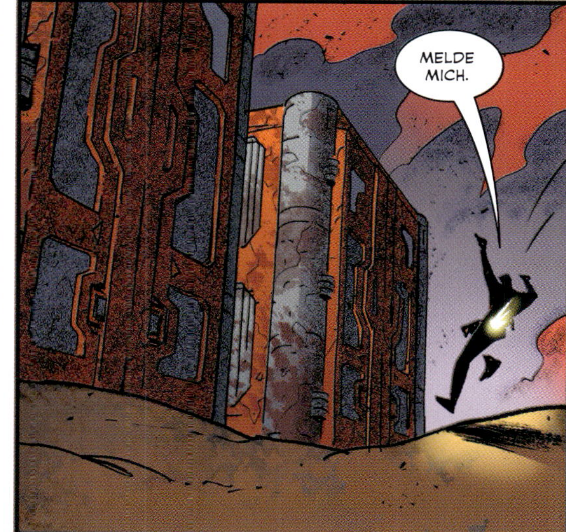
MELDE MICH.

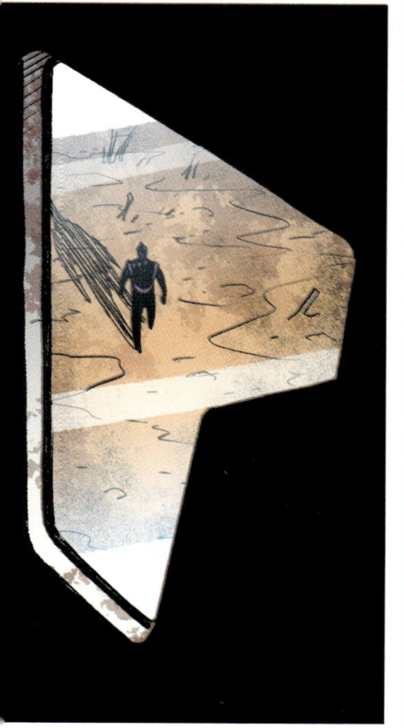

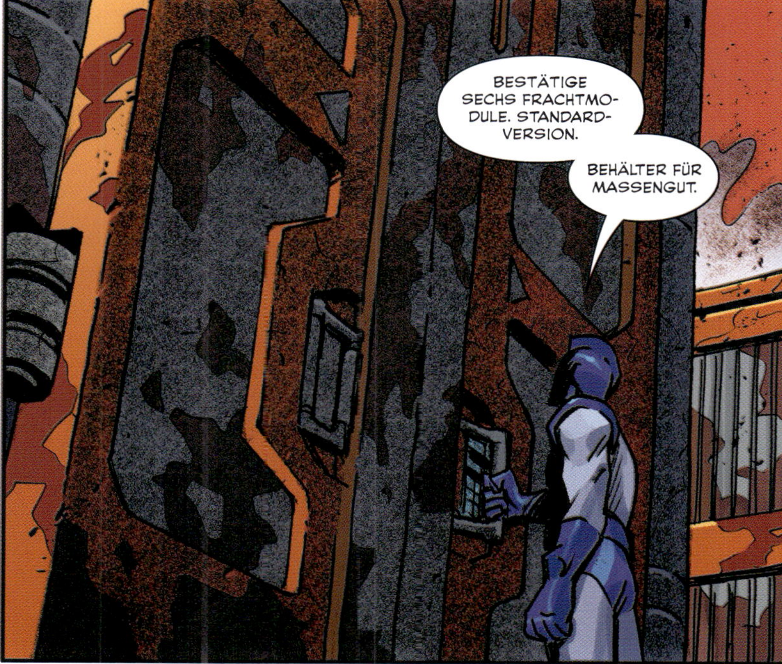
BESTÄTIGE SECHS FRACHTMO-DULE. STANDARD-VERSION.
BEHÄLTER FÜR MASSENGUT.

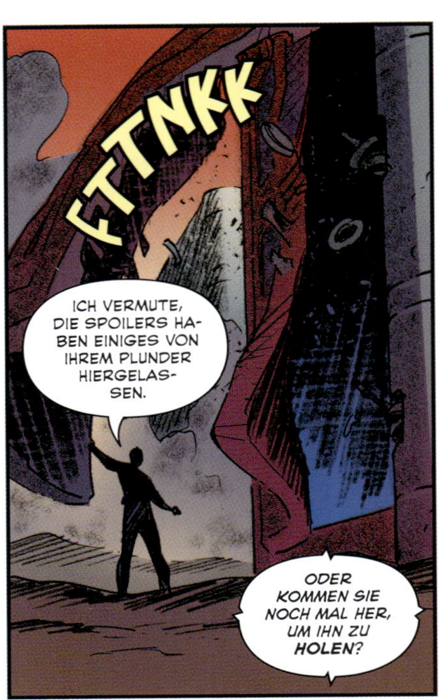
FTTNKK
ICH VERMUTE, DIE SPOILERS HABEN EINIGES VON IHREM PLUNDER HIERGELASSEN.
ODER KOMMEN SIE NOCH MAL HER, UM IHN ZU HOLEN?

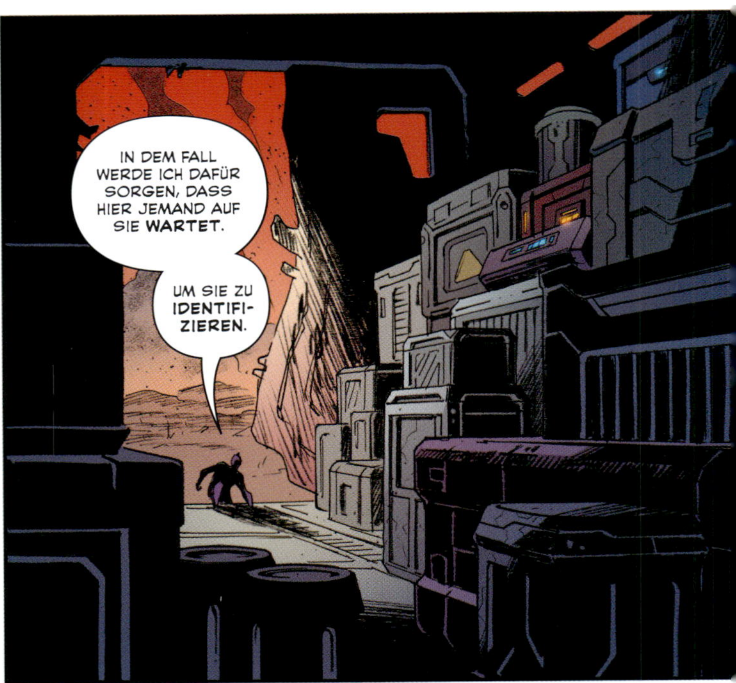
IN DEM FALL WERDE ICH DAFÜR SORGEN, DASS HIER JEMAND AUF SIE WARTET.
UM SIE ZU IDENTIFIZIEREN.

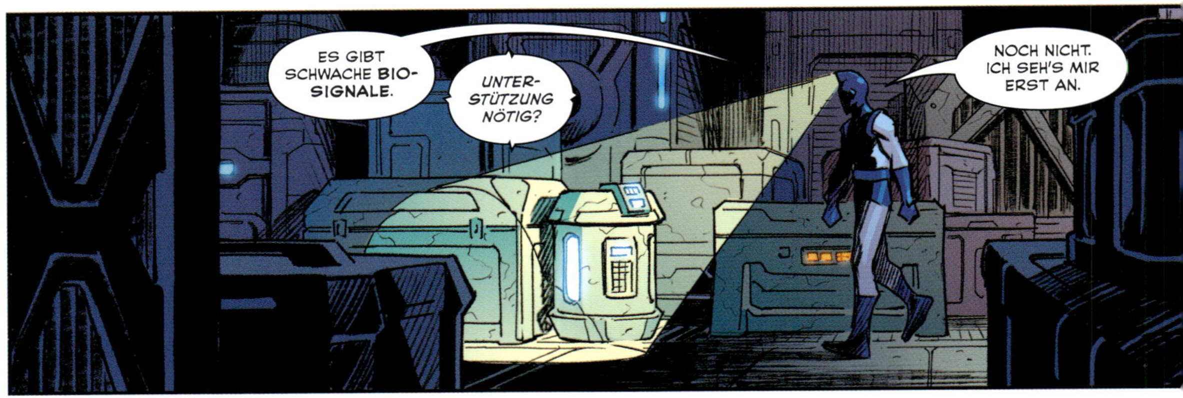
ES GIBT SCHWACHE BIOSIGNALE.
UNTERSTÜTZUNG NÖTIG?
NOCH NICHT. ICH SEH'S MIR ERST AN.

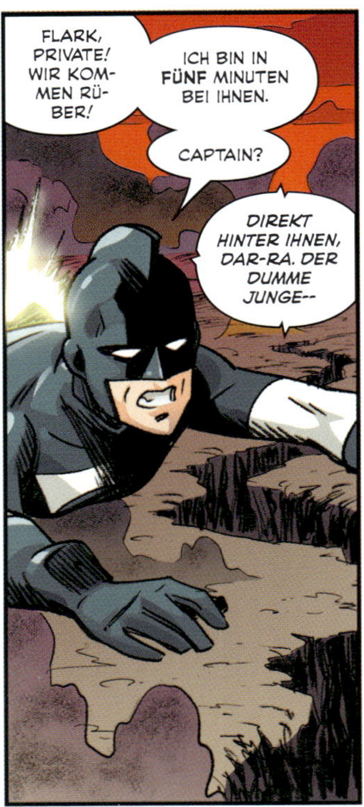
FLARK, PRIVATE! WIR KOMMEN RÜBER!
ICH BIN IN FÜNF MINUTEN BEI IHNEN.
CAPTAIN?
DIREKT HINTER IHNEN, DAR-RA. DER DUMME JUNGE--

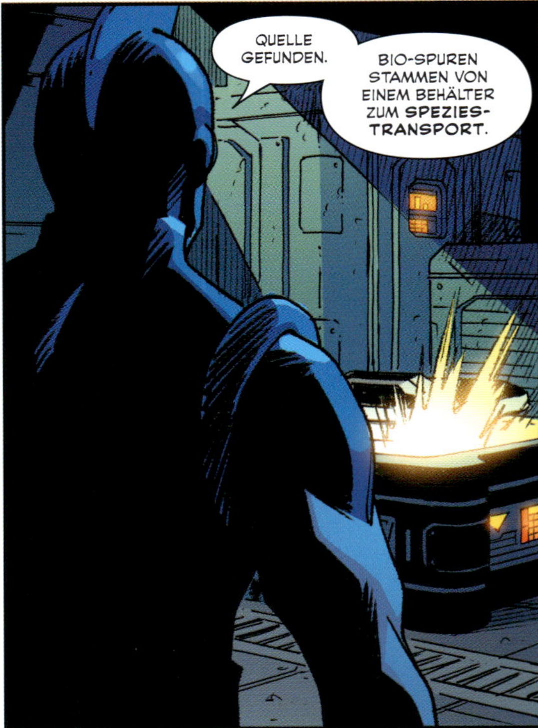
QUELLE GEFUNDEN.
BIO-SPUREN STAMMEN VON EINEM BEHÄLTER ZUM SPEZIESTRANSPORT.

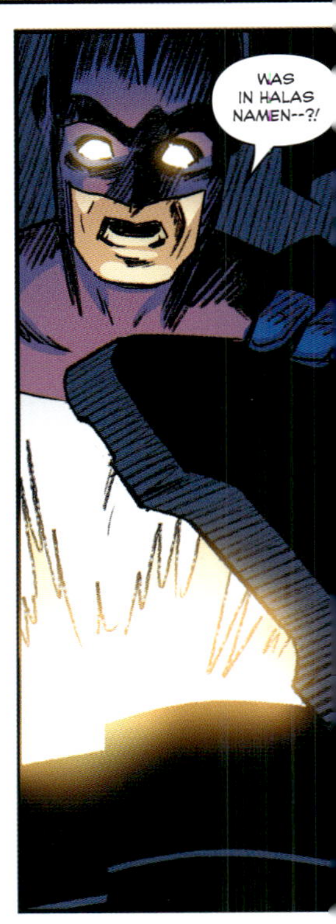
WAS IN HALAS NAMEN--?!

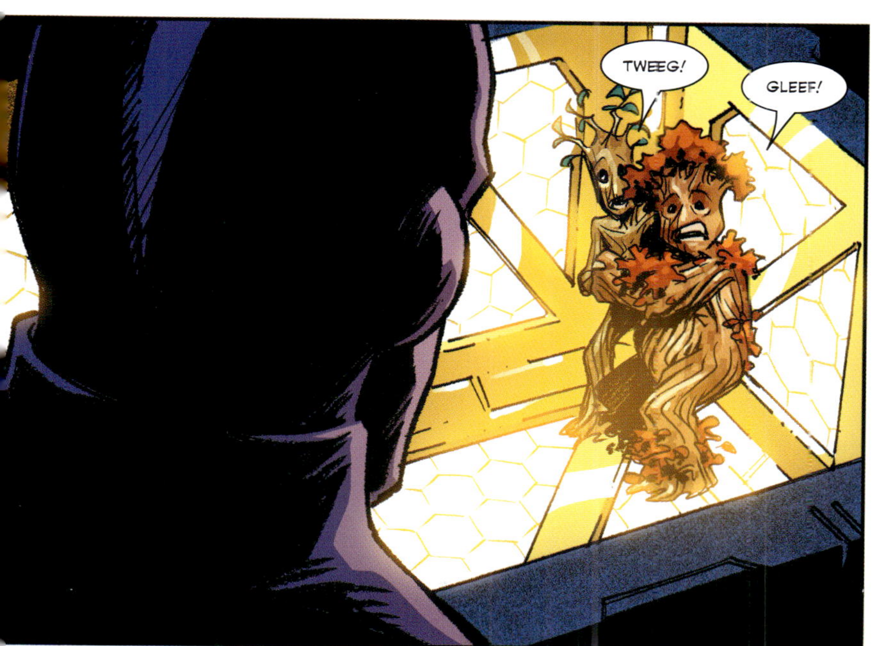
TWEEG!
GLEEF!
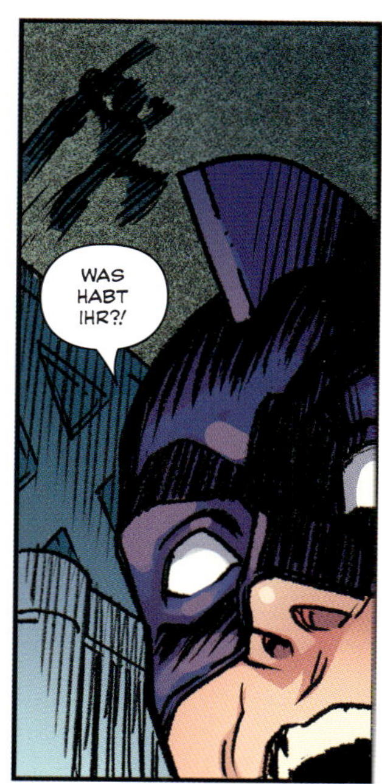
WAS HABT IHR?!
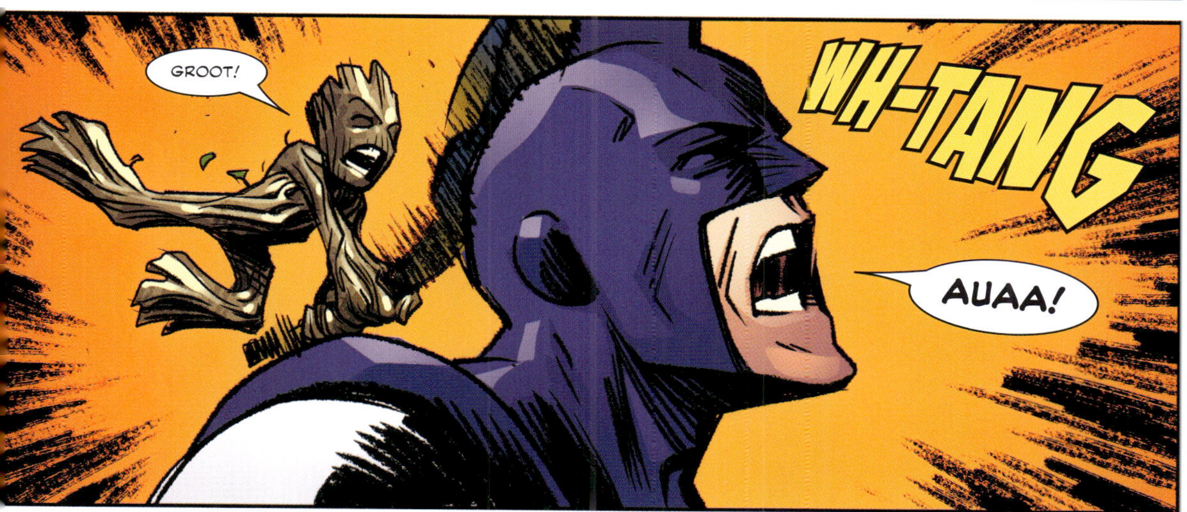
GROOT!
WH-TANG
AUAA!
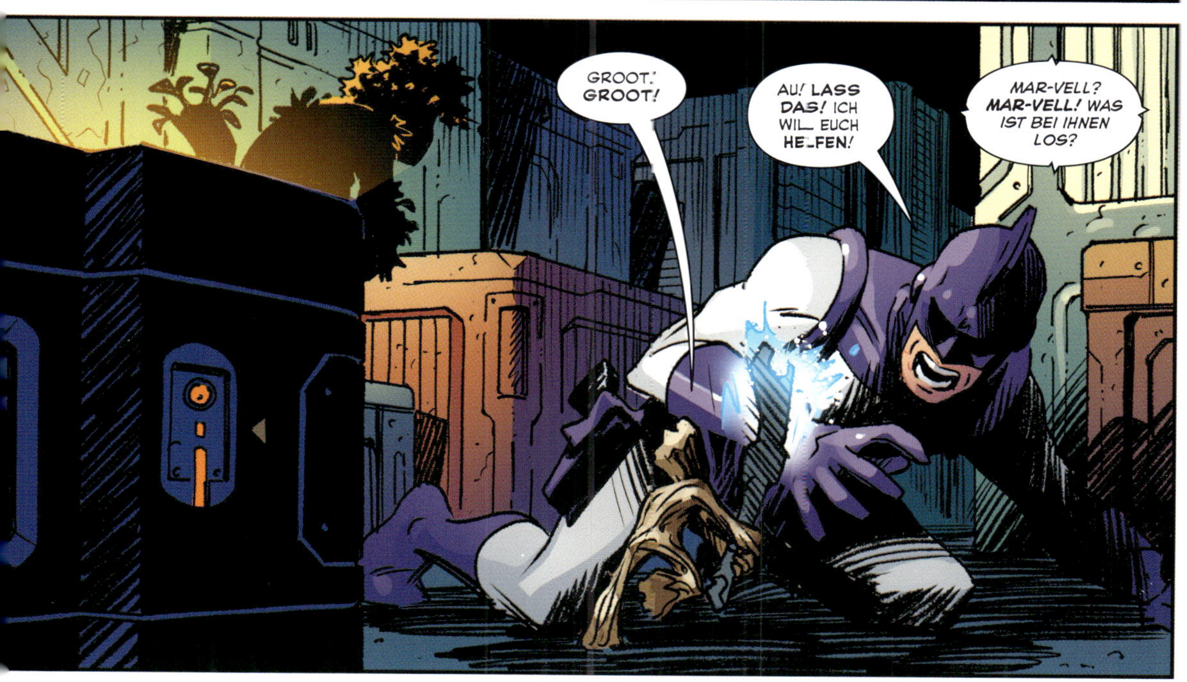
GROOT! GROOT!
AU! LASS DAS! ICH WILL EUCH HELFEN!
MAR-VELL? MAR-VELL! WAS IST BEI IHNEN LOS?

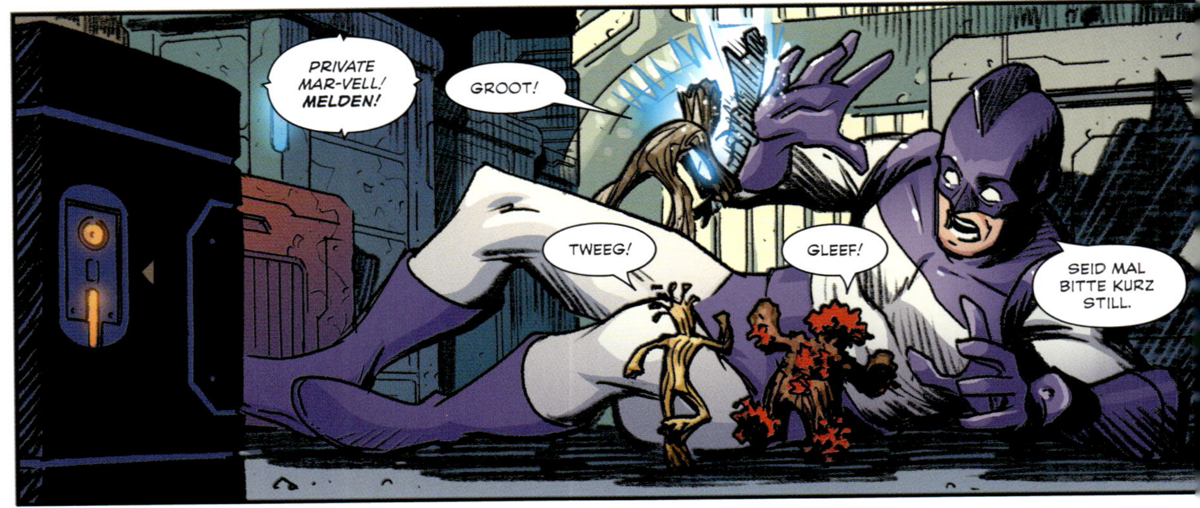
PRIVATE MAR-VELL! MELDEN!
GROOT!
TWEEG!
GLEEF!
SEID MAL BITTE KURZ STILL.

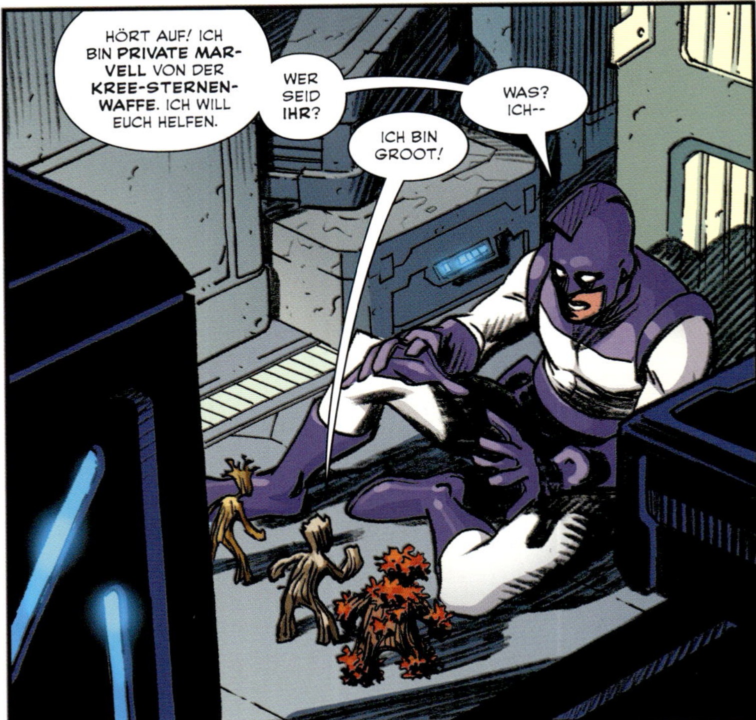
HÖRT AUF! ICH BIN PRIVATE MAR-VELL VON DER KREE-STERNEN-WAFFE. ICH WILL EUCH HELFEN.
WER SEID IHR?
WAS? ICH--
ICH BIN GROOT!

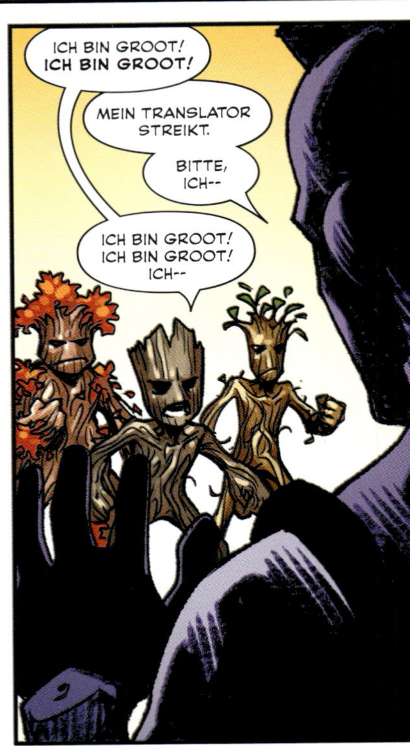
ICH BIN GROOT! ICH BIN GROOT!
MEIN TRANSLATOR STREIKT.
BITTE, ICH--
ICH BIN GROOT! ICH BIN GROOT! ICH--

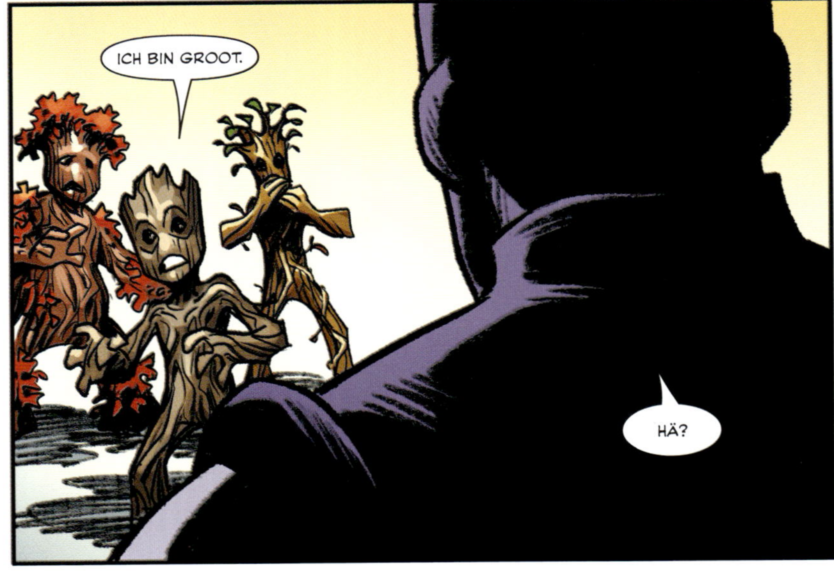
ICH BIN GROOT.
HÄ?

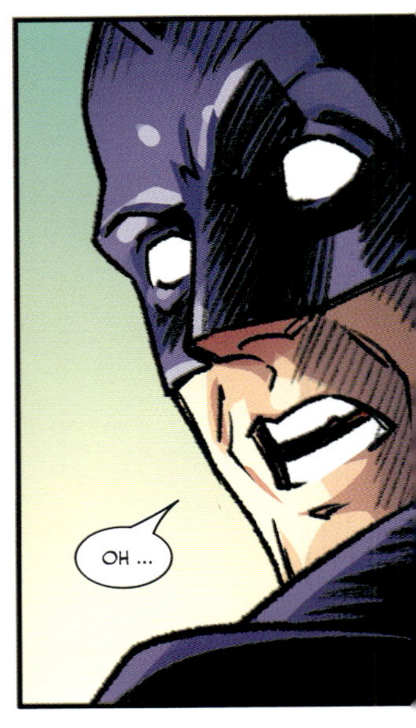
OH ...

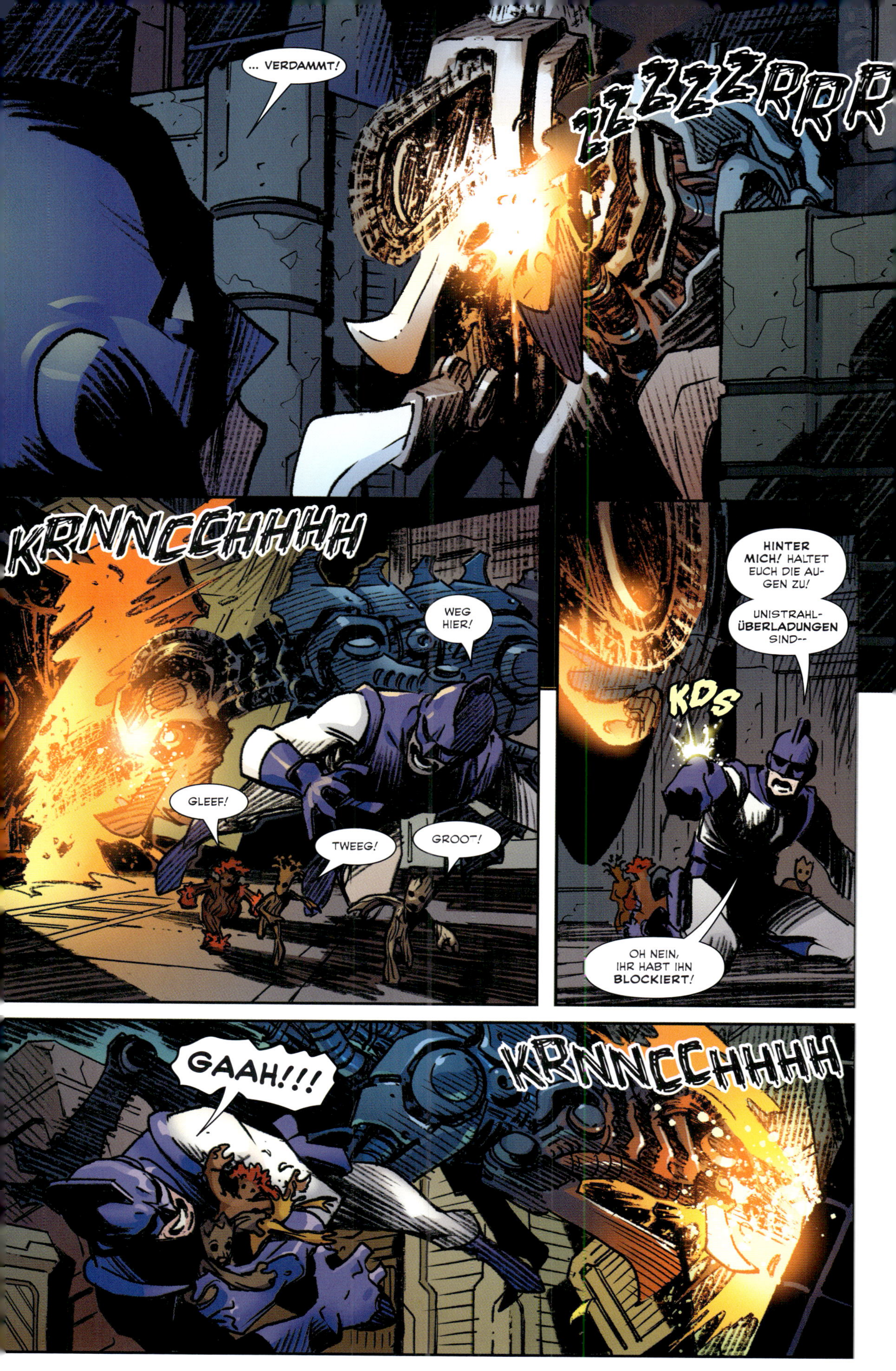

... VERDAMMT!
ZZZZZZRRRR
KRNNCCHHHH
WEG HIER!
GLEEF!
TWEEG!
GROOT!
HINTER MICH! HALTET EUCH DIE AUGEN ZU!
UNISTRAHL-ÜBERLADUNGEN SIND--
KDS
OH NEIN, IHR HABT IHN BLOCKIERT!

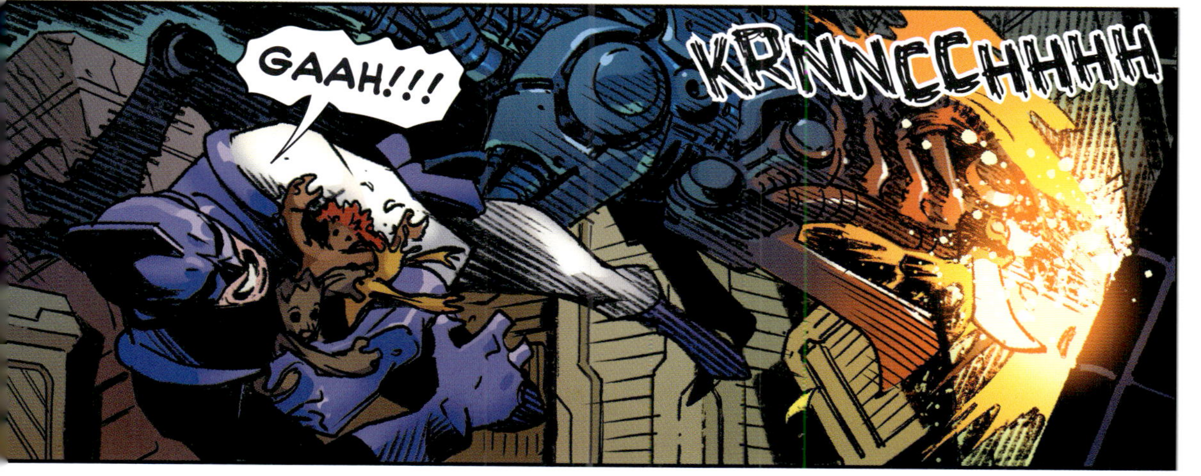

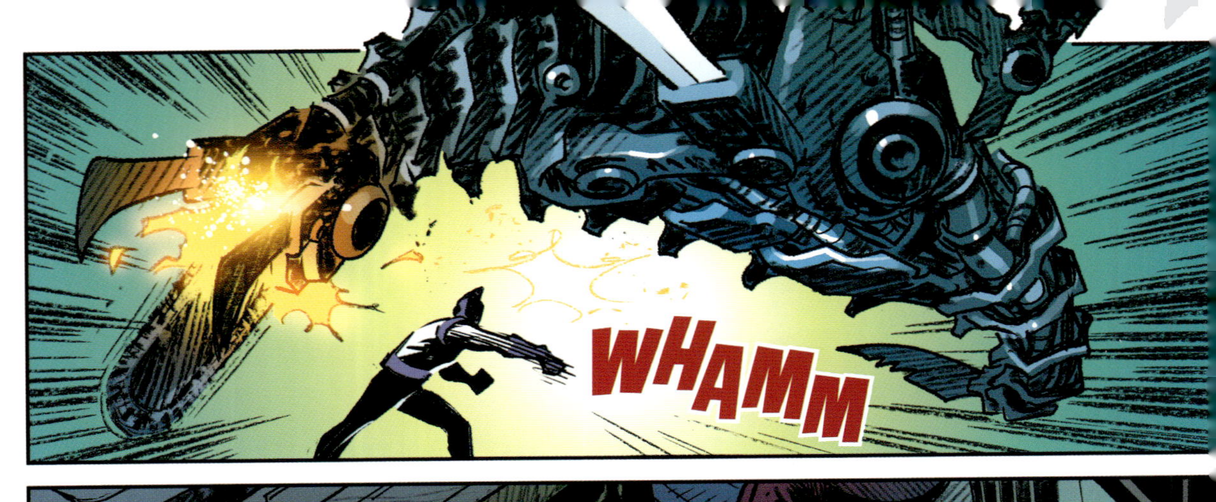
WHAMM

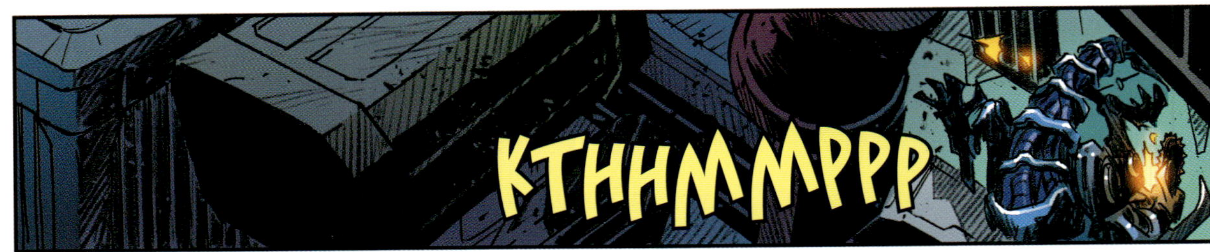
KTHHMMPPP

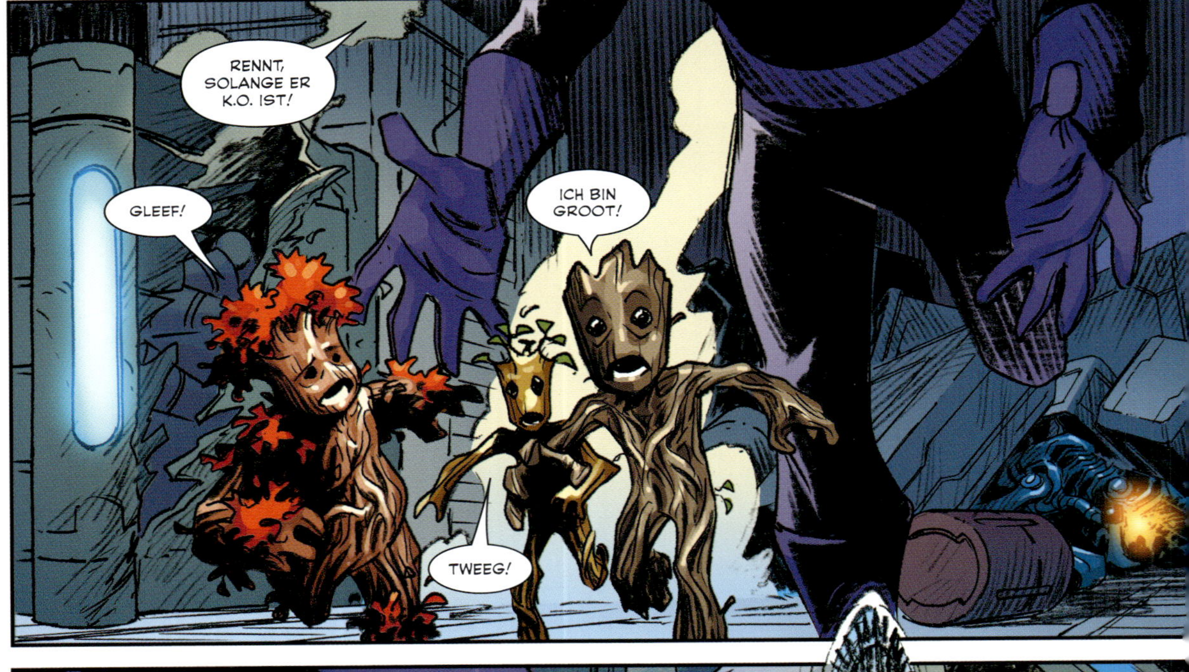
RENNT, SOLANGE ER K.O. IST!
GLEEF!
ICH BIN GROOT!
TWEEG!

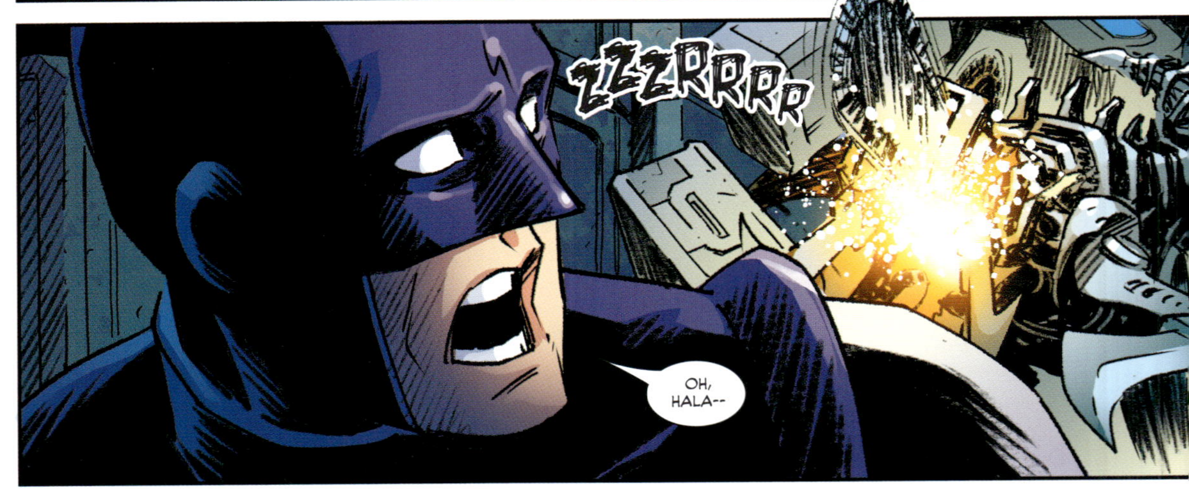
ZZZRRRRR
OH, HALA--

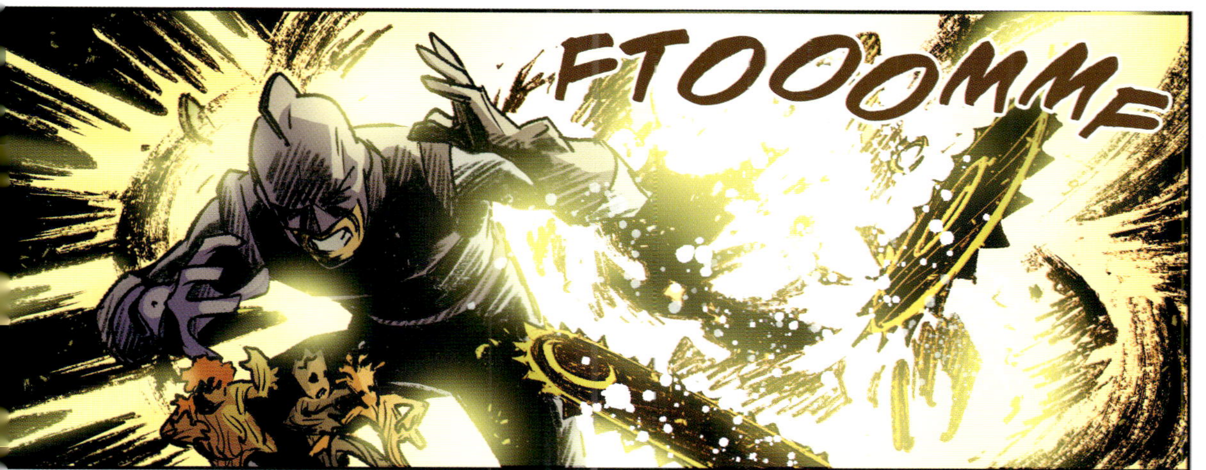
FTOOOMMF

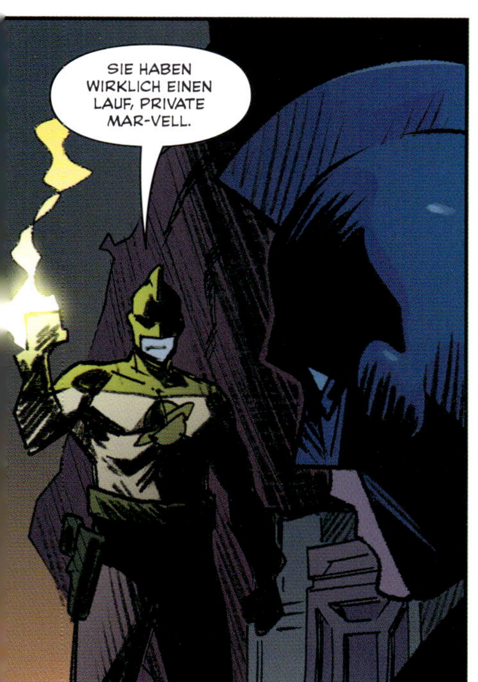
SIE HABEN WIRKLICH EINEN LAUF, PRIVATE MAR-VELL.

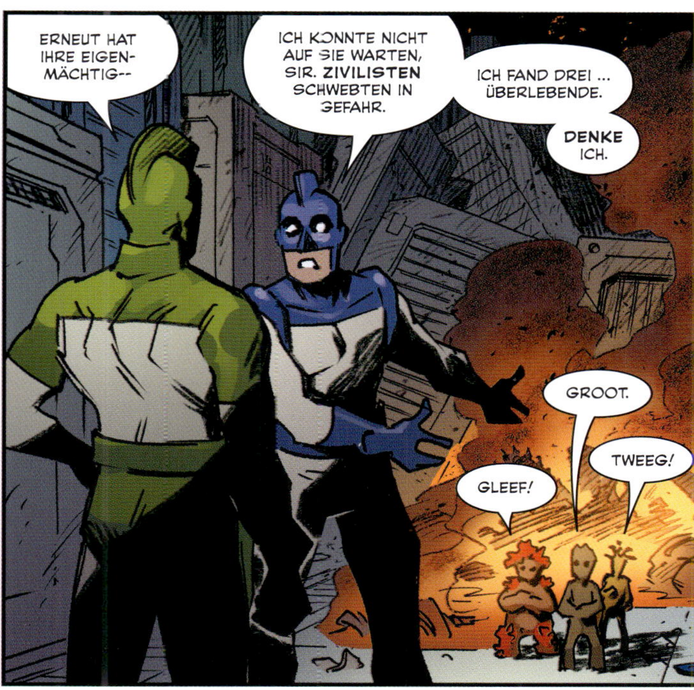
ERNEUT HAT IHRE EIGEN-MÄCHTIG--
ICH KONNTE NICHT AUF SIE WARTEN, SIR. **ZIVILISTEN** SCHWEBTEN IN GEFAHR.
ICH FAND DREI ... ÜBERLEBENDE.
DENKE ICH.
GROOT.
GLEEF!
TWEEG!

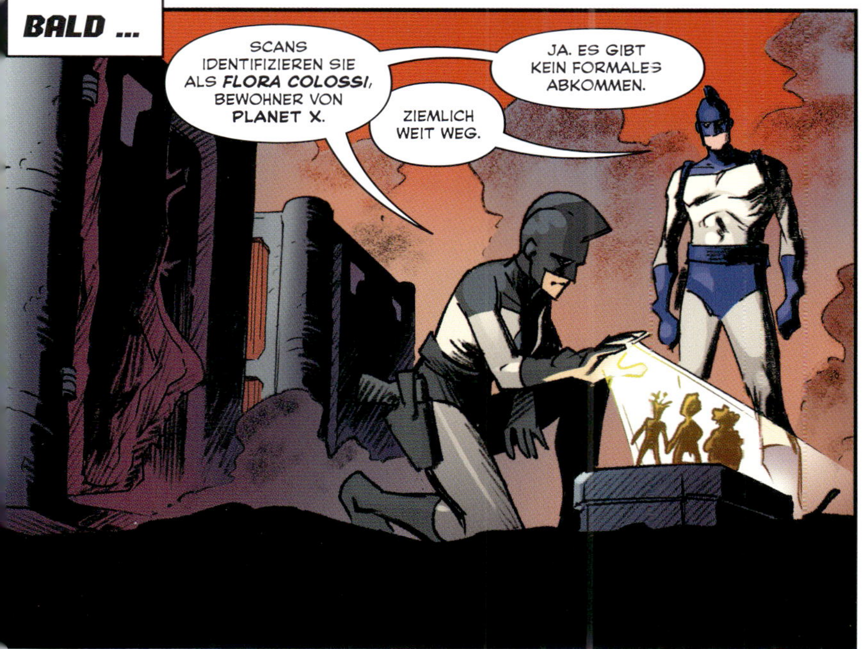
BALD ...
SCANS IDENTIFIZIEREN SIE ALS ***FLORA COLOSSI***, BEWOHNER VON **PLANET X**.
ZIEMLICH WEIT WEG.
JA. ES GIBT KEIN FORMALES ABKOMMEN.

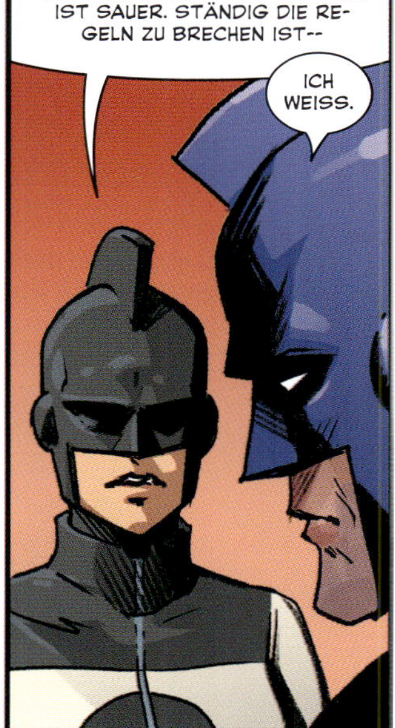
SIE MÜSSEN SICH IN DEN GRIFF BEKOMMEN, MAR. DER CAPTAIN IST SAUER. STÄNDIG DIE RE-GELN ZU BRECHEN IST--
ICH WEISS.

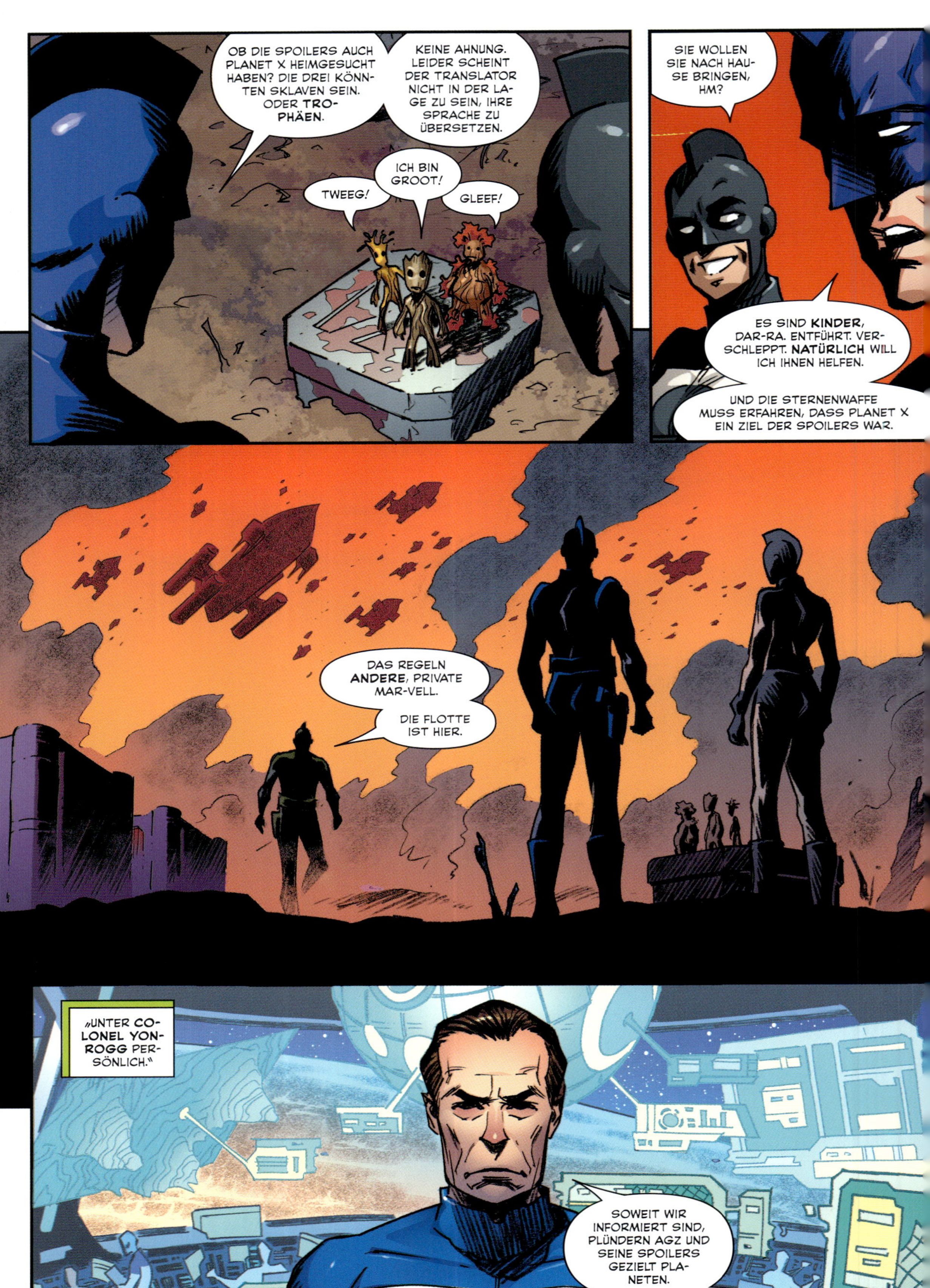
OB DIE SPOILERS AUCH PLANET X HEIMGESUCHT HABEN? DIE DREI KÖNNTEN SKLAVEN SEIN. ODER TROPHÄEN.
KEINE AHNUNG. LEIDER SCHEINT DER TRANSLATOR NICHT IN DER LAGE ZU SEIN, IHRE SPRACHE ZU ÜBERSETZEN.
TWEEG!
ICH BIN GROOT!
GLEEF!
SIE WOLLEN SIE NACH HAUSE BRINGEN, HM?
ES SIND KINDER, DAR-RA. ENTFÜHRT. VERSCHLEPPT. NATÜRLICH WILL ICH IHNEN HELFEN.
UND DIE STERNENWAFFE MUSS ERFAHREN, DASS PLANET X EIN ZIEL DER SPOILERS WAR.
DAS REGELN ANDERE, PRIVATE MAR-VELL.
DIE FLOTTE IST HIER.
„UNTER COLONEL YON-ROGG PERSÖNLICH."
SOWEIT WIR INFORMIERT SIND, PLÜNDERN AGZ UND SEINE SPOILERS GEZIELT PLANETEN.
ICH SCHÄTZE, SIE BESCHAFFEN ROHSTOFF FÜR DIE GALAKTISCHE HÄNDLERGILDE.

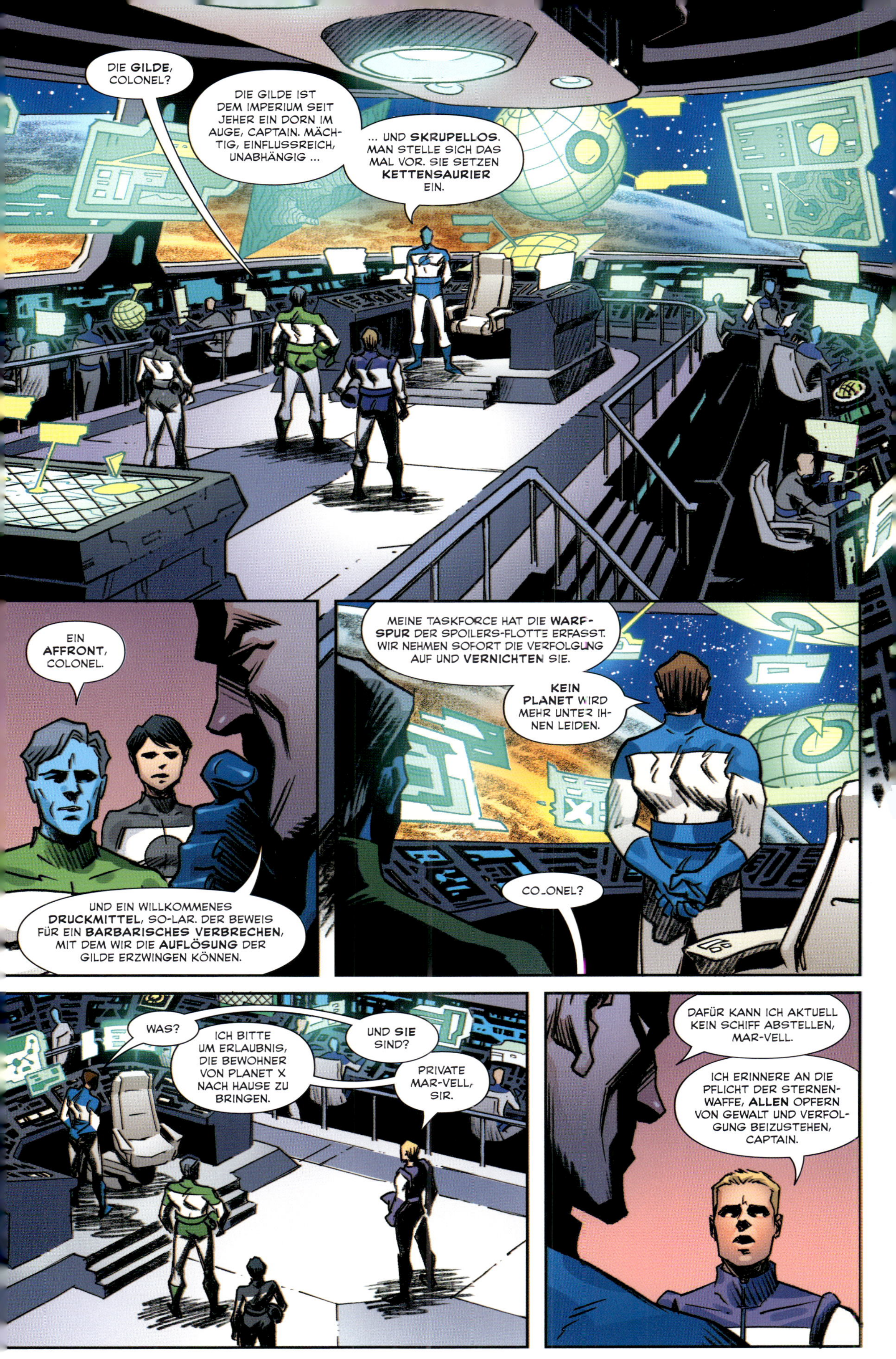

DIE **GILDE**, COLONEL?

DIE GILDE IST DEM IMPERIUM SEIT JEHER EIN DORN IM AUGE, CAPTAIN. MÄCHTIG, EINFLUSSREICH, UNABHÄNGIG ...

... UND **SKRUPELLOS**. MAN STELLE SICH DAS MAL VOR. SIE SETZEN **KETTENSAURIER** EIN.

EIN **AFFRONT**, COLONEL.

UND EIN WILLKOMMENES **DRUCKMITTEL**, SO-LAR. DER BEWEIS FÜR EIN **BARBARISCHES VERBRECHEN**, MIT DEM WIR DIE **AUFLÖSUNG** DER GILDE ERZWINGEN KÖNNEN.

MEINE TASKFORCE HAT DIE **WARPSPUR** DER SPOILERS-FLOTTE ERFASST. WIR NEHMEN SOFORT DIE VERFOLGUNG AUF UND **VERNICHTEN** SIE.

KEIN PLANET WIRD MEHR UNTER IHNEN LEIDEN.

COLONEL?

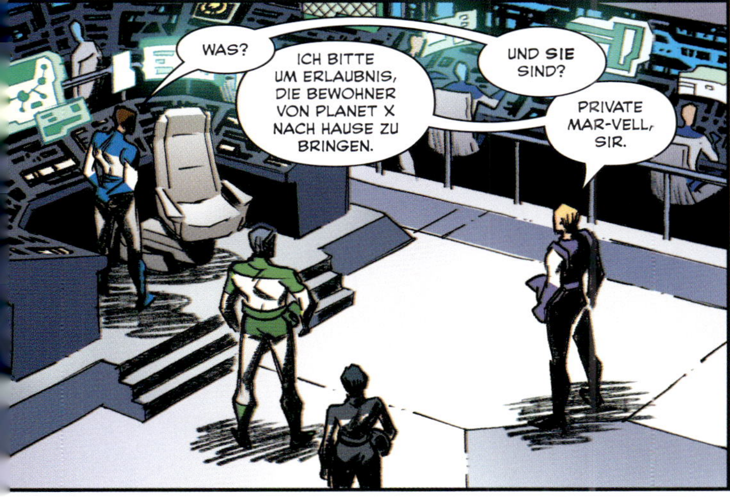

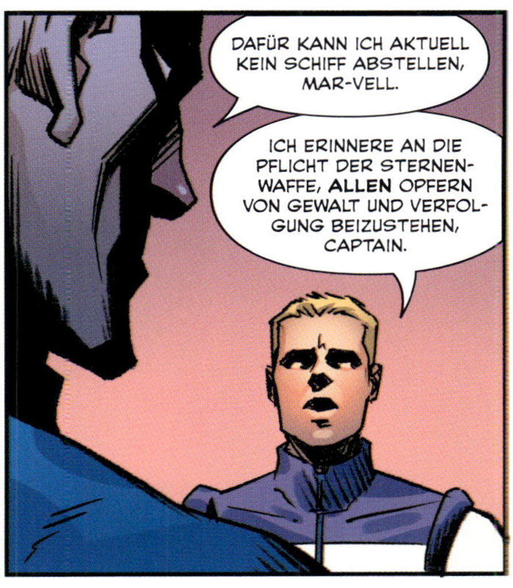

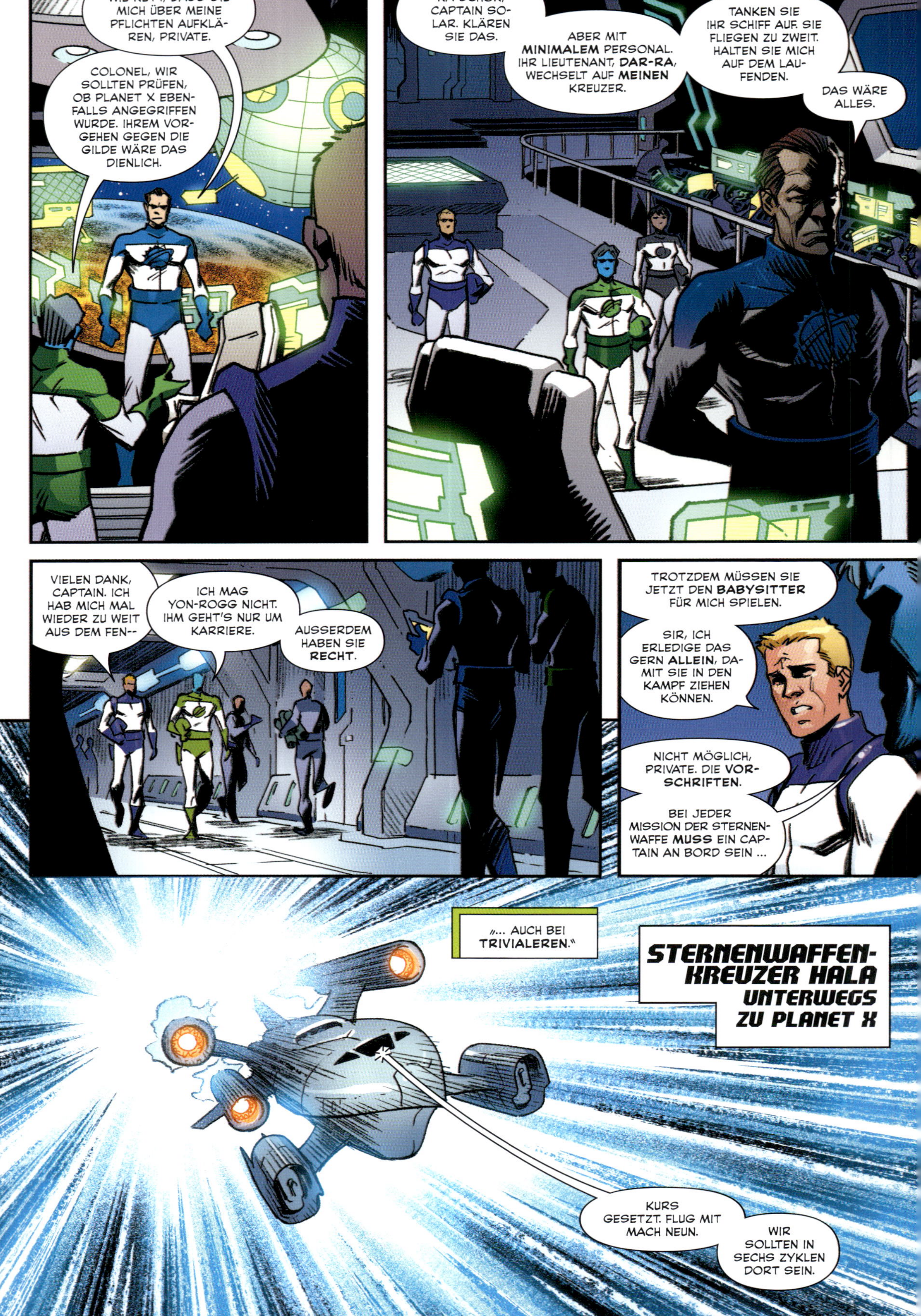

WIE NETT, DASS SIE MICH ÜBER MEINE PFLICHTEN AUFKLÄREN, PRIVATE.
COLONEL, WIR SOLLTEN PRÜFEN, OB PLANET X EBENFALLS ANGEGRIFFEN WURDE. IHREM VORGEHEN GEGEN DIE GILDE WÄRE DAS DIENLICH.
NA SCHÖN, CAPTAIN SOLAR. KLÄREN SIE DAS.
ABER MIT **MINIMALEM** PERSONAL. IHR LIEUTENANT, **DAR-RA**, WECHSELT AUF **MEINEN** KREUZER.
TANKEN SIE IHR SCHIFF AUF. SIE FLIEGEN ZU ZWEIT. HALTEN SIE MICH AUF DEM LAUFENDEN.
DAS WÄRE ALLES.
VIELEN DANK, CAPTAIN. ICH HAB MICH MAL WIEDER ZU WEIT AUS DEM FEN--
ICH MAG YON-ROGG NICHT. IHM GEHT'S NUR UM KARRIERE.
AUSSERDEM HABEN SIE **RECHT**.
TROTZDEM MÜSSEN SIE JETZT DEN **BABYSITTER** FÜR MICH SPIELEN.
SIR, ICH ERLEDIGE DAS GERN **ALLEIN**, DAMIT SIE IN DEN KAMPF ZIEHEN KÖNNEN.
NICHT MÖGLICH, PRIVATE. DIE **VORSCHRIFTEN**.
BEI JEDER MISSION DER STERNENWAFFE **MUSS** EIN CAPTAIN AN BORD SEIN ...
„... AUCH BEI **TRIVIALEREN**."
STERNENWAFFEN-KREUZER HALA UNTERWEGS ZU PLANET X
KURS GESETZT. FLUG MIT MACH NEUN.
WIR SOLLTEN IN SECHS ZYKLEN DORT SEIN.

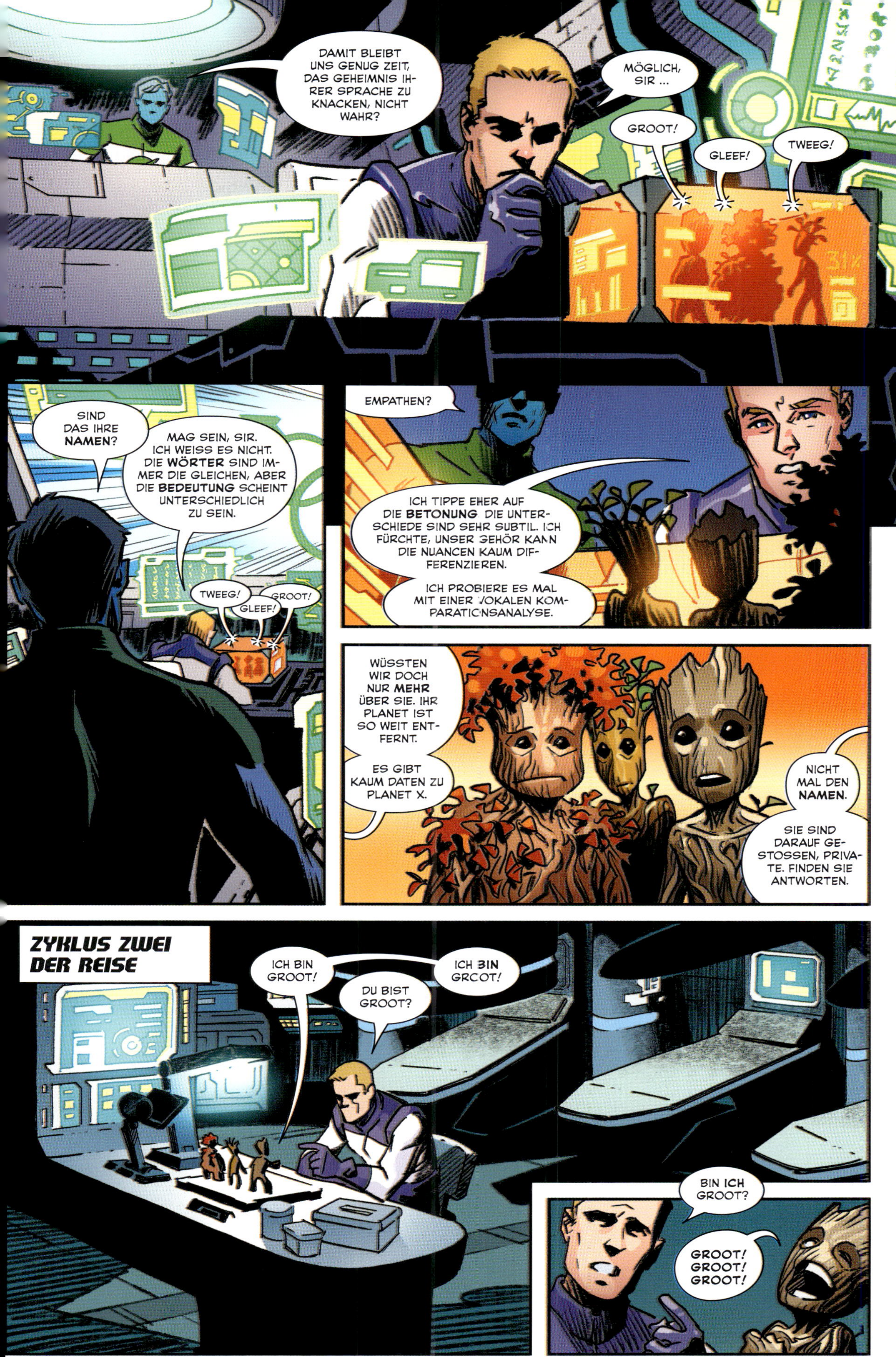
DAMIT BLEIBT UNS GENUG ZEIT, DAS GEHEIMNIS IHRER SPRACHE ZU KNACKEN, NICHT WAHR?
MÖGLICH, SIR ...
GROOT!
GLEEF!
TWEEG!
SIND DAS IHRE NAMEN?
MAG SEIN, SIR. ICH WEISS ES NICHT. DIE WÖRTER SIND IMMER DIE GLEICHEN, ABER DIE BEDEUTUNG SCHEINT UNTERSCHIEDLICH ZU SEIN.
TWEEG!
GLEEF!
GROOT!
EMPATHEN?
ICH TIPPE EHER AUF DIE BETONUNG. DIE UNTERSCHIEDE SIND SEHR SUBTIL. ICH FÜRCHTE, UNSER GEHÖR KANN DIE NUANCEN KAUM DIFFERENZIEREN.
ICH PROBIERE ES MAL MIT EINER VOKALEN KOMPARATIONSANALYSE.
WÜSSTEN WIR DOCH NUR MEHR ÜBER SIE. IHR PLANET IST SO WEIT ENTFERNT.
ES GIBT KAUM DATEN ZU PLANET X.
NICHT MAL DEN NAMEN.
SIE SIND DARAUF GESTOSSEN, PRIVATE. FINDEN SIE ANTWORTEN.
ZYKLUS ZWEI DER REISE
ICH BIN GROOT!
ICH BIN GROOT!
DU BIST GROOT?
BIN ICH GROOT?
GROOT! GROOT! GROOT!

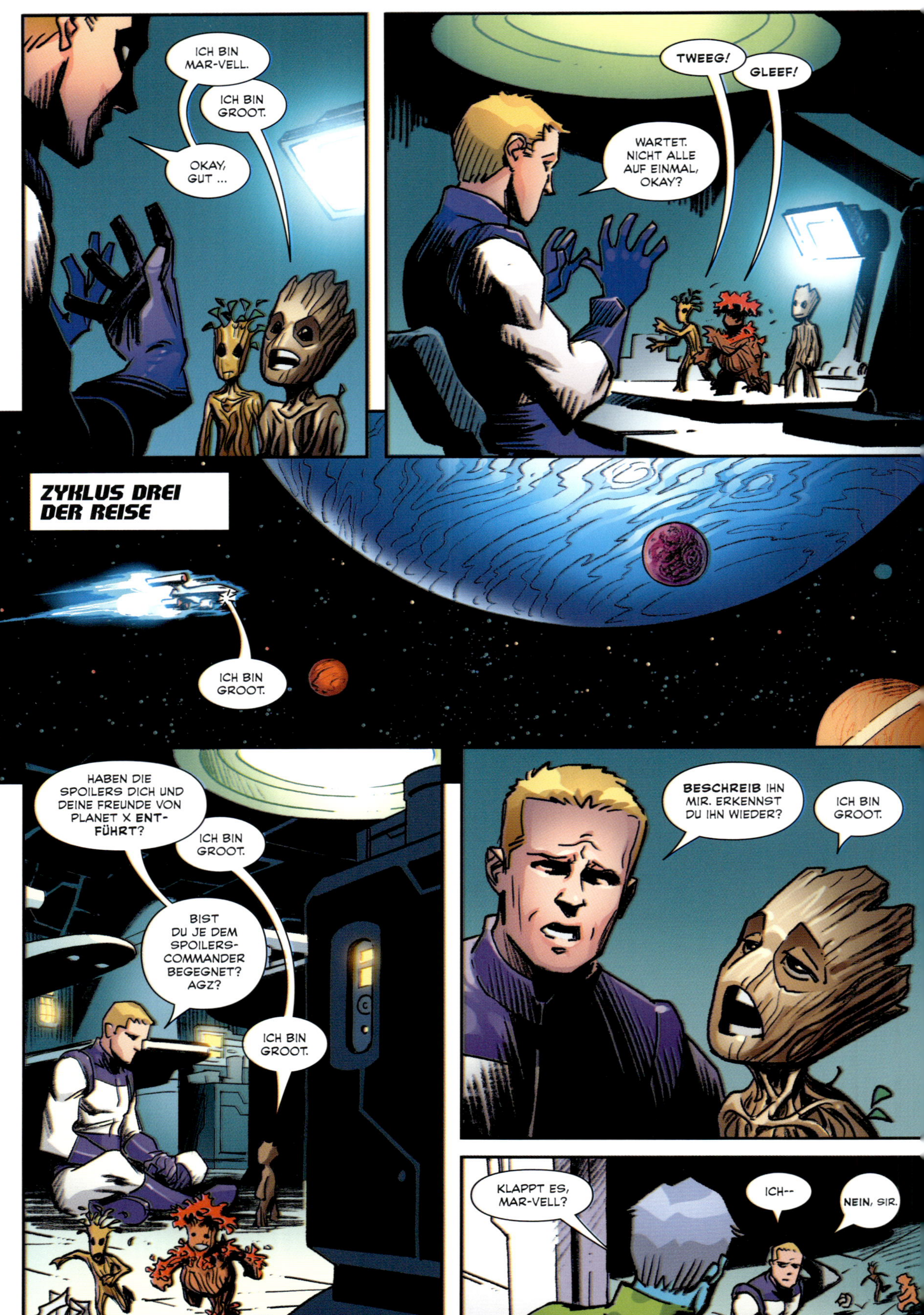
ICH BIN MAR-VELL.
ICH BIN GROOT.
OKAY, GUT ...
TWEEG!
GLEEF!
WARTET. NICHT ALLE AUF EINMAL, OKAY?
ZYKLUS DREI DER REISE
ICH BIN GROOT.
HABEN DIE SPOILERS DICH UND DEINE FREUNDE VON PLANET X ENTFÜHRT?
ICH BIN GROOT.
BIST DU JE DEM SPOILERS-COMMANDER BEGEGNET? AGZ?
ICH BIN GROOT.
BESCHREIB IHN MIR. ERKENNST DU IHN WIEDER?
ICH BIN GROOT.
KLAPPT ES, MAR-VELL?
ICH--
NEIN, SIR.

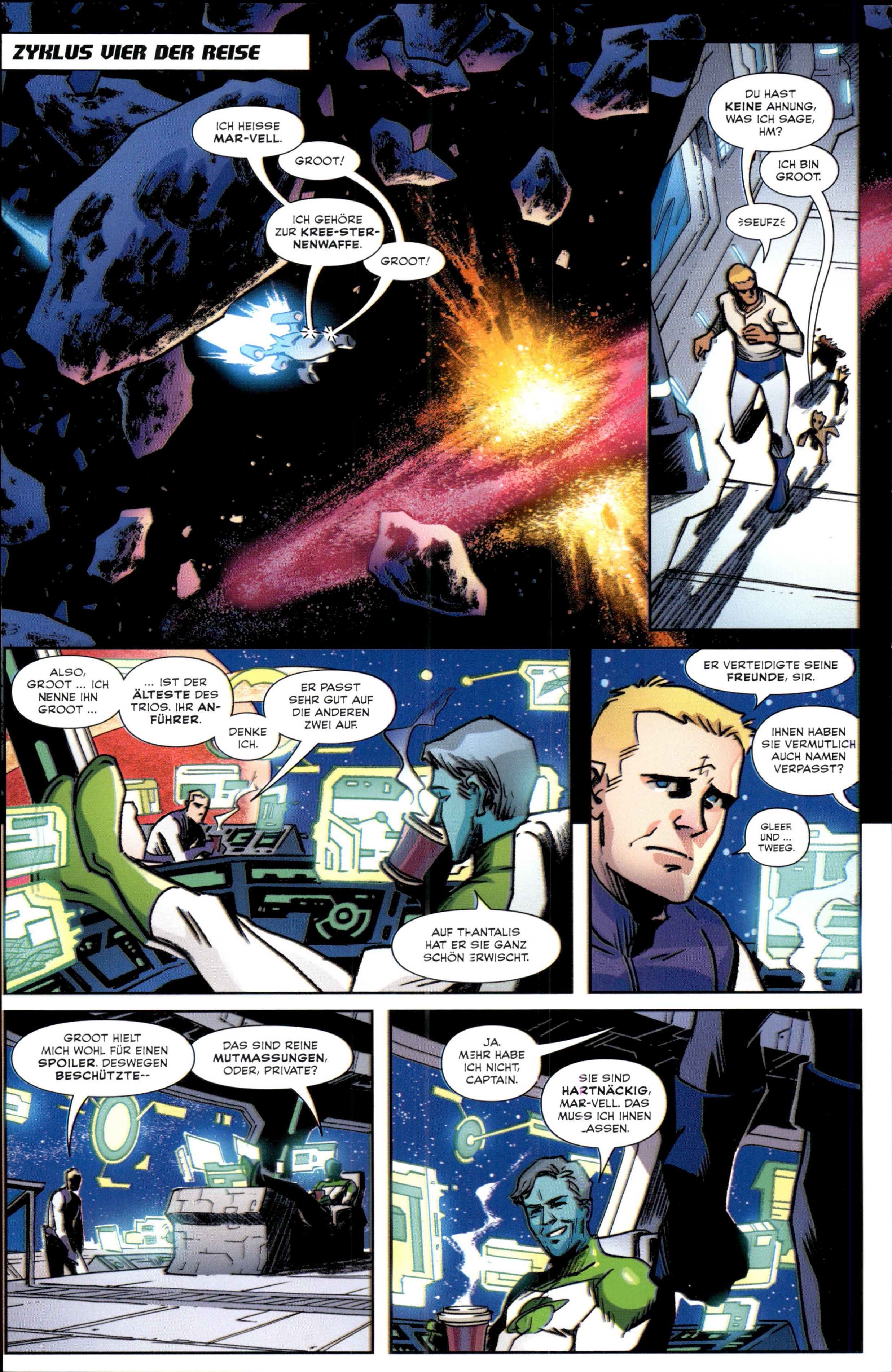

ZYKLUS VIER DER REISE

ICH HEISSE **MAR-VELL**.
GROOT!
ICH GEHÖRE ZUR **KREE-STERNENWAFFE**.
GROOT!

DU HAST **KEINE** AHNUNG, WAS ICH SAGE, HM?
ICH BIN GROOT.
≥SEUFZ≤

ALSO, GROOT ... ICH NENNE IHN GROOT ...
... IST DER **ÄLTESTE** DES TRIOS. IHR **ANFÜHRER**.
DENKE ICH.
ER PASST SEHR GUT AUF DIE ANDEREN ZWEI AUF.
AUF THANTALIS HAT ER SIE GANZ SCHÖN ERWISCHT.

ER VERTEIDIGTE SEINE **FREUNDE**, SIR.
IHNEN HABEN SIE VERMUTLICH AUCH NAMEN VERPASST?
GLEEF. UND ... TWEEG.

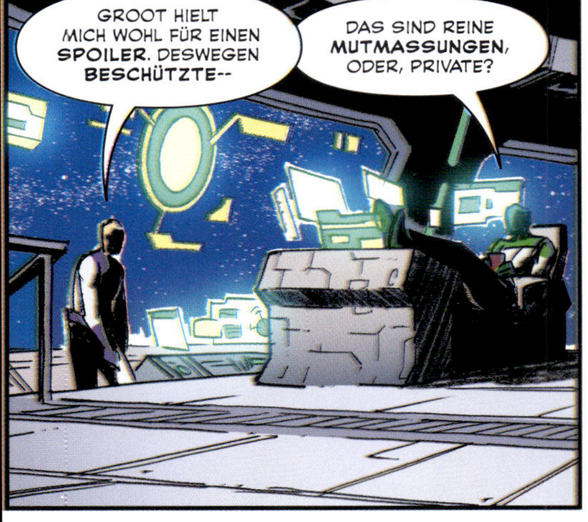

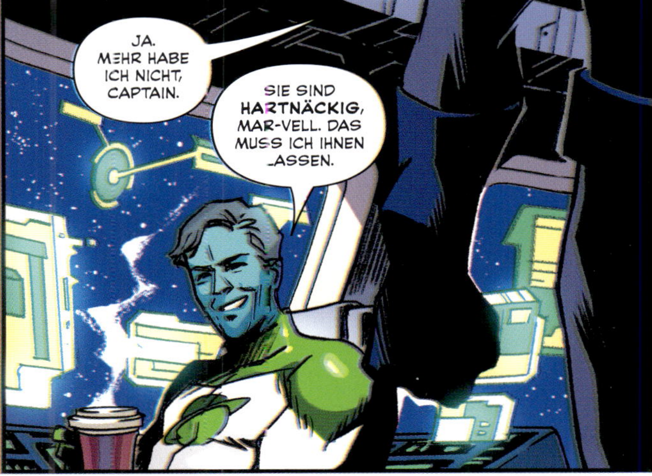

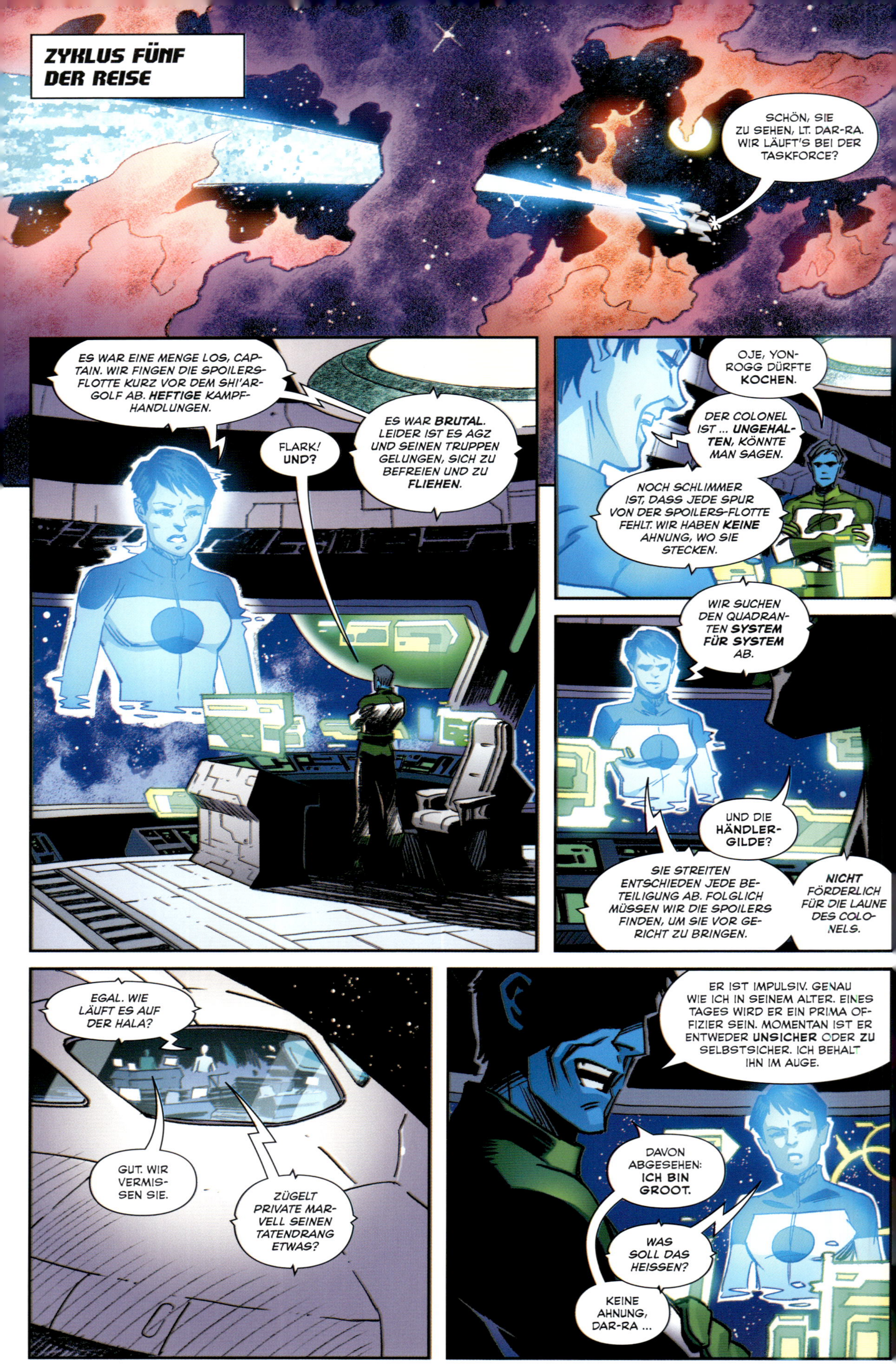

ZYKLUS FÜNF
DER REISE

SCHÖN, SIE ZU SEHEN, LT. DAR-RA. WIR LÄUFT'S BEI DER TASKFORCE?

ES WAR EINE MENGE LOS, CAPTAIN. WIR FINGEN DIE SPOILERS-FLOTTE KURZ VOR DEM SHI'AR-GOLF AB. **HEFTIGE** KAMPFHANDLUNGEN.
FLARK! **UND?**
ES WAR **BRUTAL**. LEIDER IST ES AGZ UND SEINEN TRUPPEN GELUNGEN, SICH ZU BEFREIEN UND ZU **FLIEHEN**.

OJE, YON-ROGG DÜRFTE **KOCHEN**.
DER COLONEL IST ... **UNGEHALTEN**, KÖNNTE MAN SAGEN.
NOCH SCHLIMMER IST, DASS JEDE SPUR VON DER SPOILERS-FLOTTE FEHLT. WIR HABEN **KEINE** AHNUNG, WO SIE STECKEN.

WIR SUCHEN DEN QUADRANTEN **SYSTEM FÜR SYSTEM** AB.
UND DIE **HÄNDLERGILDE?**
SIE STREITEN ENTSCHIEDEN JEDE BETEILIGUNG AB. FOLGLICH MÜSSEN WIR DIE SPOILERS FINDEN, UM SIE VOR GERICHT ZU BRINGEN.
NICHT FÖRDERLICH FÜR DIE LAUNE DES COLONELS.

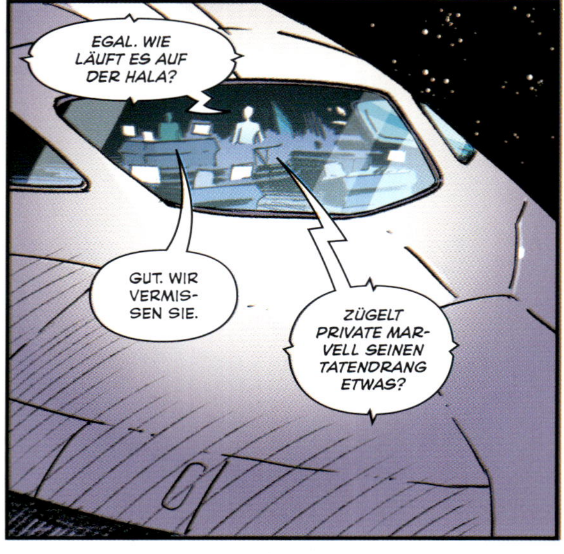

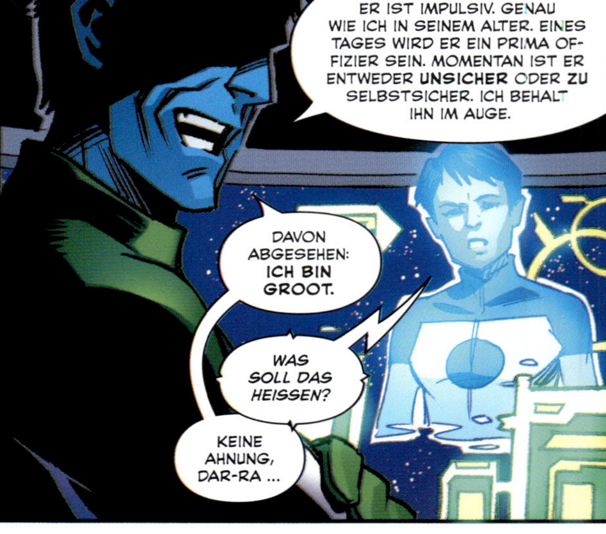

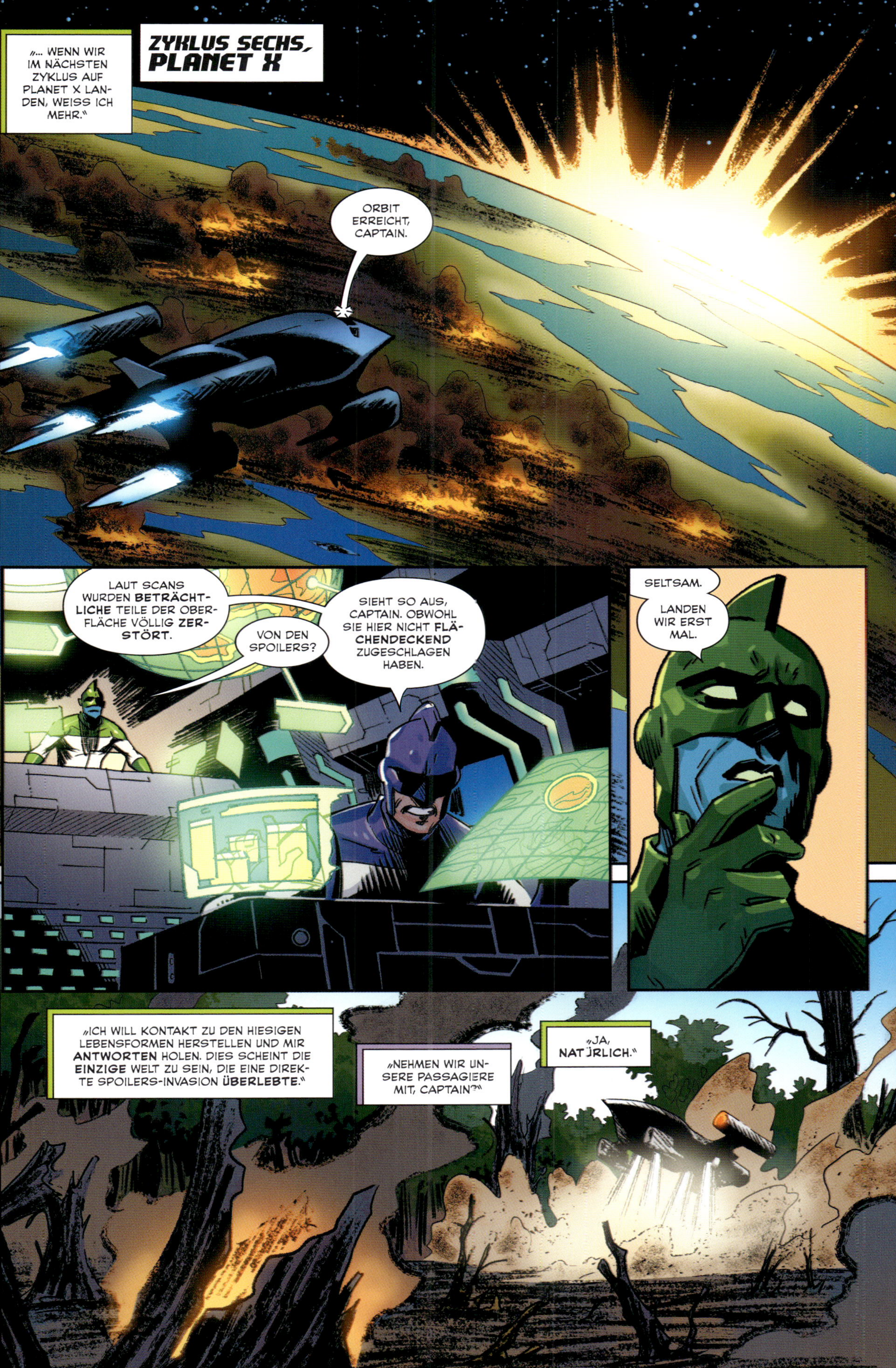
„... WENN WIR IM NÄCHSTEN ZYKLUS AUF PLANET X LANDEN, WEISS ICH MEHR."
ZYKLUS SECHS, PLANET X
ORBIT ERREICHT, CAPTAIN.
LAUT SCANS WURDEN **BETRÄCHTLICHE** TEILE DER OBERFLÄCHE VÖLLIG **ZERSTÖRT**.
VON DEN SPOILERS?
SIEHT SO AUS, CAPTAIN. OBWOHL SIE HIER NICHT **FLÄCHENDECKEND** ZUGESCHLAGEN HABEN.
SELTSAM.
LANDEN WIR ERST MAL.
„ICH WILL KONTAKT ZU DEN HIESIGEN LEBENSFORMEN HERSTELLEN UND MIR **ANTWORTEN** HOLEN. DIES SCHEINT DIE **EINZIGE** WELT ZU SEIN, DIE EINE DIREKTE SPOILERS-INVASION **ÜBERLEBTE**."
„NEHMEN WIR UNSERE PASSAGIERE MIT, CAPTAIN?"
„JA, **NATÜRLICH**."

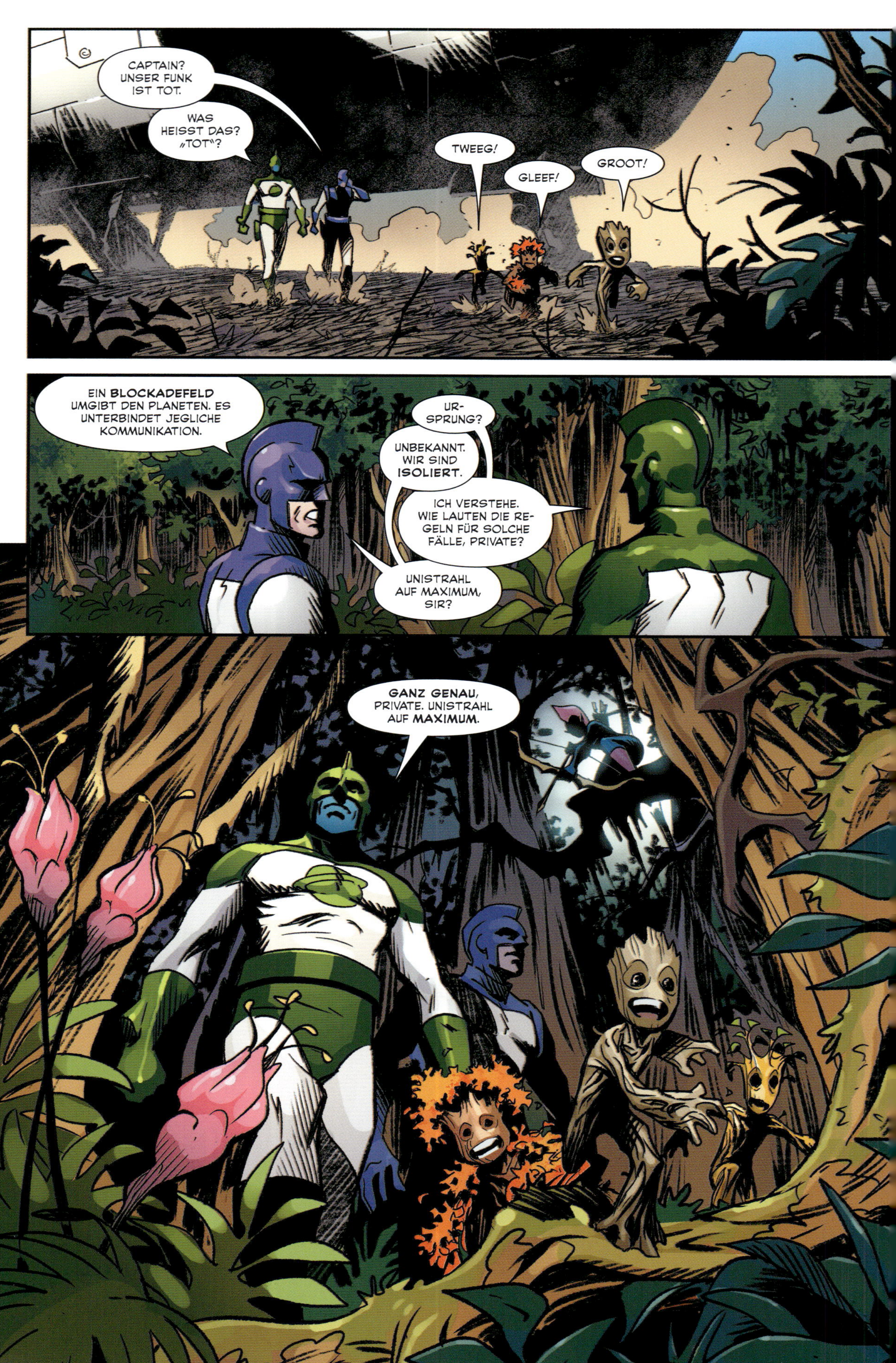
CAPTAIN? UNSER FUNK IST TOT.
WAS HEISST DAS? „TOT"?
TWEEG!
GLEEF!
GROOT!
EIN **BLOCKADEFELD** UMGIBT DEN PLANETEN. ES UNTERBINDET JEGLICHE KOMMUNIKATION.
UR-SPRUNG?
UNBEKANNT. WIR SIND **ISOLIERT**.
ICH VERSTEHE. WIE LAUTEN DIE RE-GELN FÜR SOLCHE FÄLLE, PRIVATE?
UNISTRAHL AUF MAXIMUM, SIR?
GANZ GENAU, PRIVATE. UNISTRAHL AUF **MAXIMUM**.

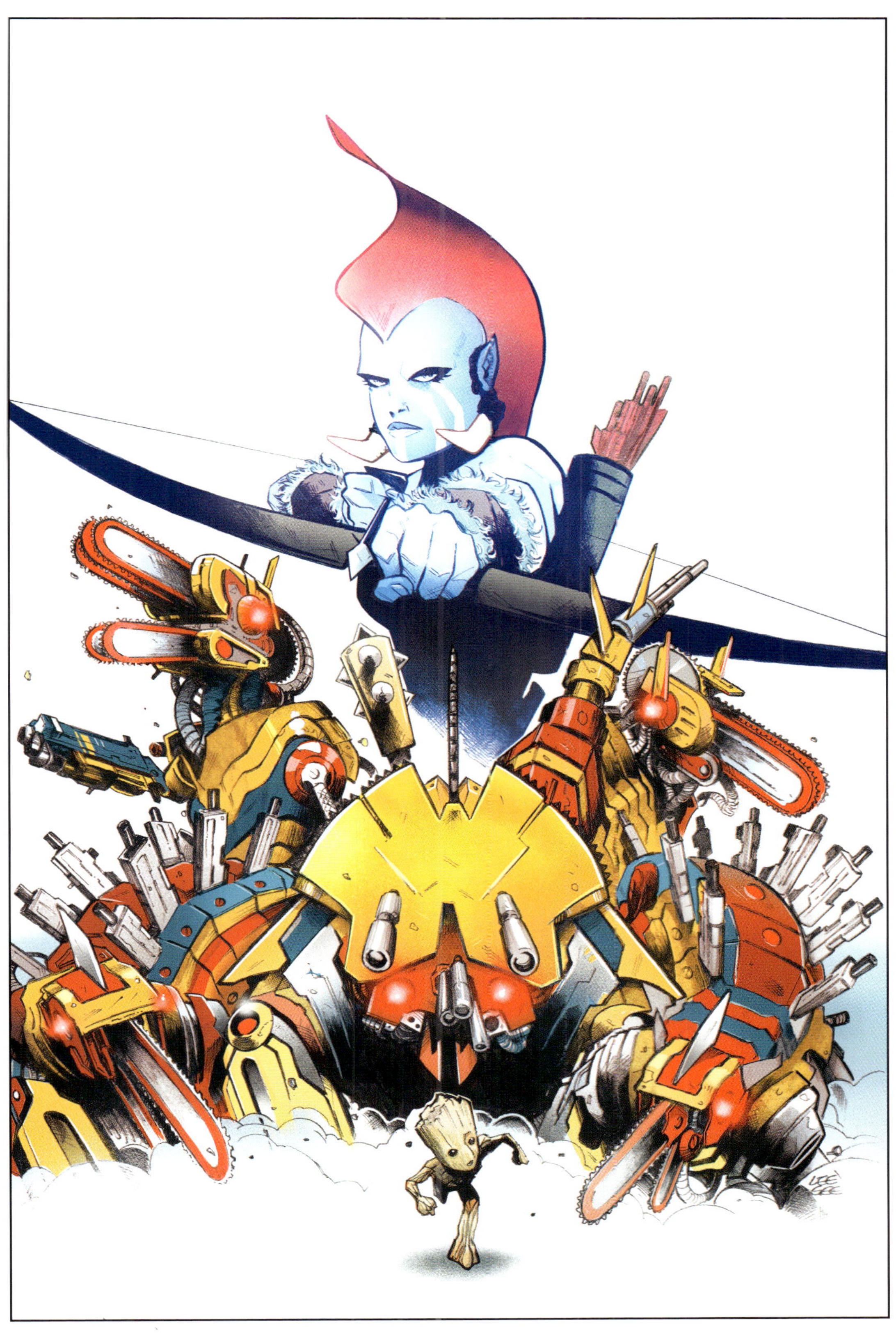

Groot (2023) 2
Cover von **LEE GARBETT**

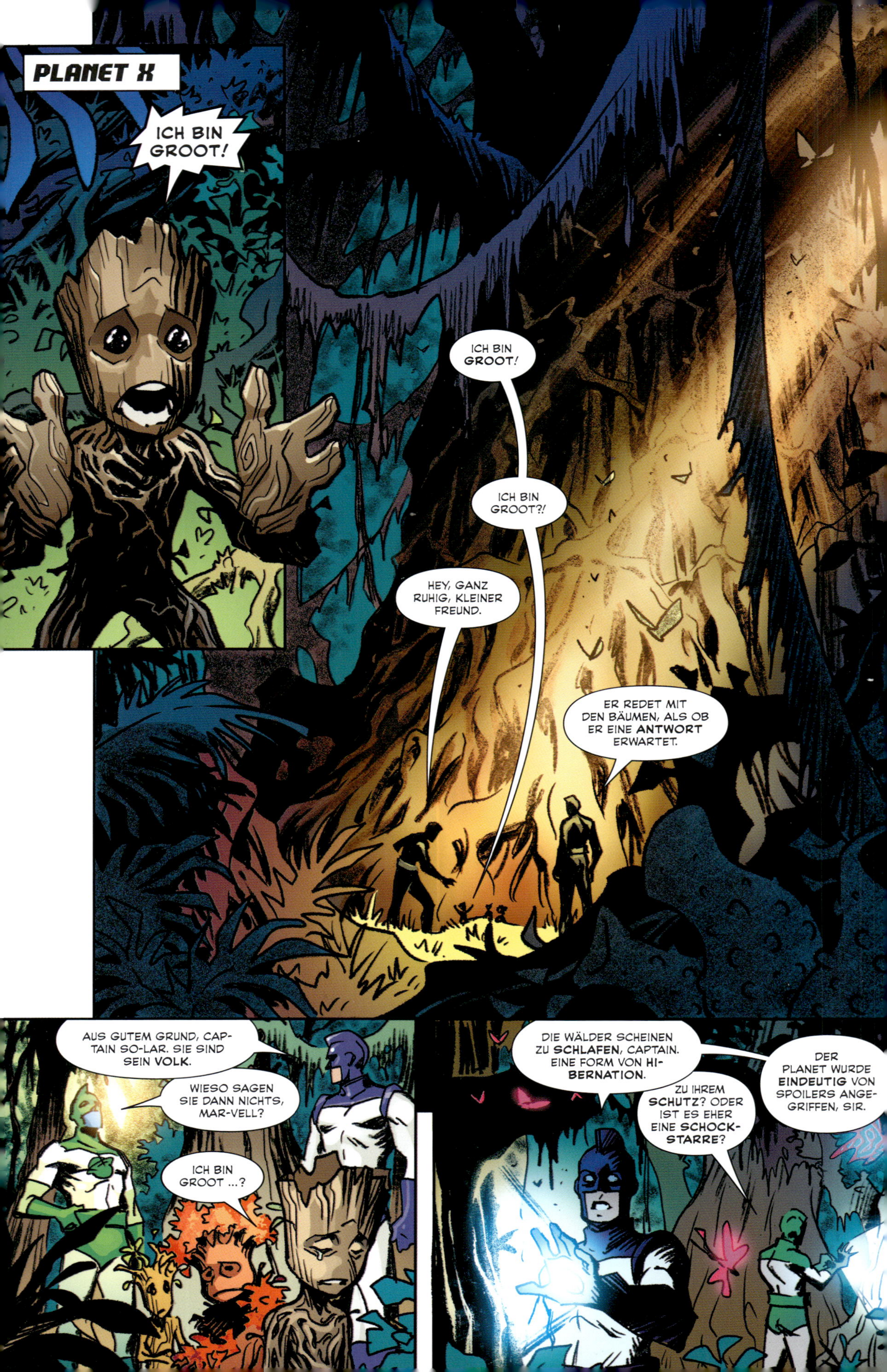
PLANET X
ICH BIN GROOT!
ICH BIN GROOT!
ICH BIN GROOT?!
HEY, GANZ RUHIG, KLEINER FREUND.
ER REDET MIT DEN BÄUMEN, ALS OB ER EINE ANTWORT ERWARTET.
AUS GUTEM GRUND, CAPTAIN SO-LAR. SIE SIND SEIN VOLK.
WIESO SAGEN SIE DANN NICHTS, MAR-VELL?
ICH BIN GROOT ...?
DIE WÄLDER SCHEINEN ZU SCHLAFEN, CAPTAIN. EINE FORM VON HIBERNATION.
DER PLANET WURDE EINDEUTIG VON SPOILERS ANGEGRIFFEN, SIR.
ZU IHREM SCHUTZ? ODER IST ES EHER EINE SCHOCKSTARRE?

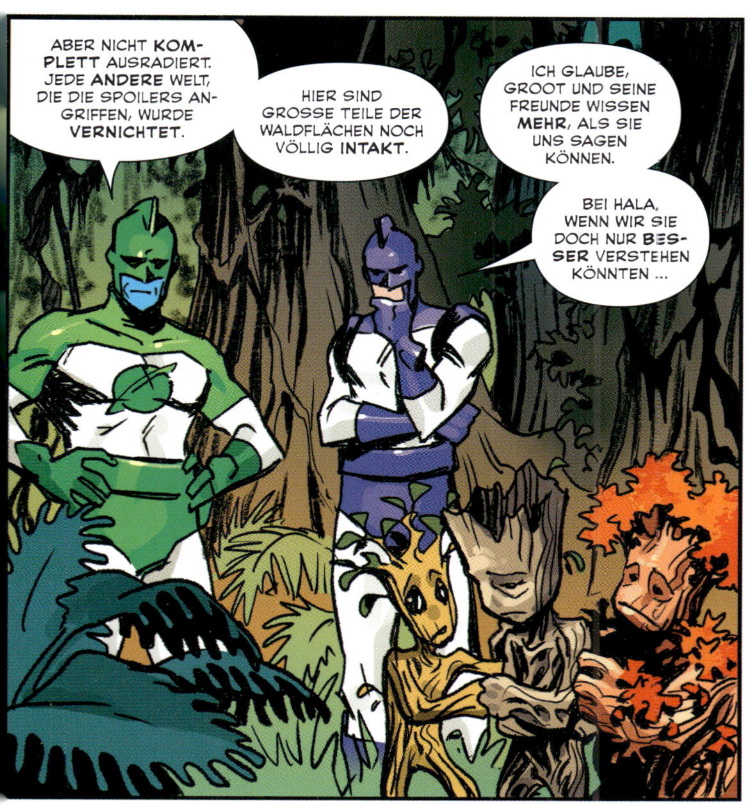
ABER NICHT KOMPLETT AUSRADIERT. JEDE ANDERE WELT, DIE DIE SPOILERS ANGRIFFEN, WURDE VERNICHTET.
HIER SIND GROSSE TEILE DER WALDFLÄCHEN NOCH VÖLLIG INTAKT.
ICH GLAUBE, GROOT UND SEINE FREUNDE WISSEN MEHR, ALS SIE UNS SAGEN KÖNNEN.
BEI HALA, WENN WIR SIE DOCH NUR BESSER VERSTEHEN KÖNNTEN ...

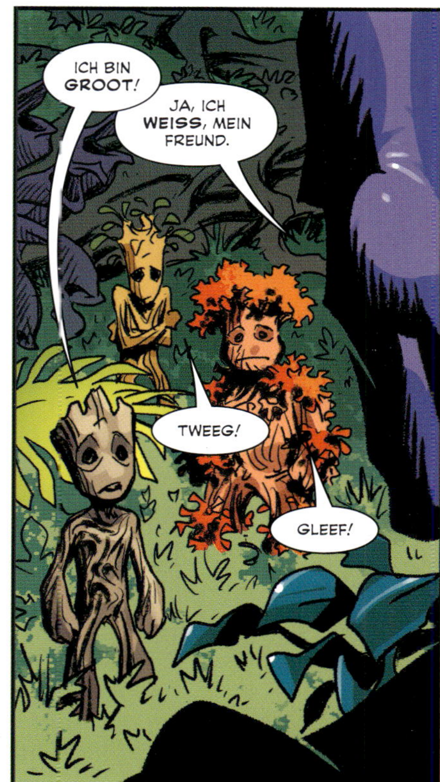
ICH BIN GROOT!
JA, ICH WEISS, MEIN FREUND.
TWEEG!
GLEEF!

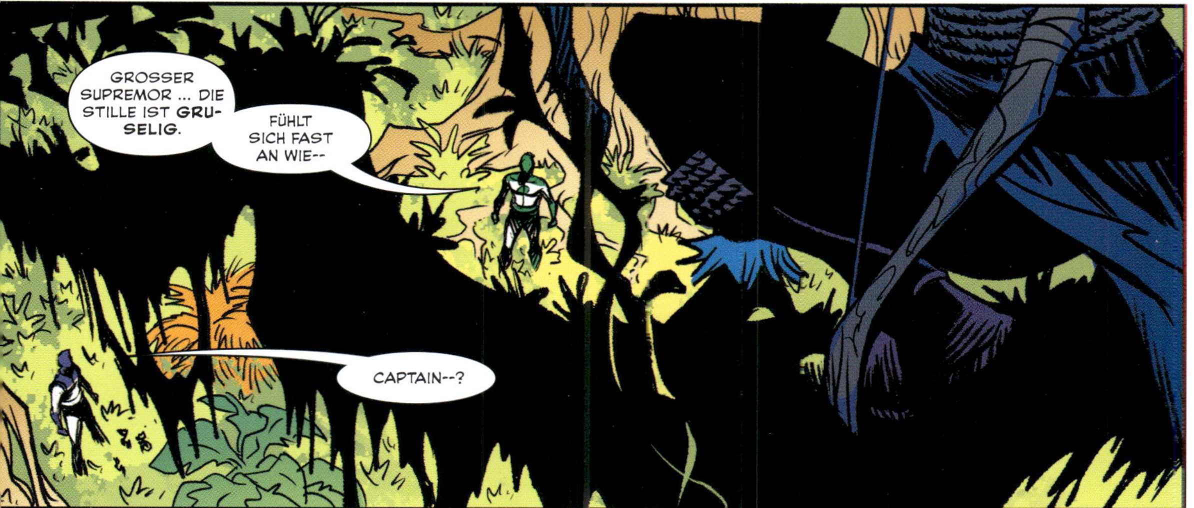
GROSSER SUPREMOR ... DIE STILLE IST GRUSELIG.
FÜHLT SICH FAST AN WIE--
CAPTAIN--?

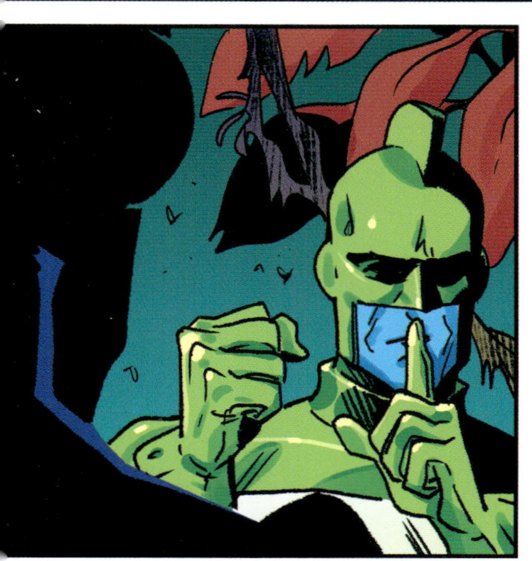

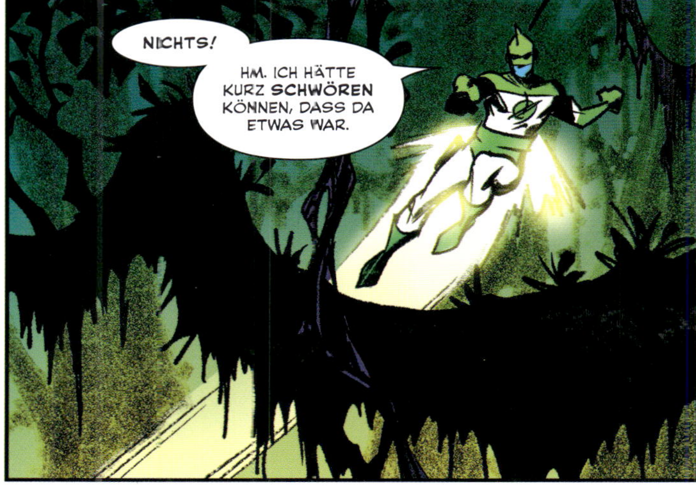
NICHTS!
HM. ICH HÄTTE KURZ SCHWÖREN KÖNNEN, DASS DA ETWAS WAR.

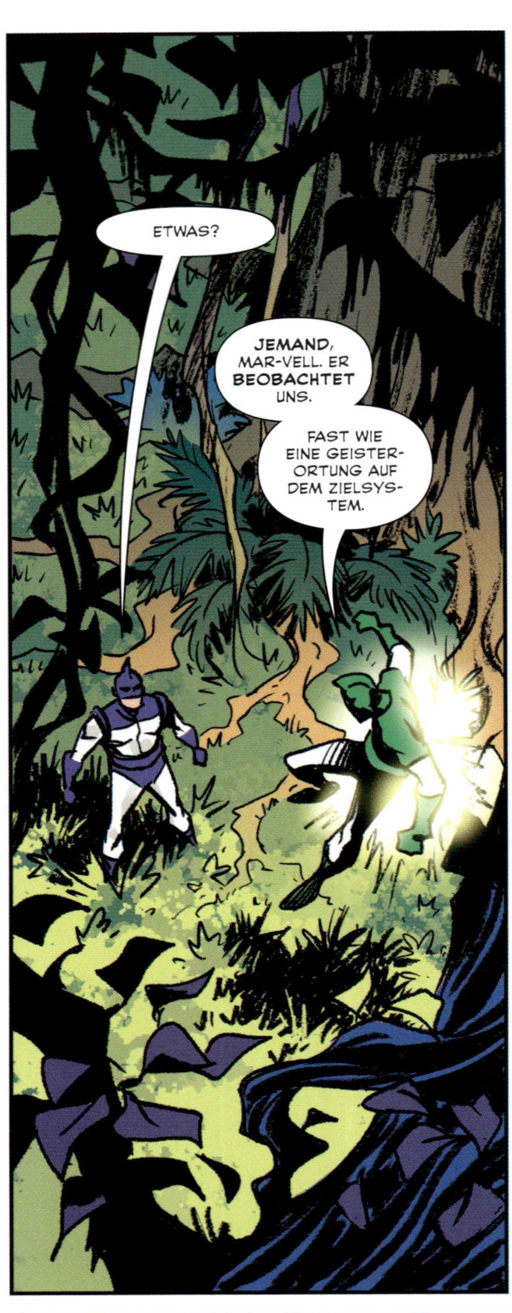
ETWAS?
JEMAND, MAR-VELL. ER BEOBACHTET UNS.
FAST WIE EINE GEISTER-ORTUNG AUF DEM ZIELSYS-TEM.

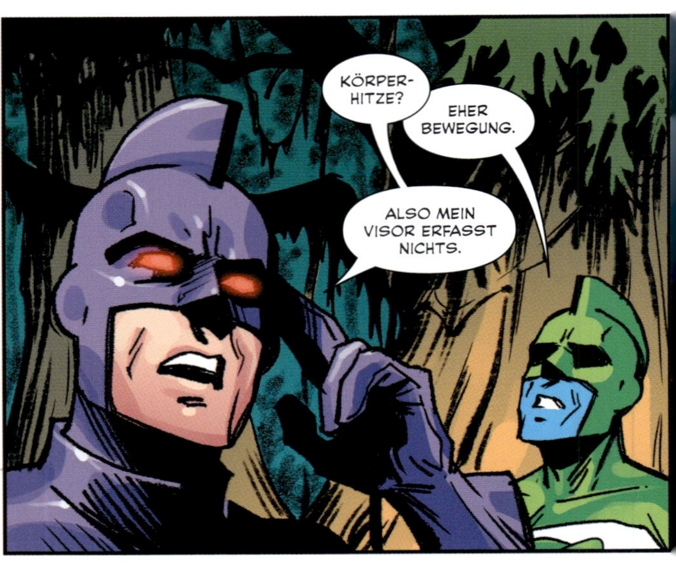
KÖRPER-HITZE?
EHER BEWEGUNG.
ALSO MEIN VISOR ERFASST NICHTS.

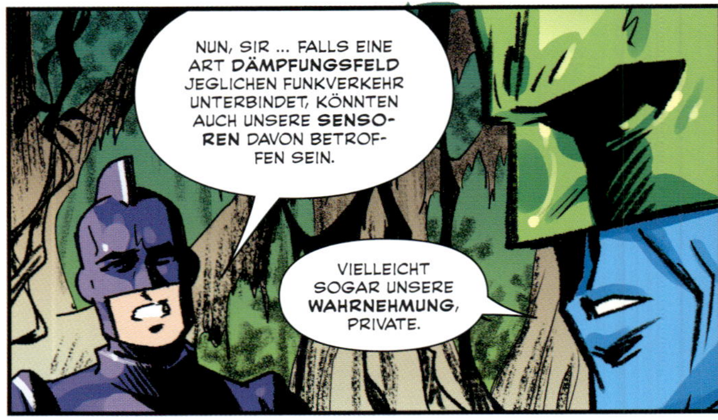
NUN, SIR ... FALLS EINE ART DÄMPFUNGSFELD JEGLICHEN FUNKVERKEHR UNTERBINDET, KÖNNTEN AUCH UNSERE SENSO-REN DAVON BETROF-FEN SEIN.
VIELLEICHT SOGAR UNSERE WAHRNEHMUNG, PRIVATE.

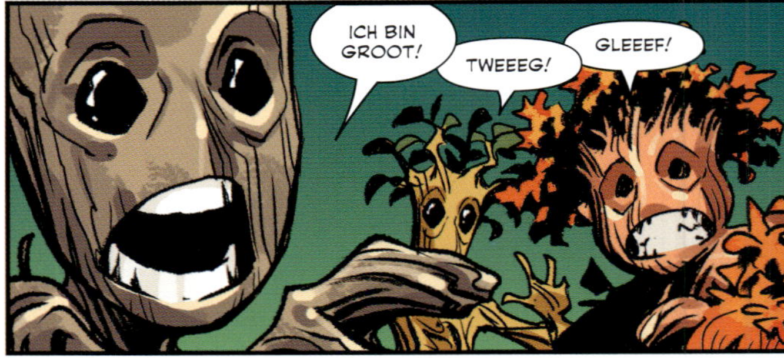
ICH BIN GROOT!
TWEEEG!
GLEEEF!

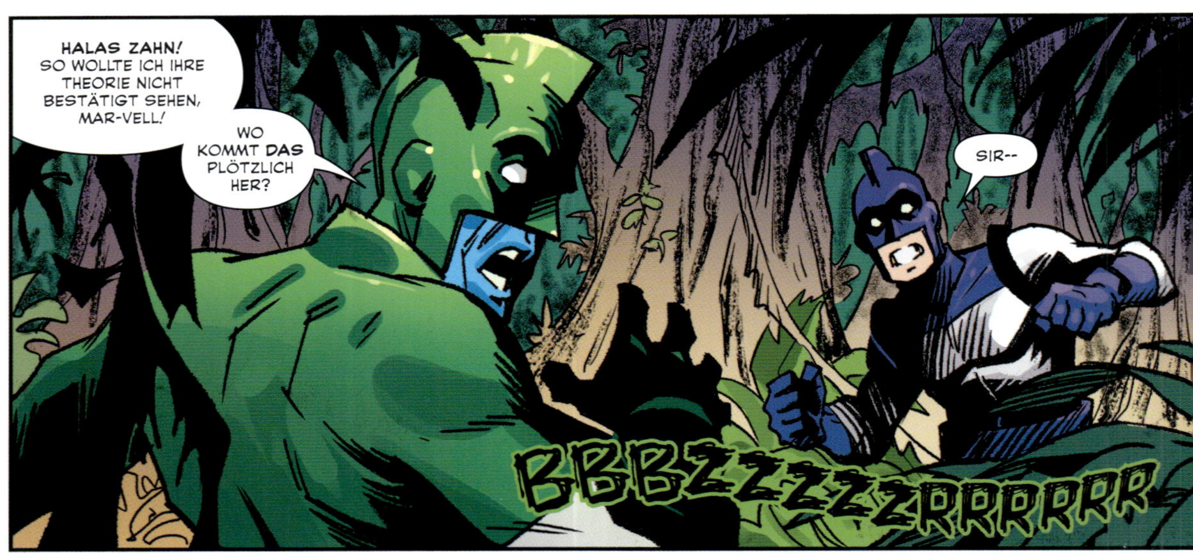
HALAS ZAHN! SO WOLLTE ICH IHRE THEORIE NICHT BESTÄTIGT SEHEN, MAR-VELL!
WO KOMMT DAS PLÖTZLICH HER?
SIR--
BBBZZZZZZRRRRRRR

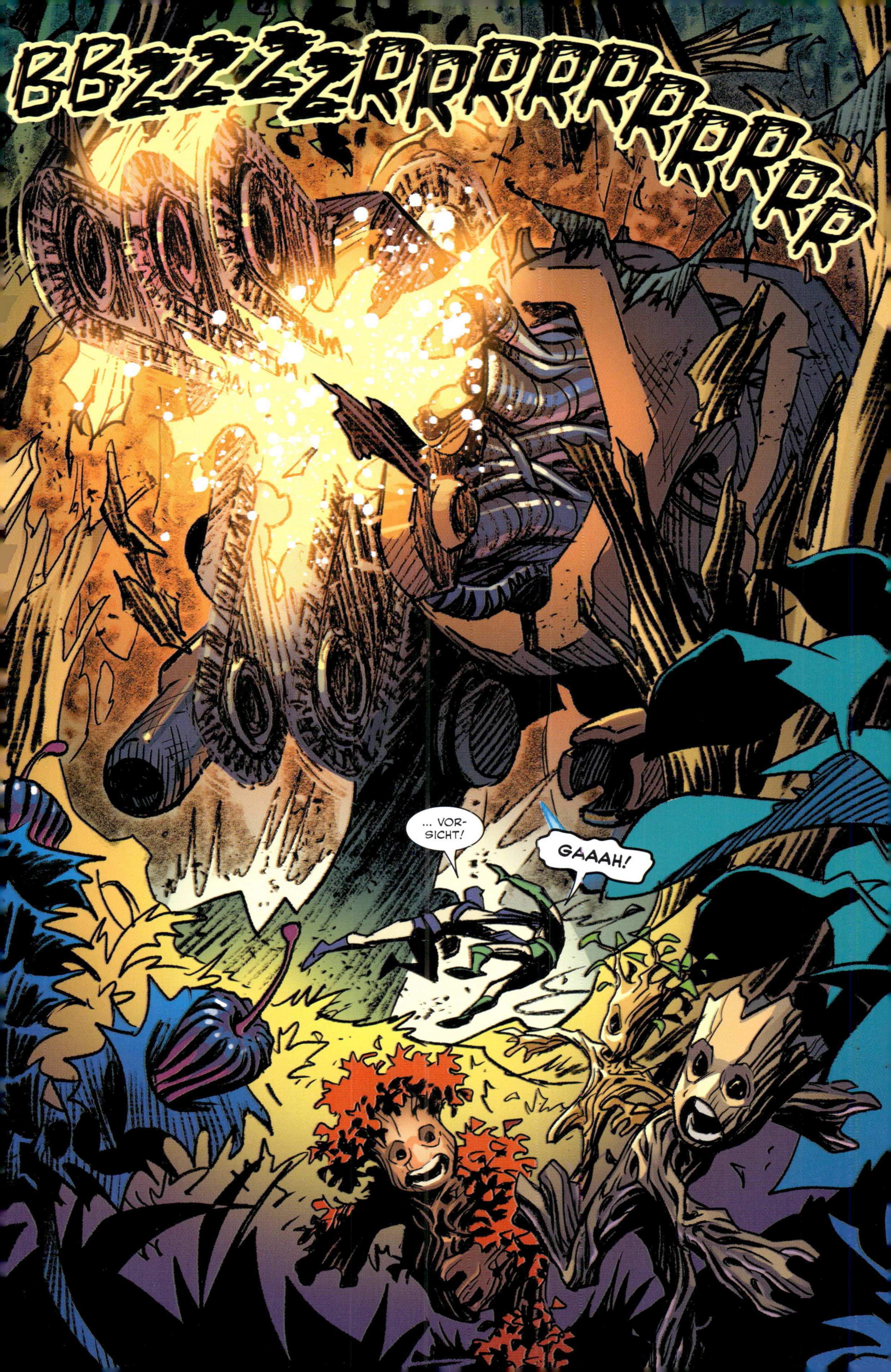
BBZZZZZRRRRRRRRRRRRRR
... VOR-
SICHT!
GAAAH!

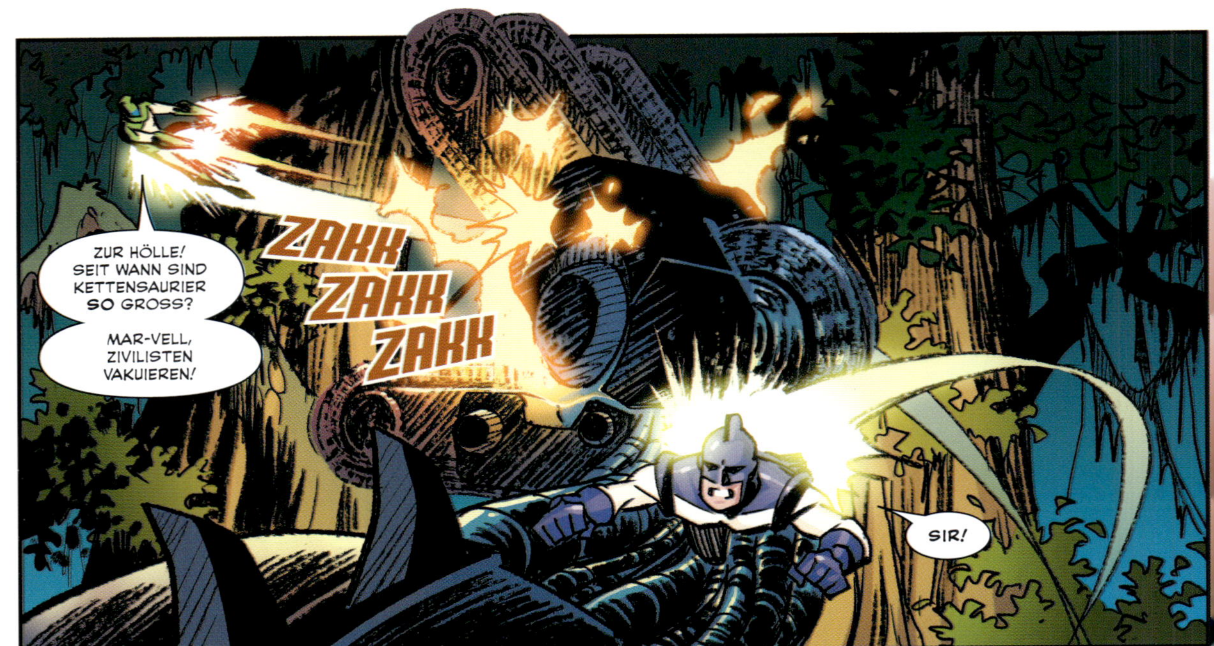
ZAKK ZAKK ZAKK
ZUR HÖLLE! SEIT WANN SIND KETTENSAURIER SO GROSS?
MAR-VELL, ZIVILISTEN VAKUIEREN!
SIR!

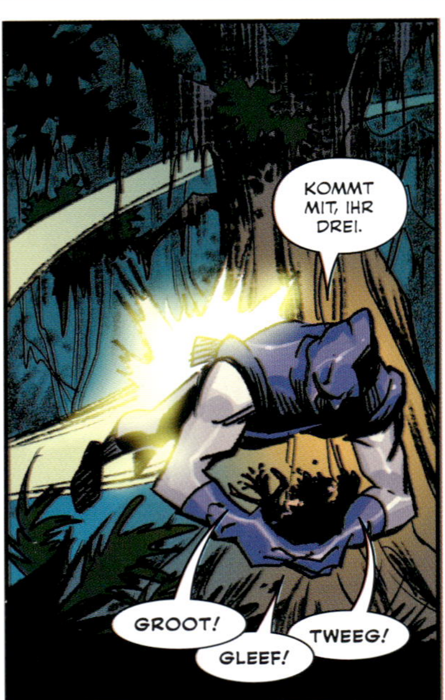
KOMMT MIT, IHR DREI.
GROOT!
GLEEF!
TWEEG!

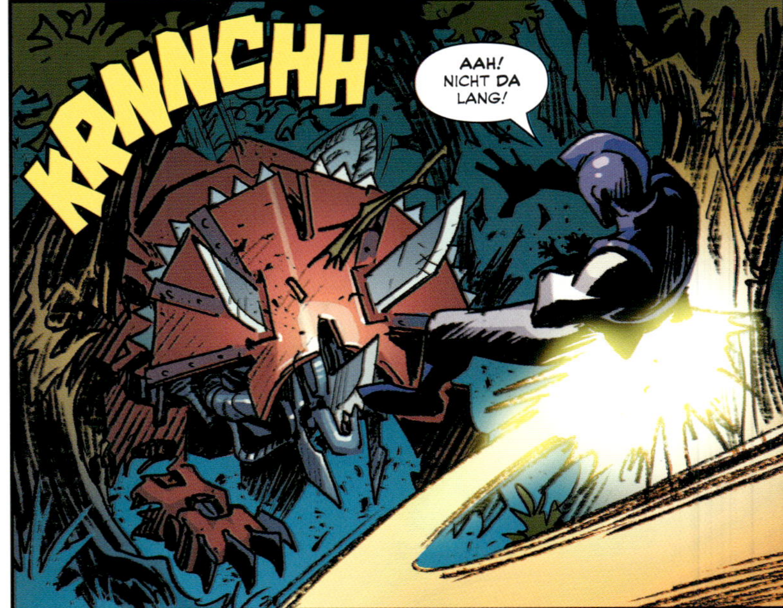
KRNNCHH
AAH! NICHT DA LANG!

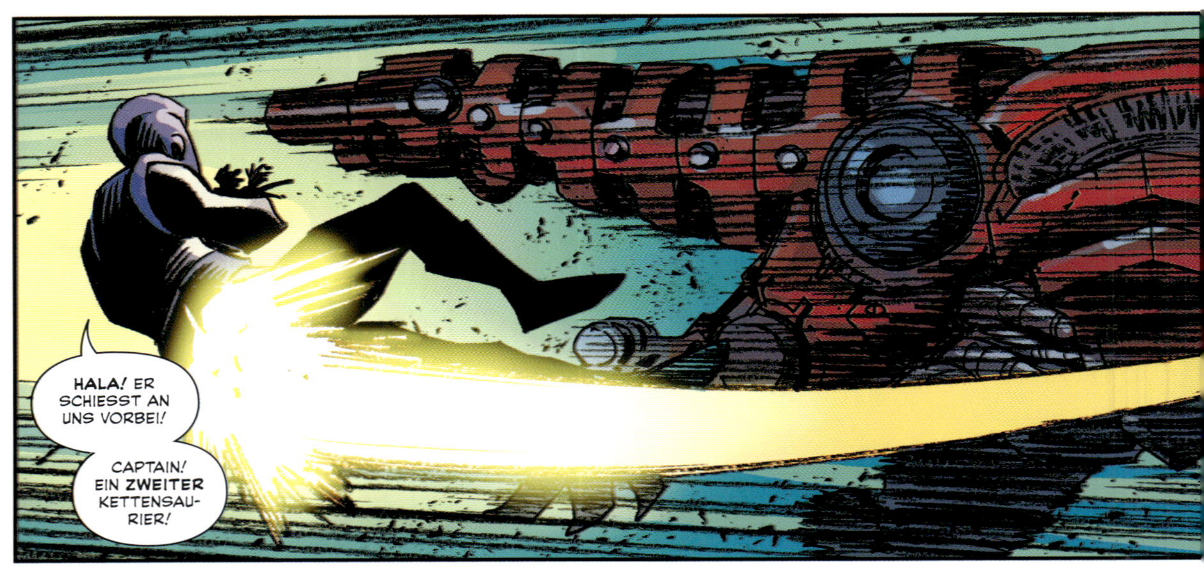
HALA! ER SCHIESST AN UNS VORBEI!
CAPTAIN! EIN ZWEITER KETTENSAU-RIER!

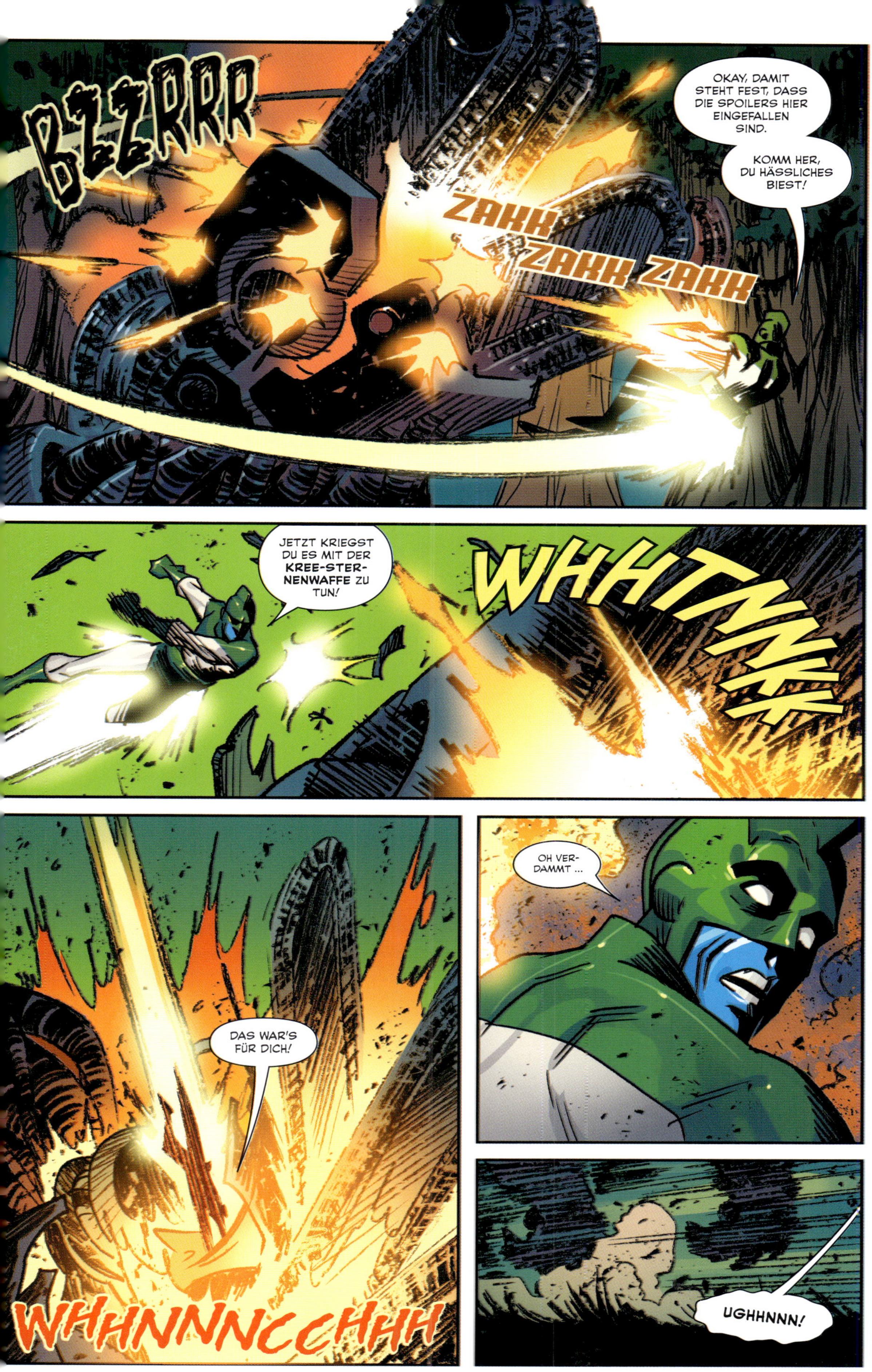

BZZRRR
OKAY, DAMIT STEHT FEST, DASS DIE SPOILERS HIER EINGEFALLEN SIND.
KOMM HER, DU HÄSSLICHES BIEST!
ZAKK ZAKK ZAKK

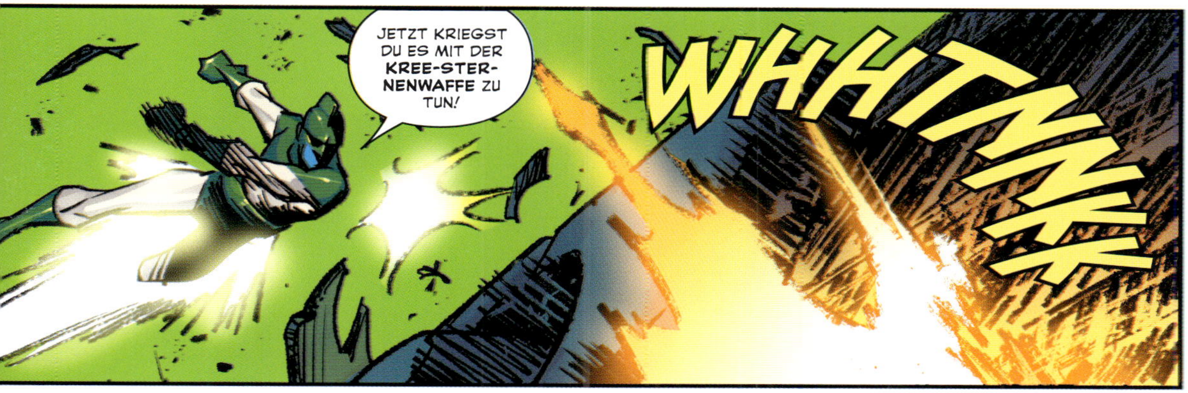

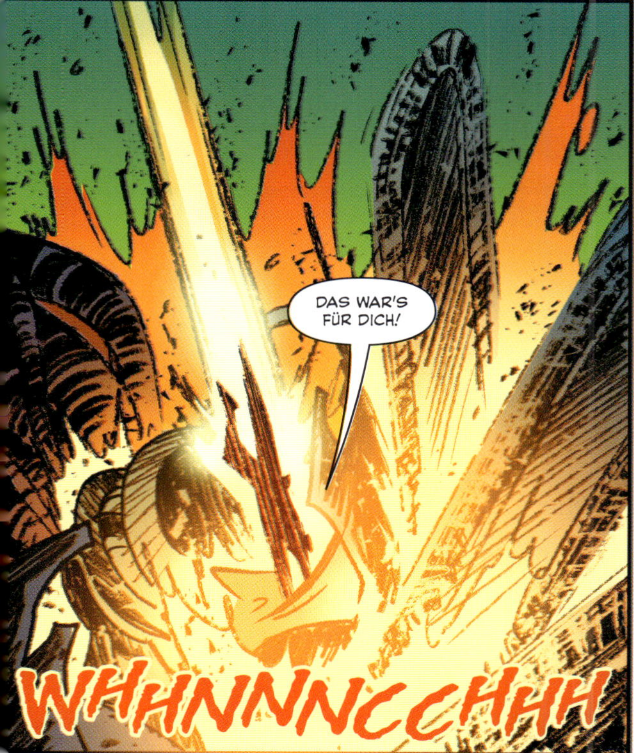

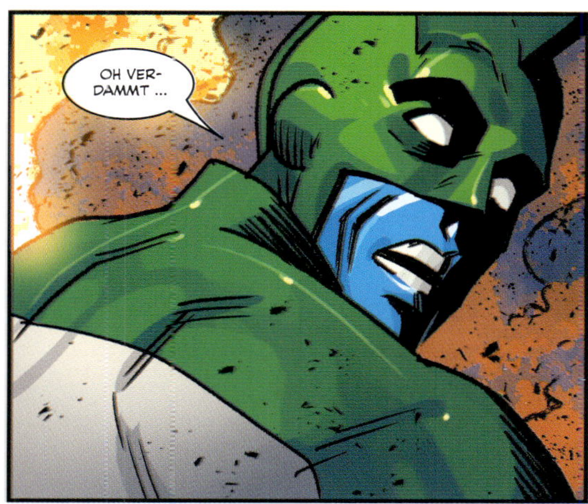

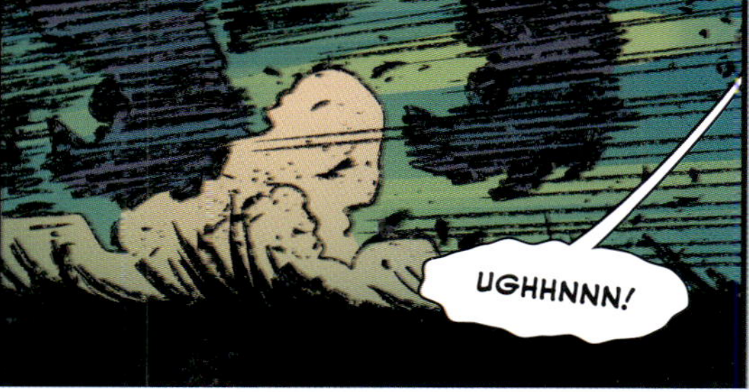

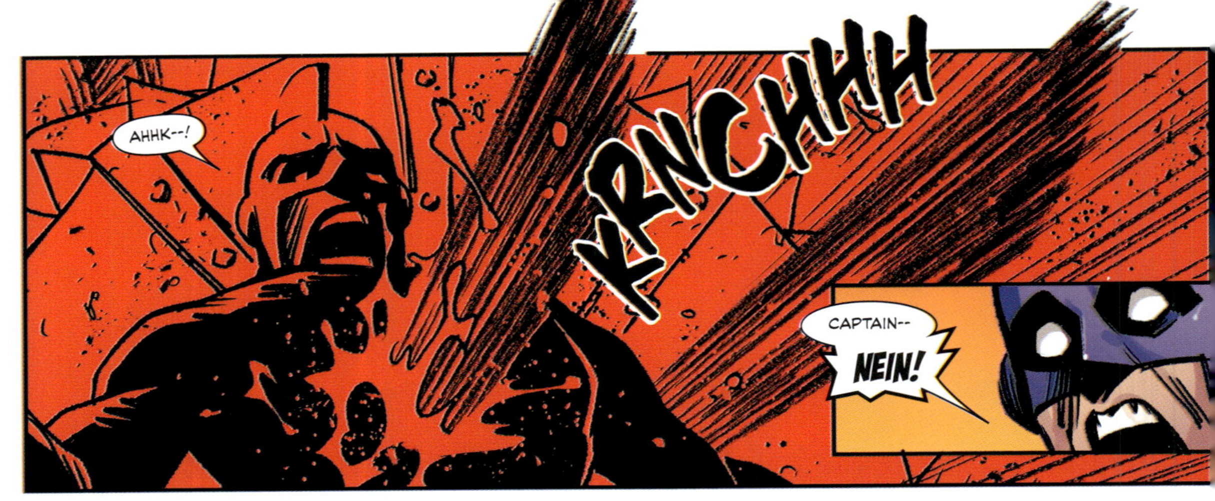
AHHK--!
KRNCHHH
CAPTAIN--
NEIN!

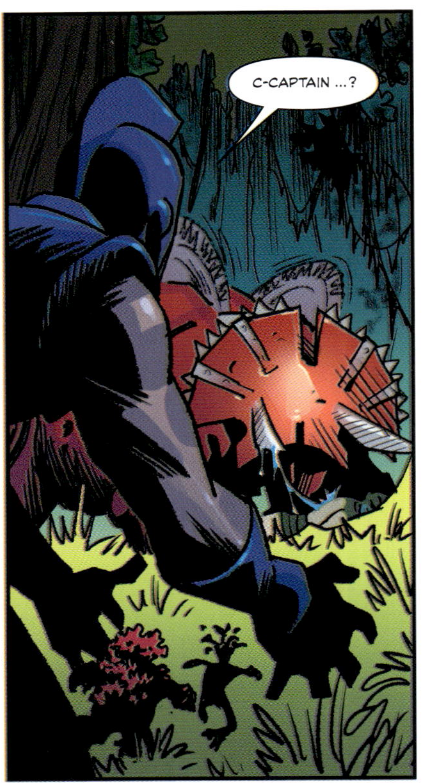
C-CAPTAIN ...?

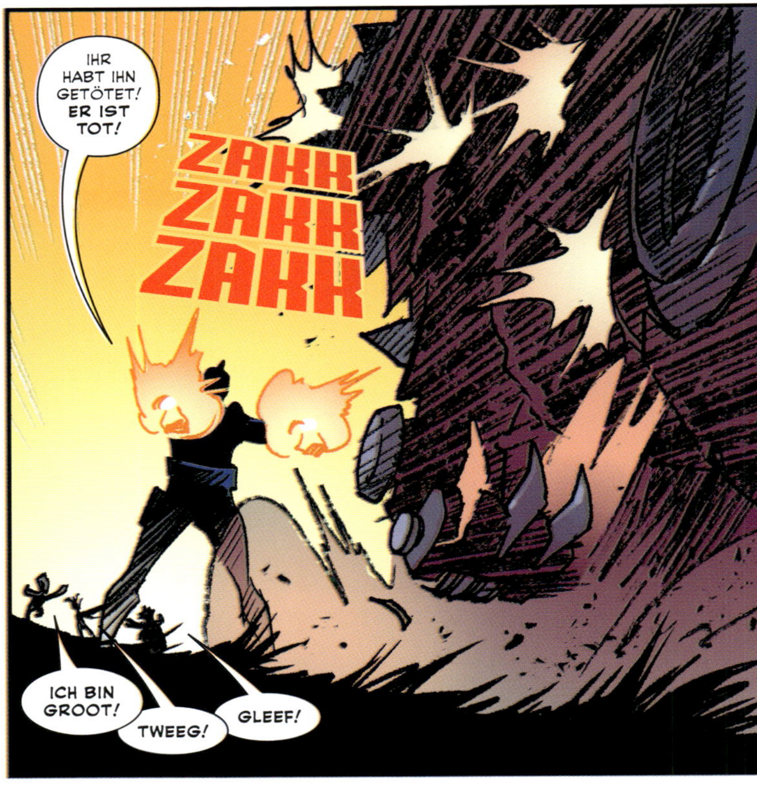
IHR HABT IHN GETÖTET! ER IST TOT!
ZAKK ZAKK ZAKK
ICH BIN GROOT!
TWEEG!
GLEEF!

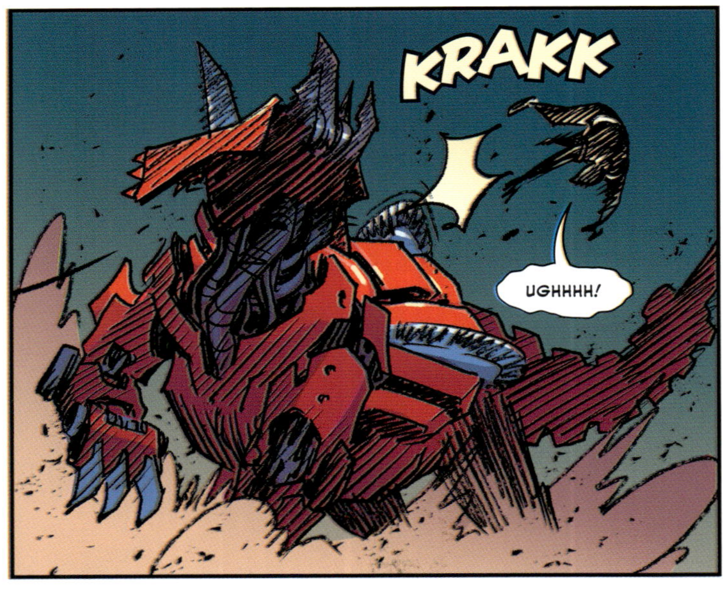
KRAKK
UGHHHH!

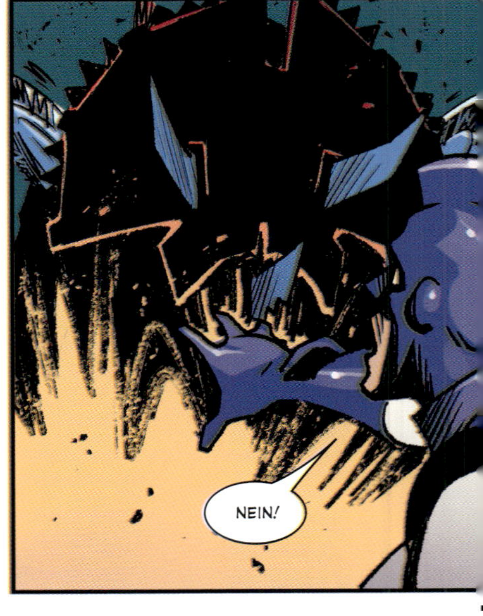
NEIN!

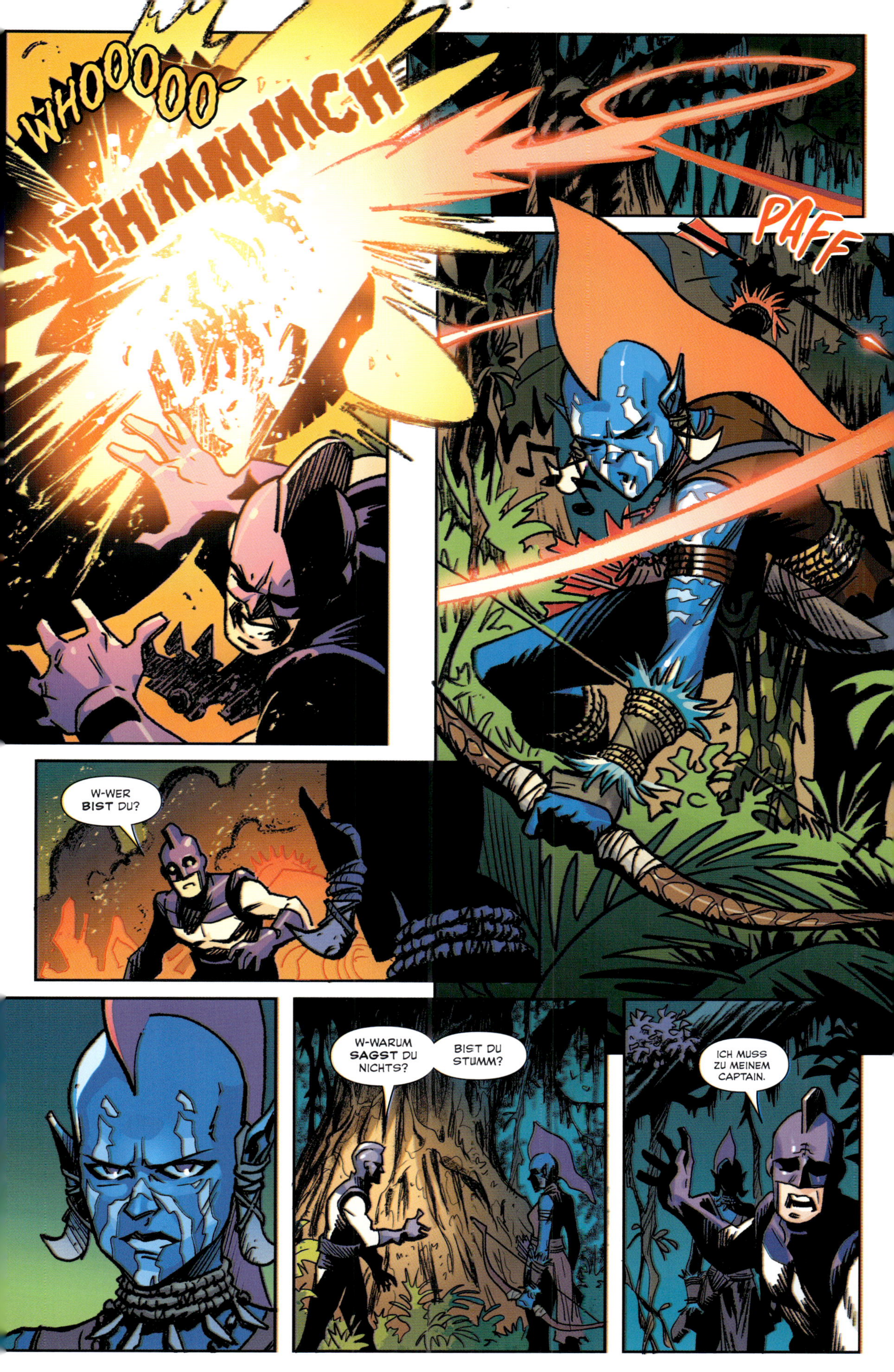
WHOOOOO-
THMMMCH
PAFF
W-WER BIST DU?
W-WARUM SAGST DU NICHTS?
BIST DU STUMM?
ICH MUSS ZU MEINEM CAPTAIN.

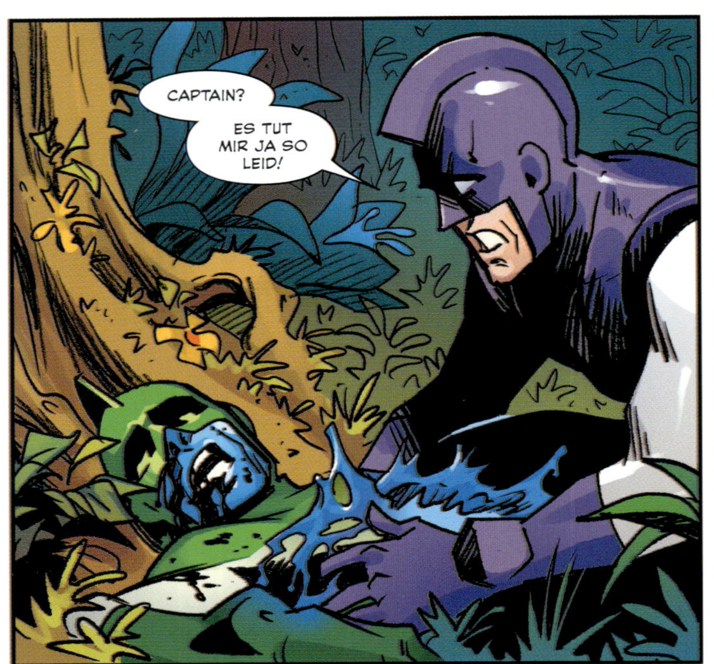

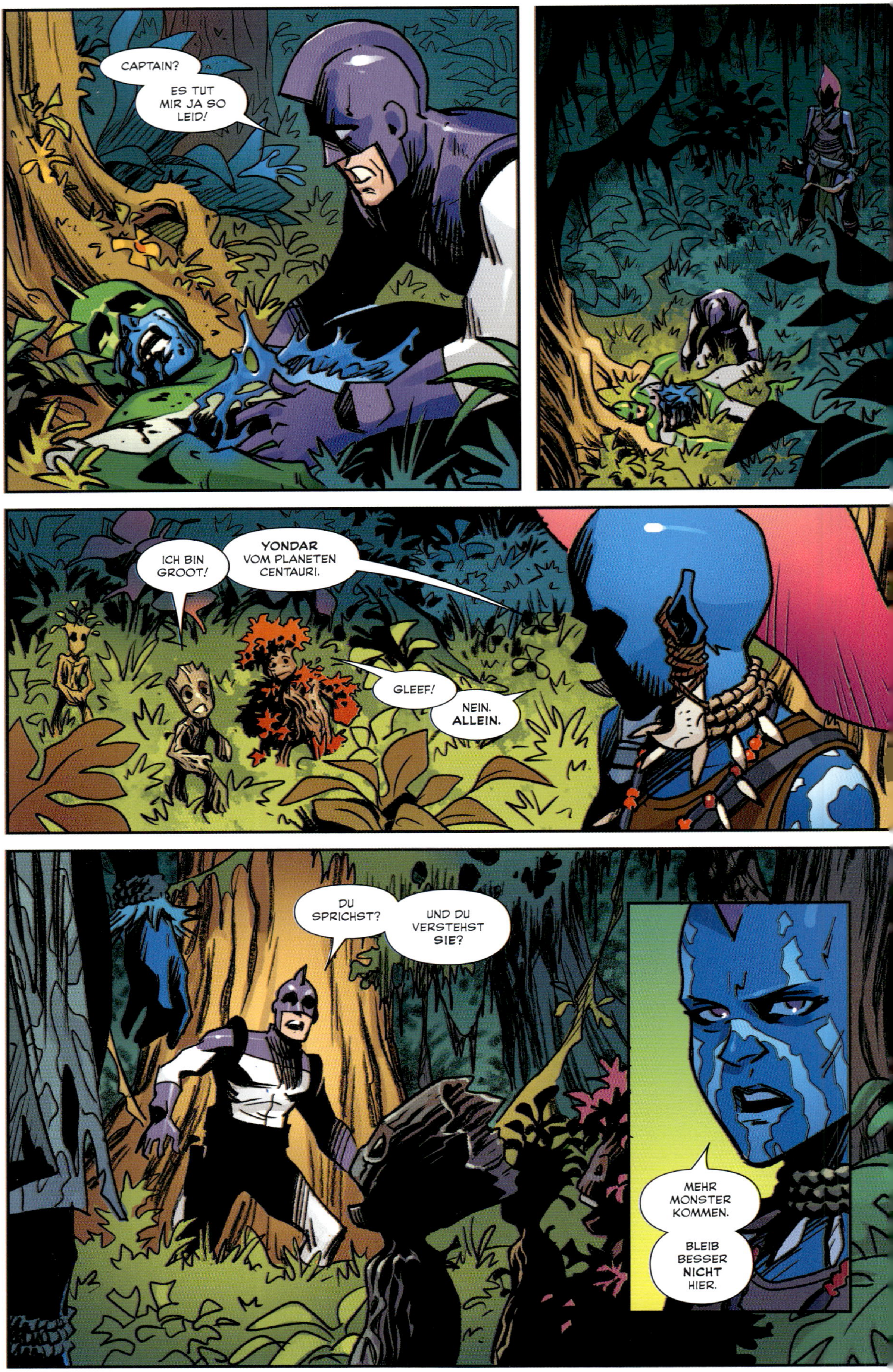

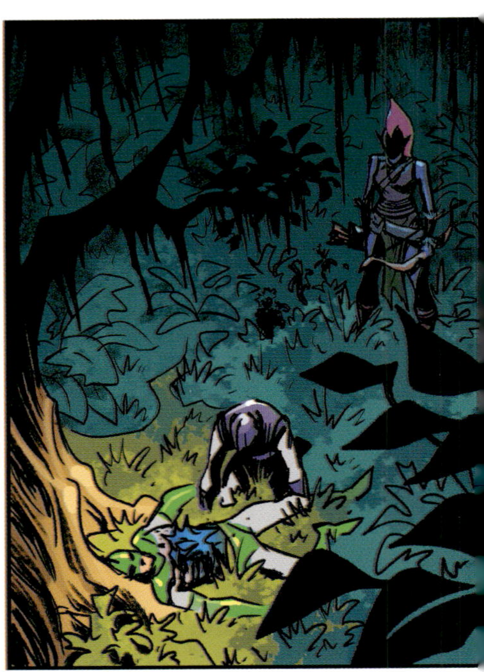

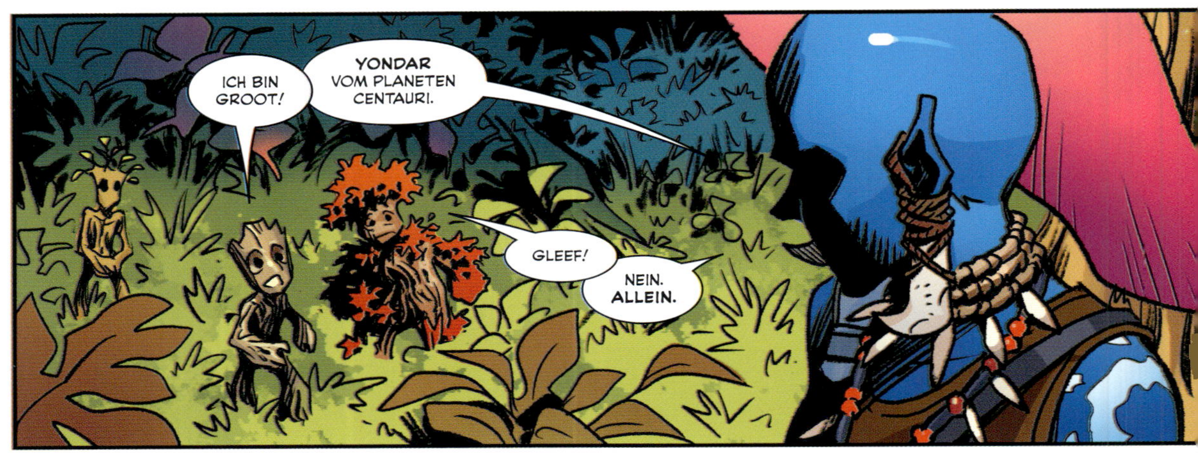

DU SPRICHST?
UND DU VERSTEHST **SIE**?
MEHR MONSTER KOMMEN.
BLEIB BESSER **NICHT** HIER.

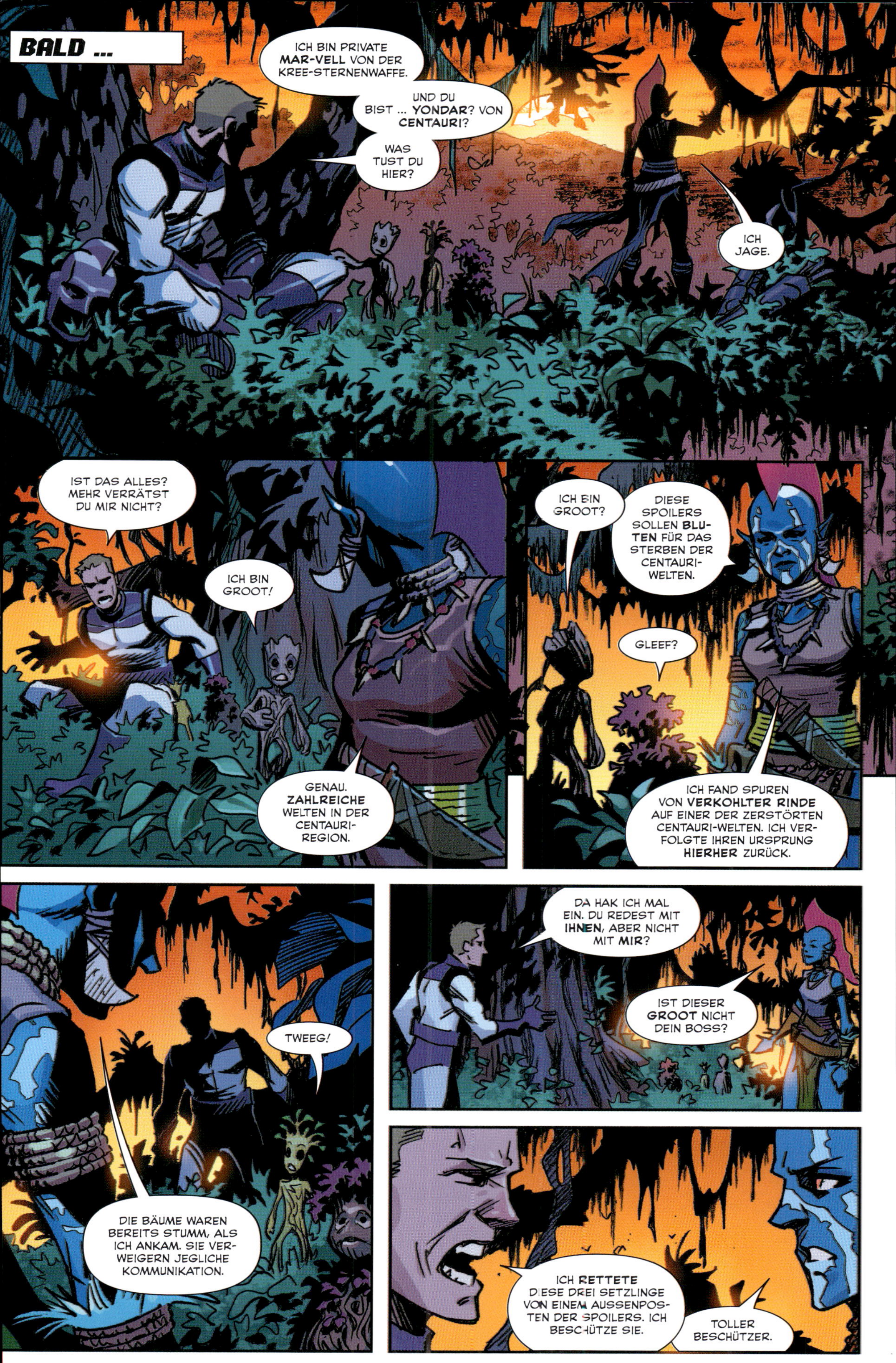

BALD ...

ICH BIN PRIVATE **MAR-VELL** VON DER KREE-STERNENWAFFE.

UND DU BIST ... **YONDAR**? VON **CENTAURI**?

WAS TUST DU HIER?

ICH JAGE.

IST DAS ALLES? MEHR VERRÄTST DU MIR NICHT?

ICH BIN GROOT!

GENAU. **ZAHLREICHE** WELTEN IN DER CENTAURI-REGION.

ICH BIN GROOT?

DIESE SPOILERS SOLLEN **BLUTEN** FÜR DAS STERBEN DER CENTAURI-WELTEN.

GLEEF?

ICH FAND SPUREN VON **VERKOHLTER RINDE** AUF EINER DER ZERSTÖRTEN CENTAURI-WELTEN. ICH VERFOLGTE IHREN URSPRUNG **HIERHER** ZURÜCK.

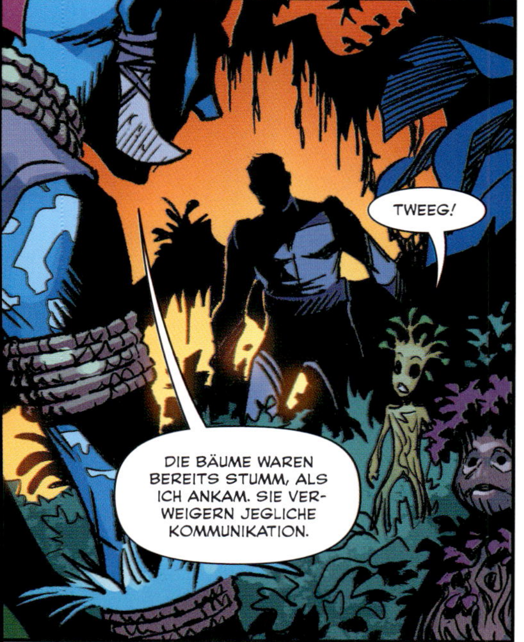

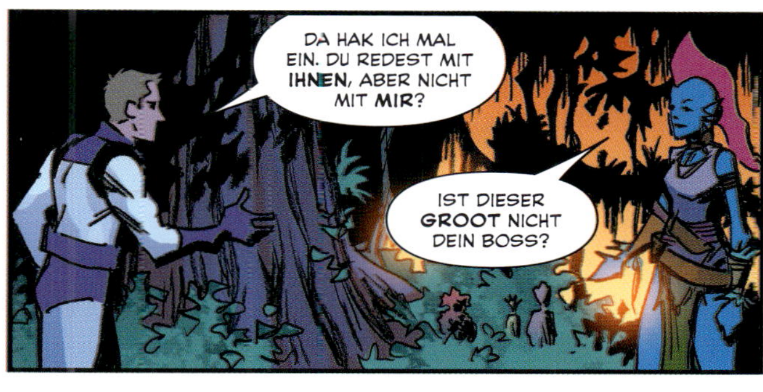

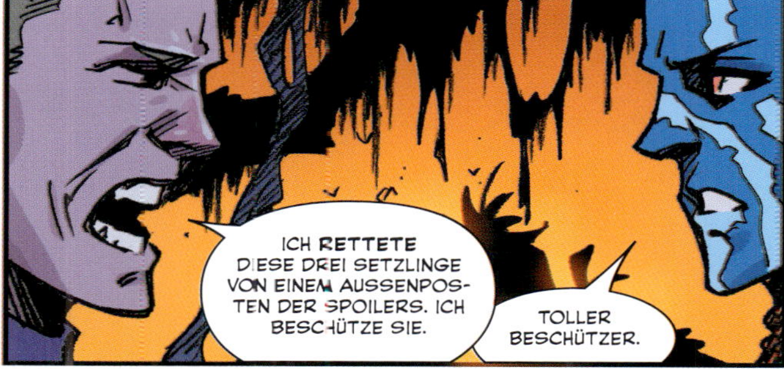

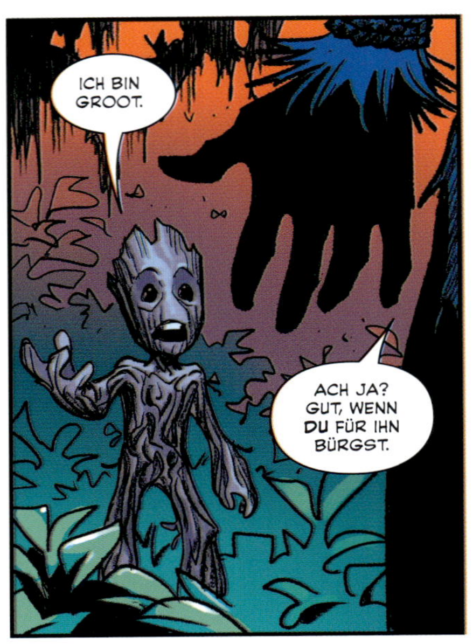
ICH BIN GROOT.
ACH JA? GUT, WENN **DU** FÜR IHN BÜRGST.

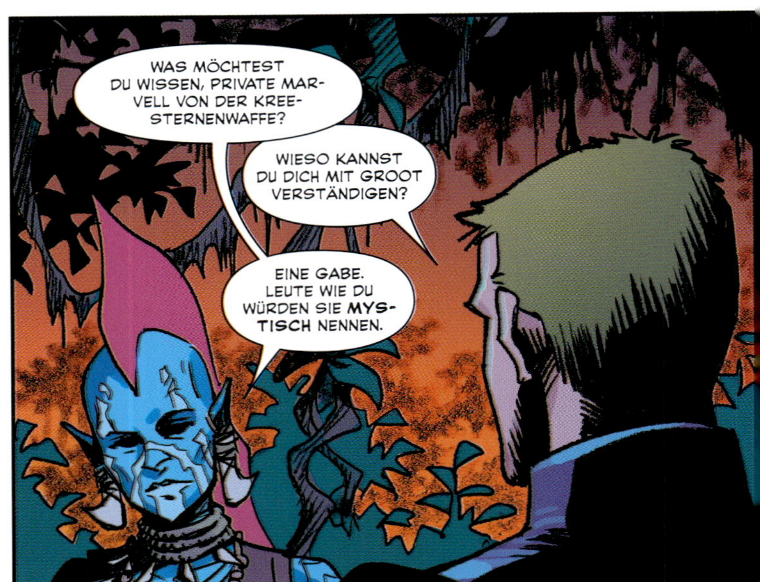
WAS MÖCHTEST DU WISSEN, PRIVATE MAR-VELL VON DER KREE-STERNENWAFFE?
WIESO KANNST DU DICH MIT GROOT VERSTÄNDIGEN?
EINE GABE. LEUTE WIE DU WÜRDEN SIE **MYS-TISCH** NENNEN.

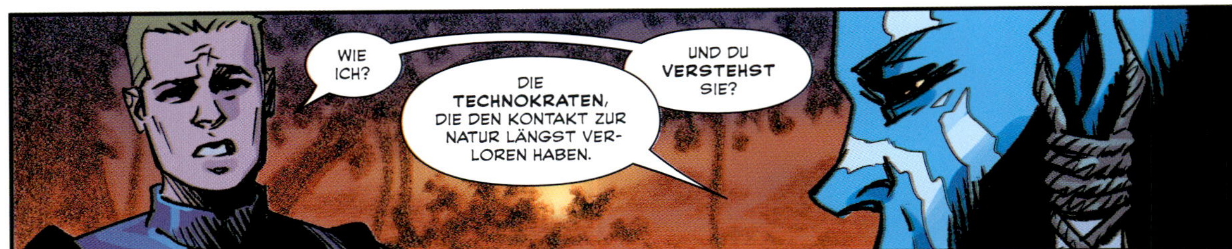
WIE ICH?
UND DU **VERSTEHST** SIE?
DIE **TECHNOKRATEN**, DIE DEN KONTAKT ZUR NATUR LÄNGST VER-LOREN HABEN.

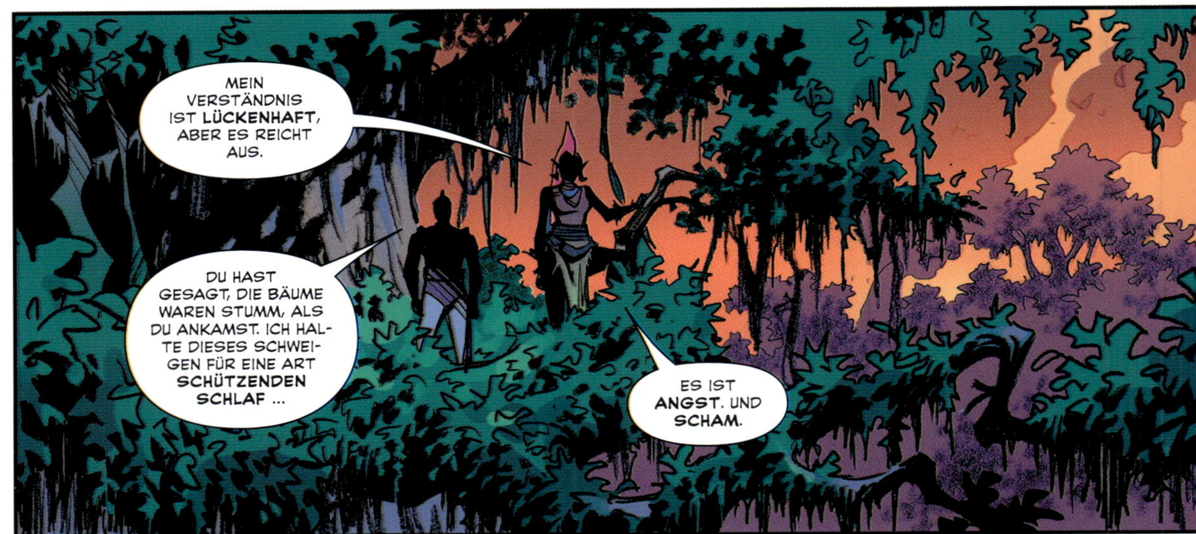
MEIN VERSTÄNDNIS IST **LÜCKENHAFT**, ABER ES REICHT AUS.
DU HAST GESAGT, DIE BÄUME WAREN STUMM, ALS DU ANKAMST. ICH HAL-TE DIESES SCHWEI-GEN FÜR EINE ART **SCHÜTZENDEN SCHLAF** ...
ES IST **ANGST**. UND **SCHAM**.

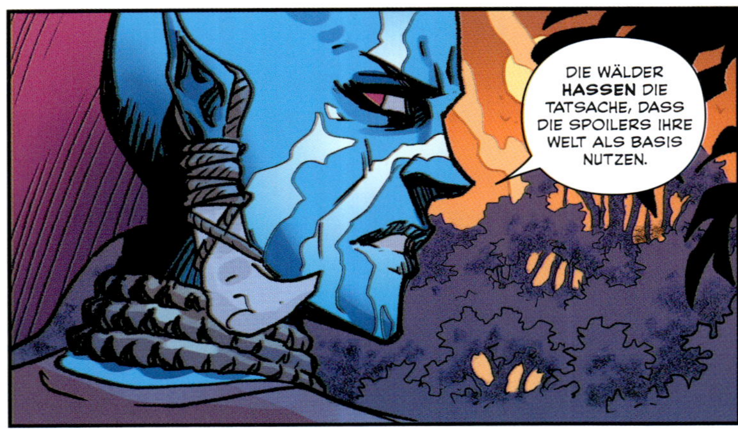
DIE WÄLDER **HASSEN** DIE TATSACHE, DASS DIE SPOILERS IHRE WELT ALS BASIS NUTZEN.

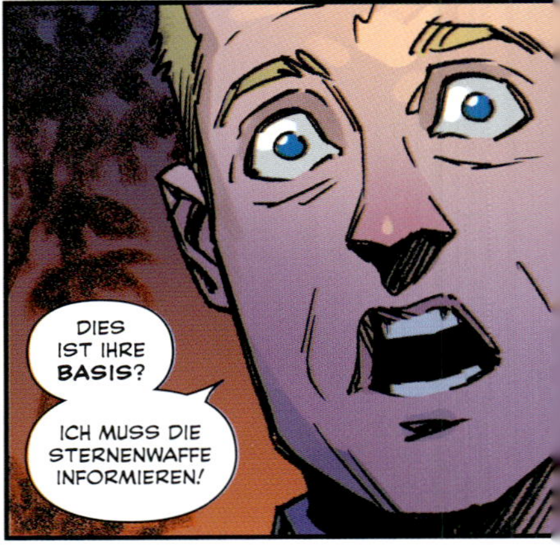
DIES IST IHRE **BASIS**?
ICH MUSS DIE STERNENWAFFE INFORMIEREN!

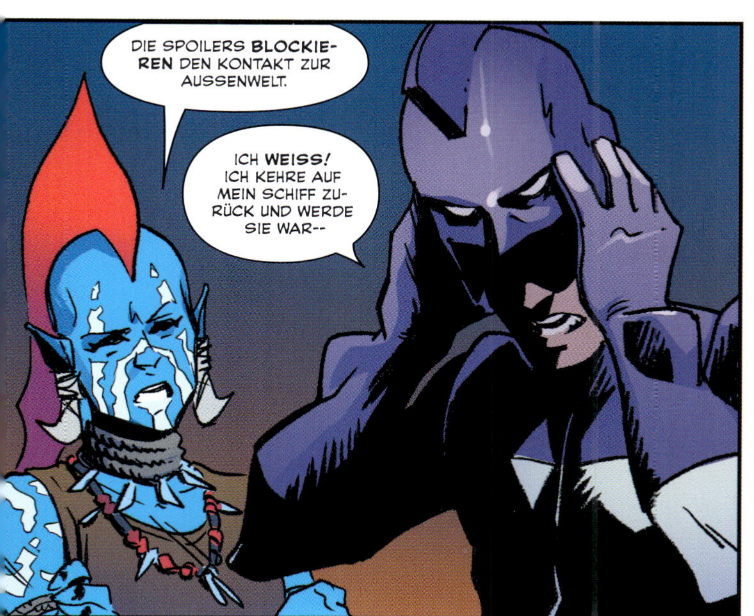
DIE SPOILERS **BLOCKIEREN** DEN KONTAKT ZUR AUSSENWELT.
ICH **WEISS!** ICH KEHRE AUF MEIN SCHIFF ZURÜCK UND WERDE SIE WAR--

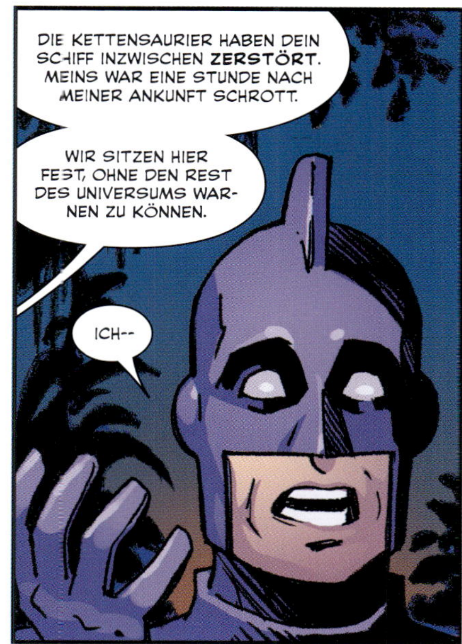
DIE KETTENSAURIER HABEN DEIN SCHIFF INZWISCHEN **ZERSTÖRT**. MEINS WAR EINE STUNDE NACH MEINER ANKUNFT SCHROTT.
WIR SITZEN HIER FEST, OHNE DEN REST DES UNIVERSUMS WARNEN ZU KÖNNEN.
ICH--

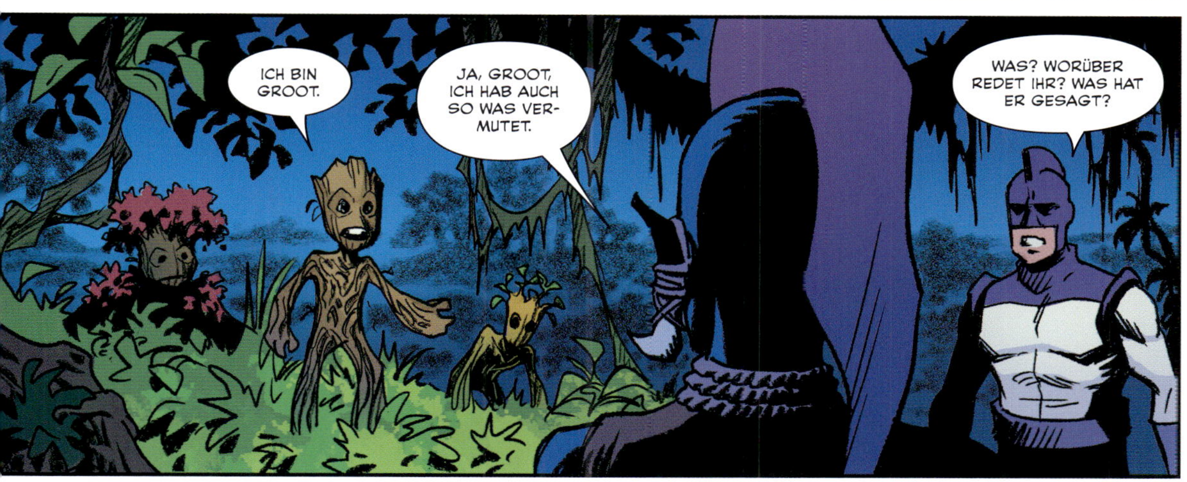
ICH BIN GROOT.
JA, GROOT, ICH HAB AUCH SO WAS VERMUTET.
WAS? WORÜBER REDET IHR? WAS HAT ER GESAGT?

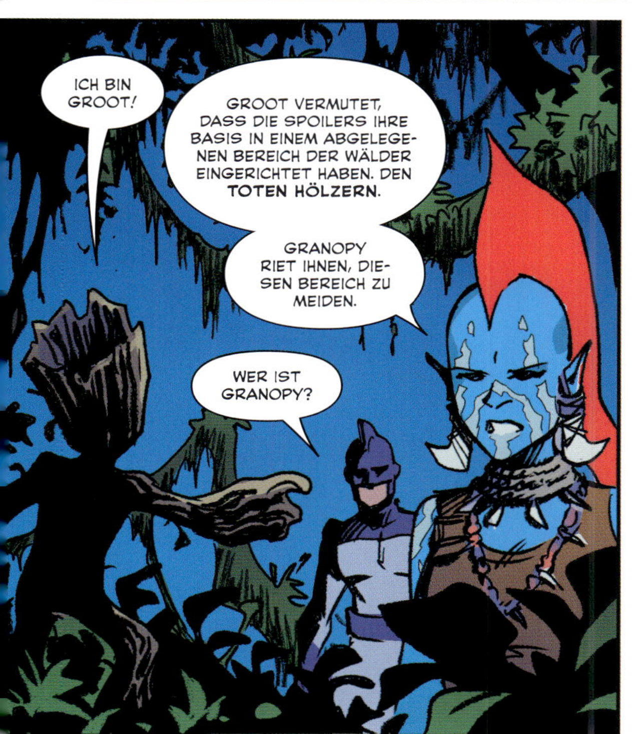
ICH BIN GROOT!
GROOT VERMUTET, DASS DIE SPOILERS IHRE BASIS IN EINEM ABGELEGENEN BEREICH DER WÄLDER EINGERICHTET HABEN. DEN **TOTEN HÖLZERN**.
GRANOPY RIET IHNEN, DIESEN BEREICH ZU MEIDEN.
WER IST GRANOPY?

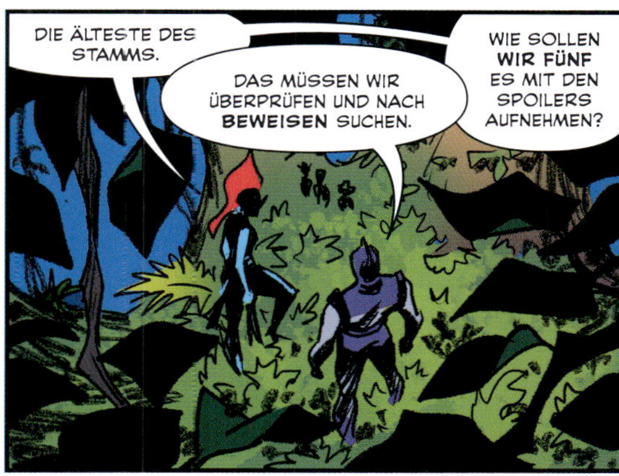
DIE ÄLTESTE DES STAMMS.
DAS MÜSSEN WIR ÜBERPRÜFEN UND NACH **BEWEISEN** SUCHEN.
WIE SOLLEN **WIR FÜNF** ES MIT DEN SPOILERS AUFNEHMEN?

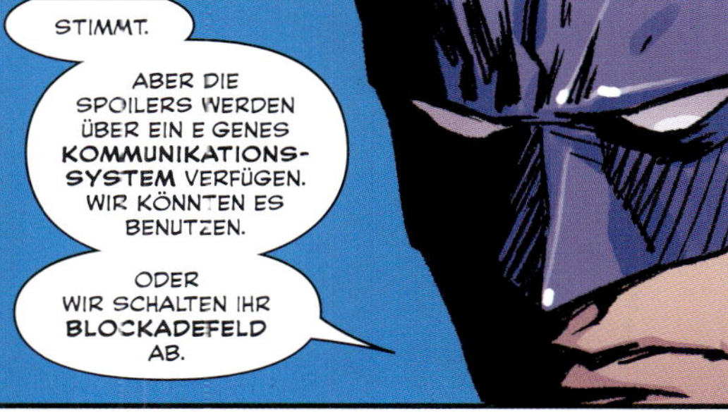
STIMMT.
ABER DIE SPOILERS WERDEN ÜBER EIN E GENES **KOMMUNIKATIONSSYSTEM** VERFÜGEN. WIR KÖNNTEN ES BENUTZEN.
ODER WIR SCHALTEN IHR **BLOCKADEFELD** AB.

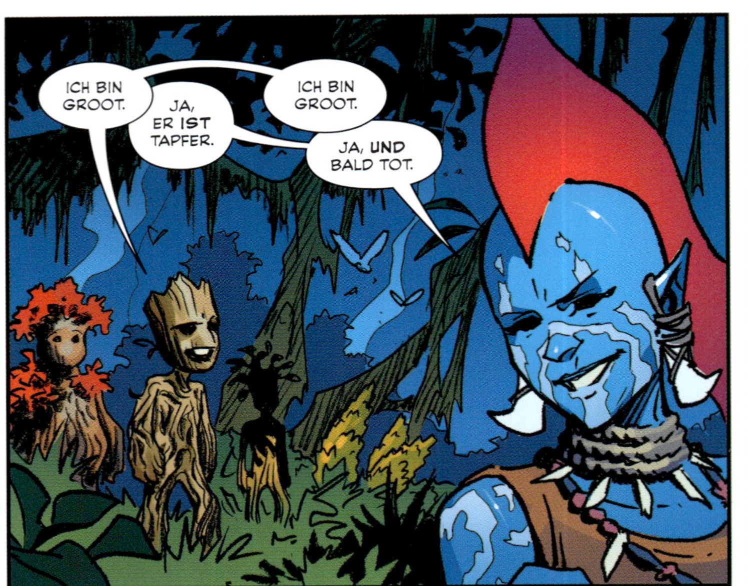
ICH BIN GROOT.
JA, ER IST TAPFER.
ICH BIN GROOT.
JA, UND BALD TOT.

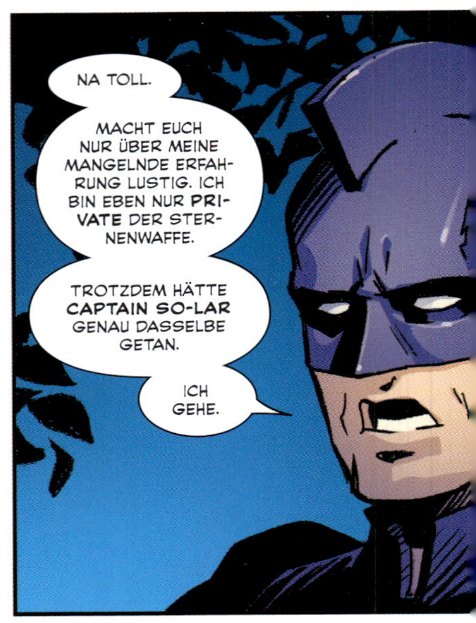
NA TOLL.
MACHT EUCH NUR ÜBER MEINE MANGELNDE ERFAHRUNG LUSTIG. ICH BIN EBEN NUR PRIVATE DER STERNENWAFFE.
TROTZDEM HÄTTE CAPTAIN SO-LAR GENAU DASSELBE GETAN.
ICH GEHE.

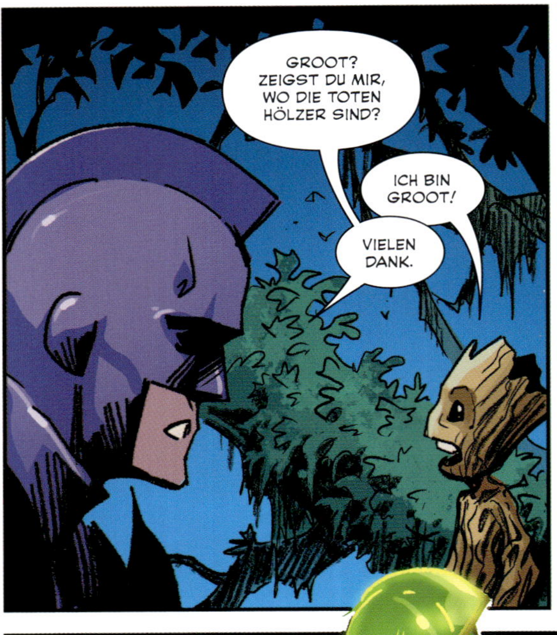
GROOT? ZEIGST DU MIR, WO DIE TOTEN HÖLZER SIND?
ICH BIN GROOT!
VIELEN DANK.

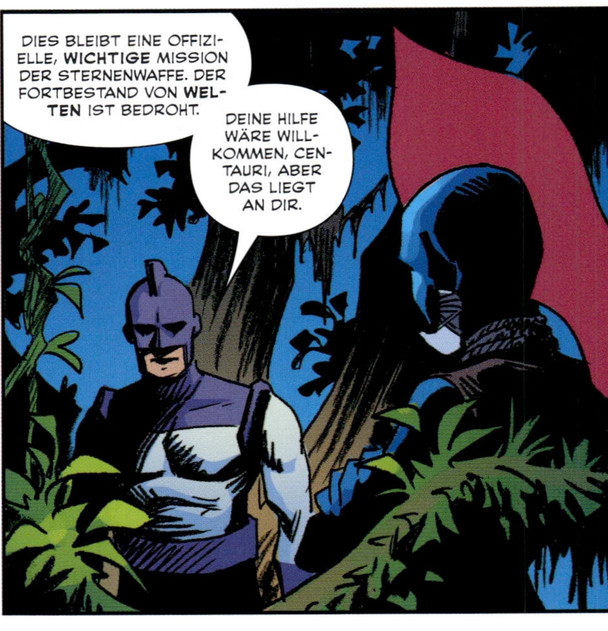
DIES BLEIBT EINE OFFIZIELLE, WICHTIGE MISSION DER STERNENWAFFE. DER FORTBESTAND VON WELTEN IST BEDROHT.
DEINE HILFE WÄRE WILLKOMMEN, CENTAURI, ABER DAS LIEGT AN DIR.

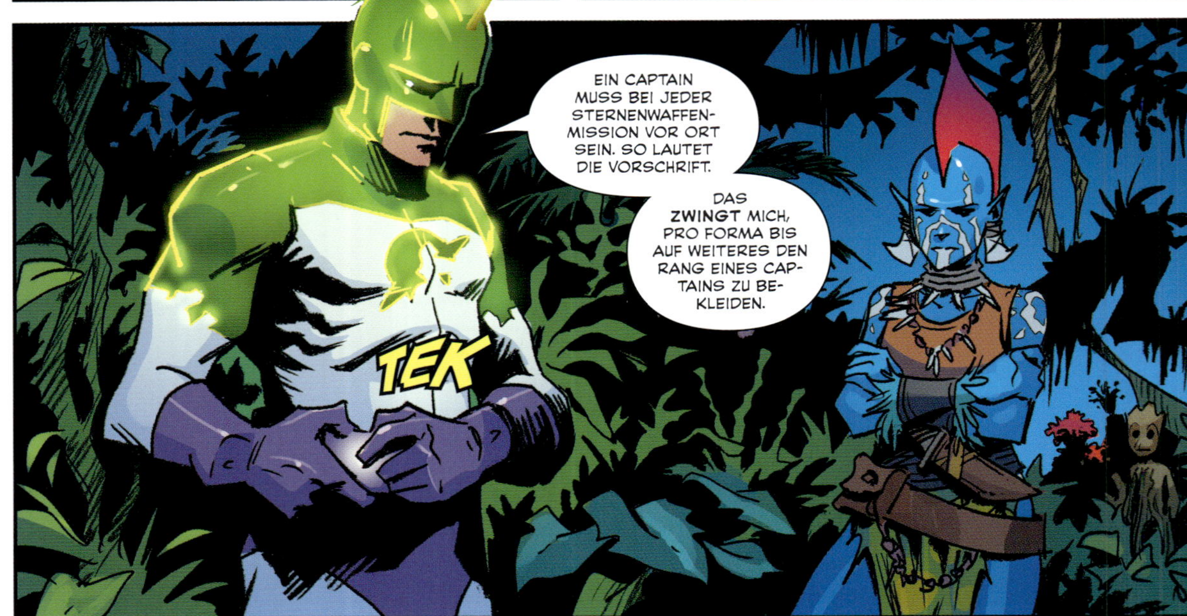
EIN CAPTAIN MUSS BEI JEDER STERNENWAFFEN-MISSION VOR ORT SEIN. SO LAUTET DIE VORSCHRIFT.
DAS ZWINGT MICH, PRO FORMA BIS AUF WEITERES DEN RANG EINES CAPTAINS ZU BEKLEIDEN.
TEK

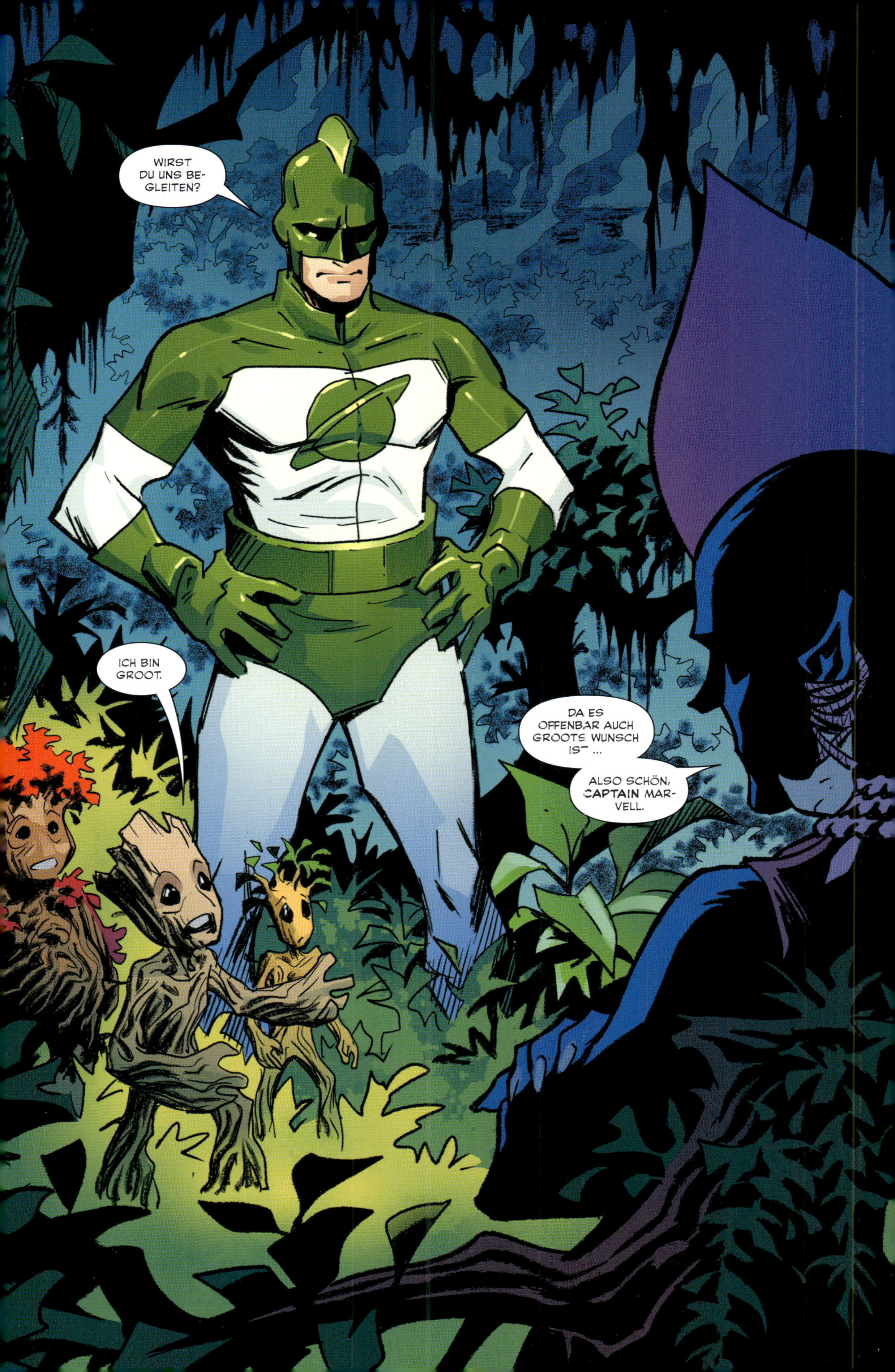
WIRST DU UNS BE-GLEITEN?
ICH BIN GROOT.
DA ES OFFENBAR AUCH GROOTS WUNSCH IST ...
ALSO SCHÖN, CAPTAIN MAR-VELL.

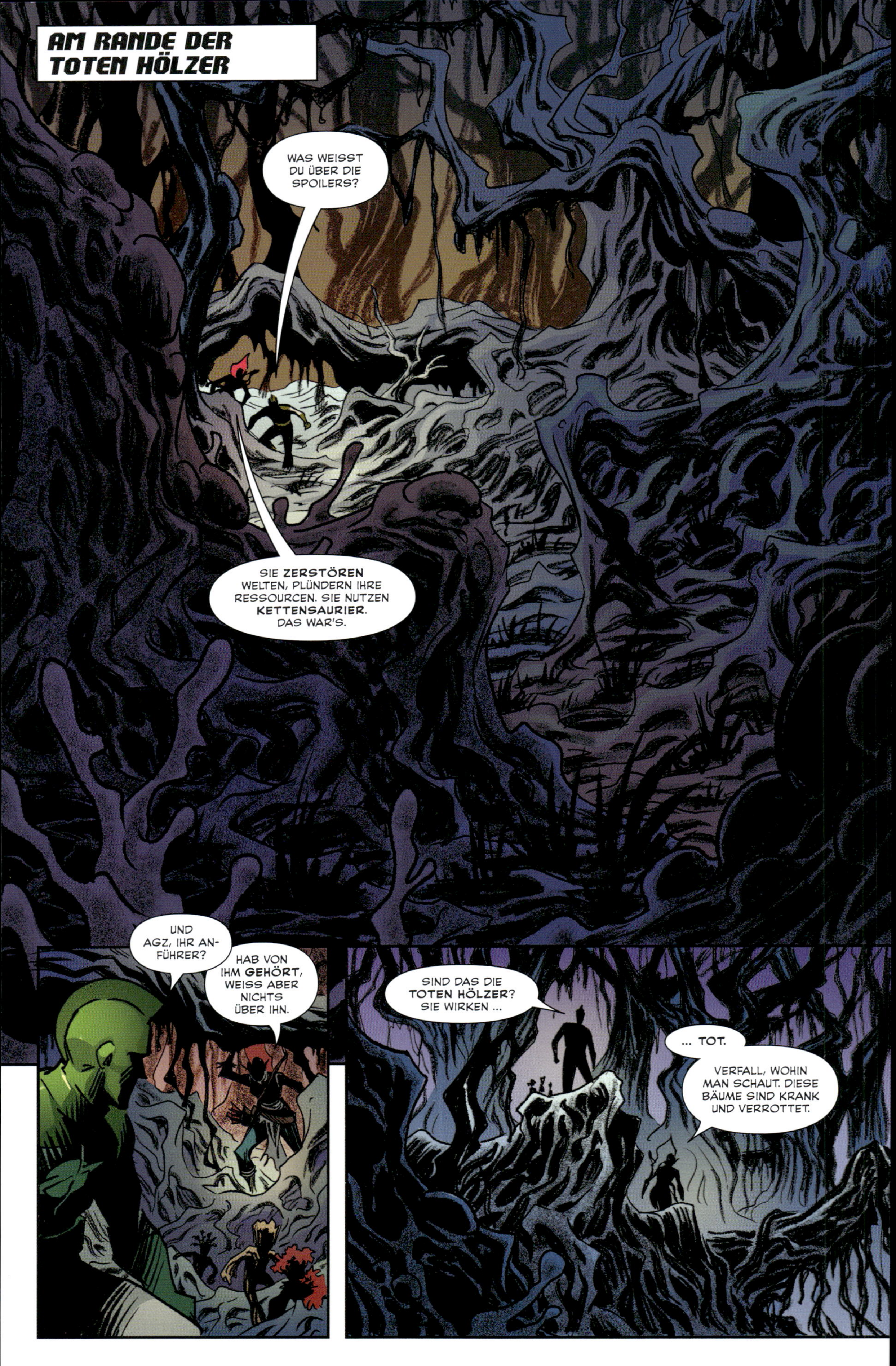
AM RANDE DER TOTEN HÖLZER
WAS WEISST DU ÜBER DIE SPOILERS?
SIE **ZERSTÖREN** WELTEN, PLÜNDERN IHRE RESSOURCEN. SIE NUTZEN **KETTENSAURIER**. DAS WAR'S.
UND AGZ, IHR AN-FÜHRER?
HAB VON IHM **GEHÖRT**, WEISS ABER NICHTS ÜBER IHN.
SIND DAS DIE **TOTEN HÖLZER**? SIE WIRKEN ...
... **TOT**.
VERFALL, WOHIN MAN SCHAUT. DIESE BÄUME SIND KRANK UND VERROTTET.

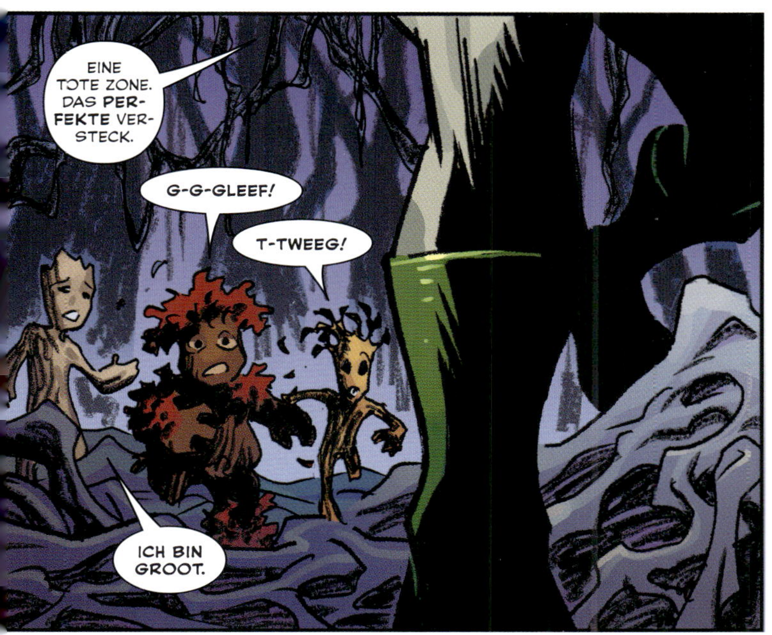
EINE TOTE ZONE. DAS PERFEKTE VERSTECK.
G-G-GLEEF!
T-TWEEG!
ICH BIN GROOT.

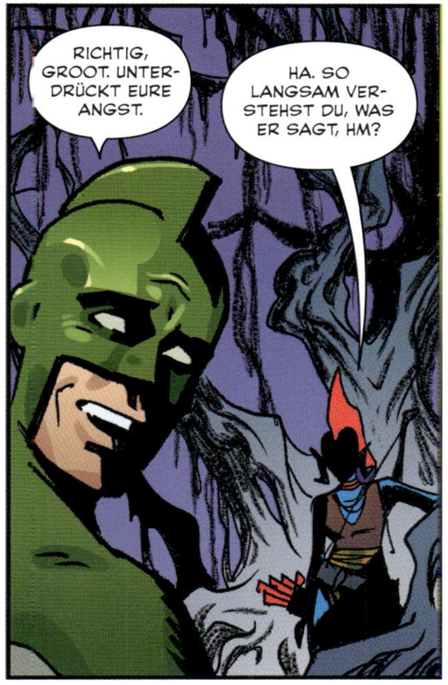
RICHTIG, GROOT. UNTERDRÜCKT EURE ANGST.
HA. SO LANGSAM VERSTEHST DU, WAS ER SAGT, HM?

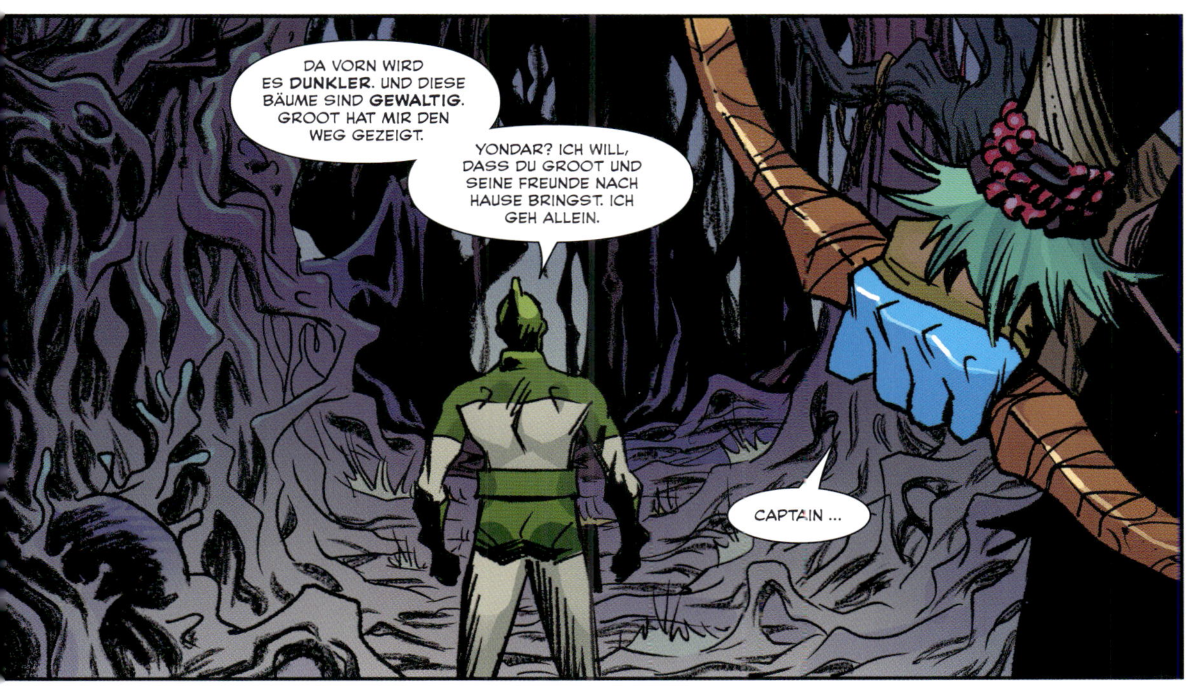
DA VORN WIRD ES DUNKLER. UND DIESE BÄUME SIND GEWALTIG. GROOT HAT MIR DEN WEG GEZEIGT.
YONDAR? ICH WILL, DASS DU GROOT UND SEINE FREUNDE NACH HAUSE BRINGST. ICH GEH ALLEIN.
CAPTAIN ...

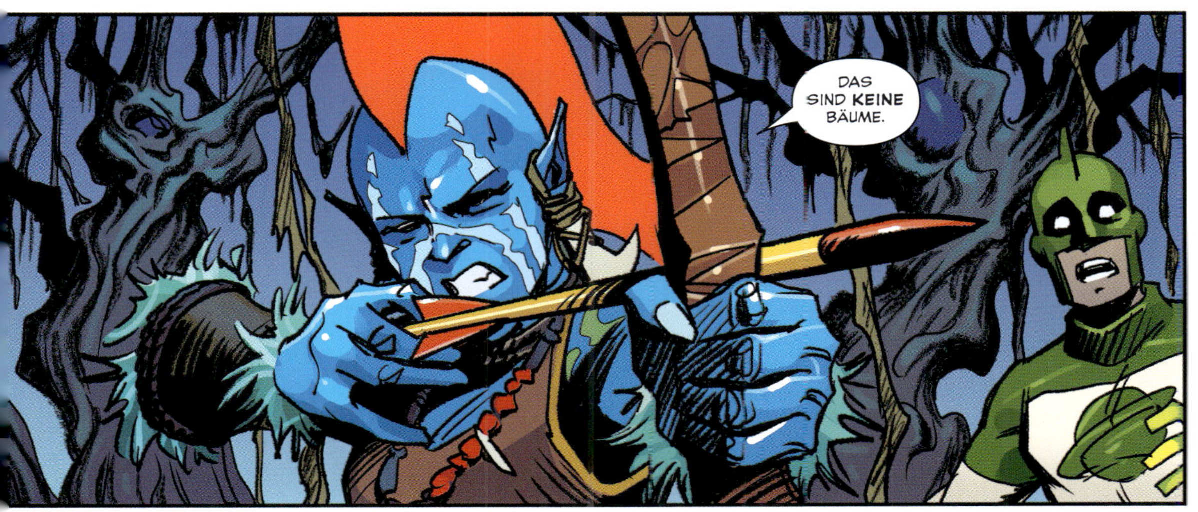
DAS SIND KEINE BÄUME.

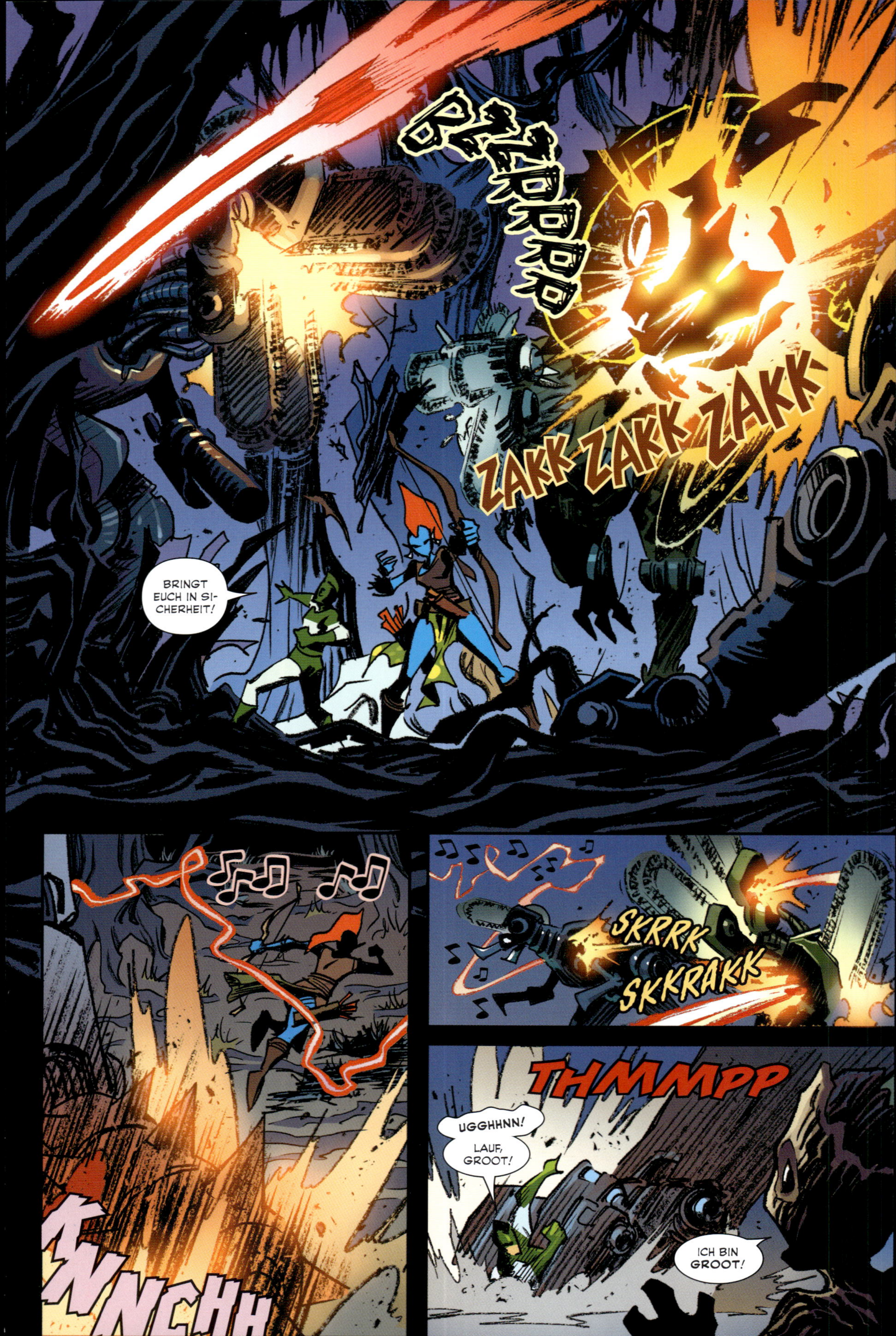
BZZRRRR
ZAKK ZAKK ZAKK
BRINGT EUCH IN SICHERHEIT!
SKRRK
SKKRAKK
NNCHH
THMMPP
UGGHHNN!
LAUF, GROOT!
ICH BIN GROOT!

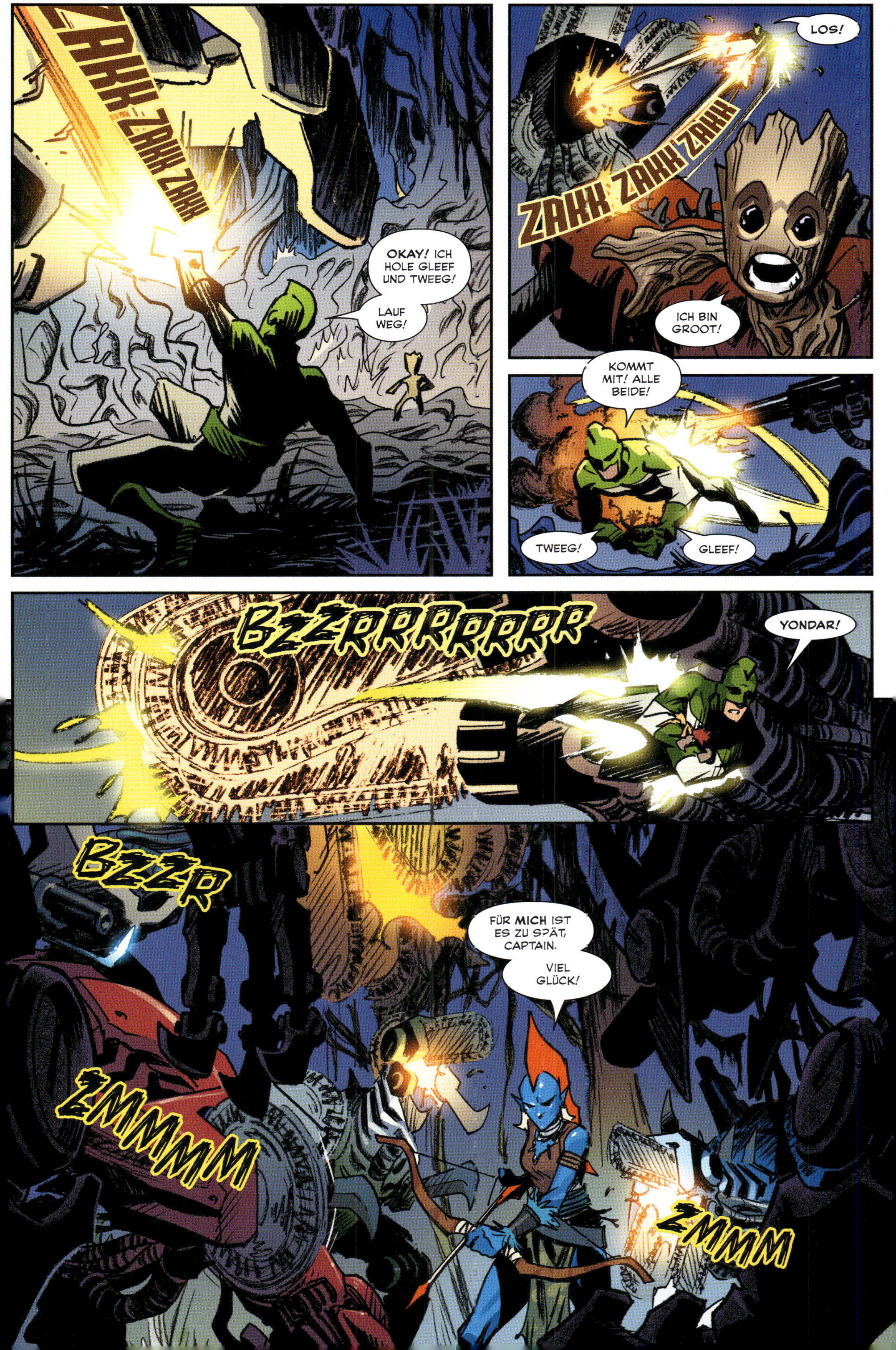

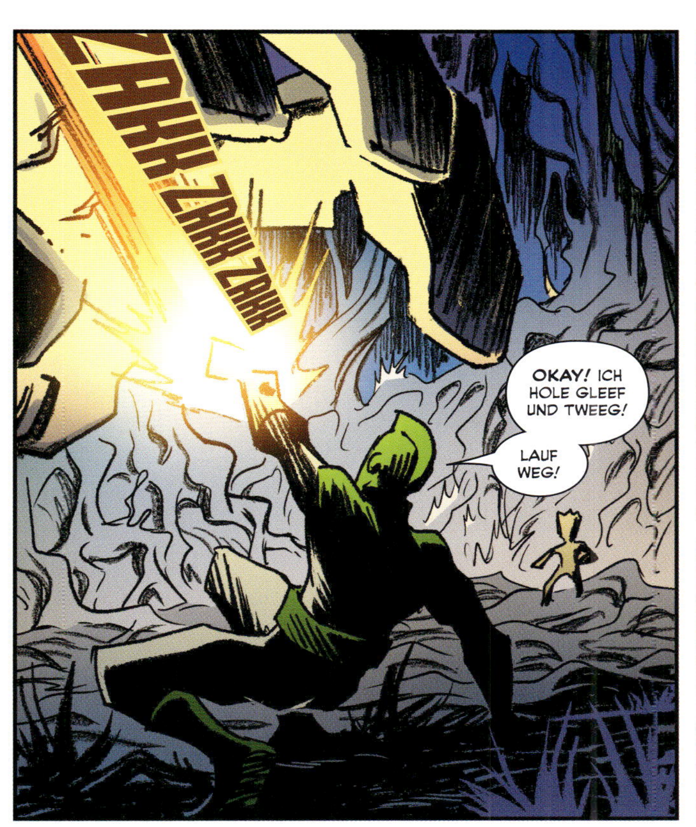

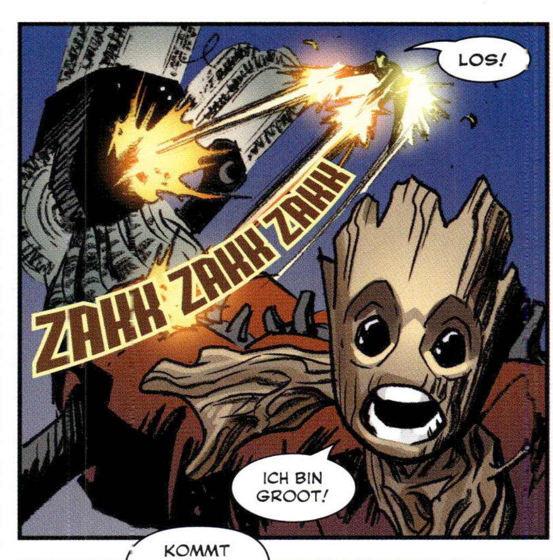

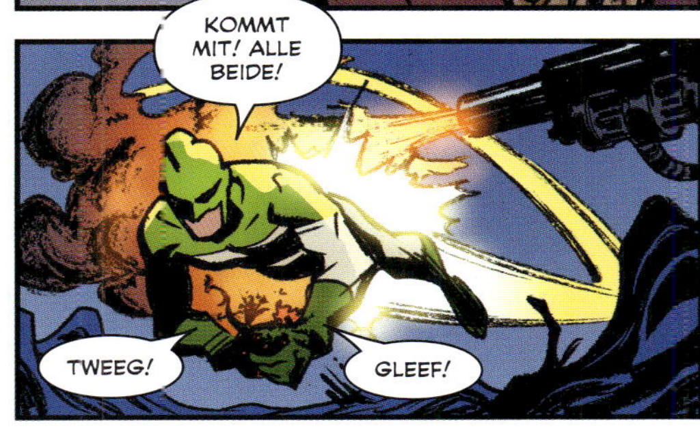

BZZRRRRRRRR

YONDAR!

BZZR

FÜR **MICH** IST ES ZU SPÄT, CAPTAIN.

VIEL GLÜCK!

ZMMMMM

ZMMMM

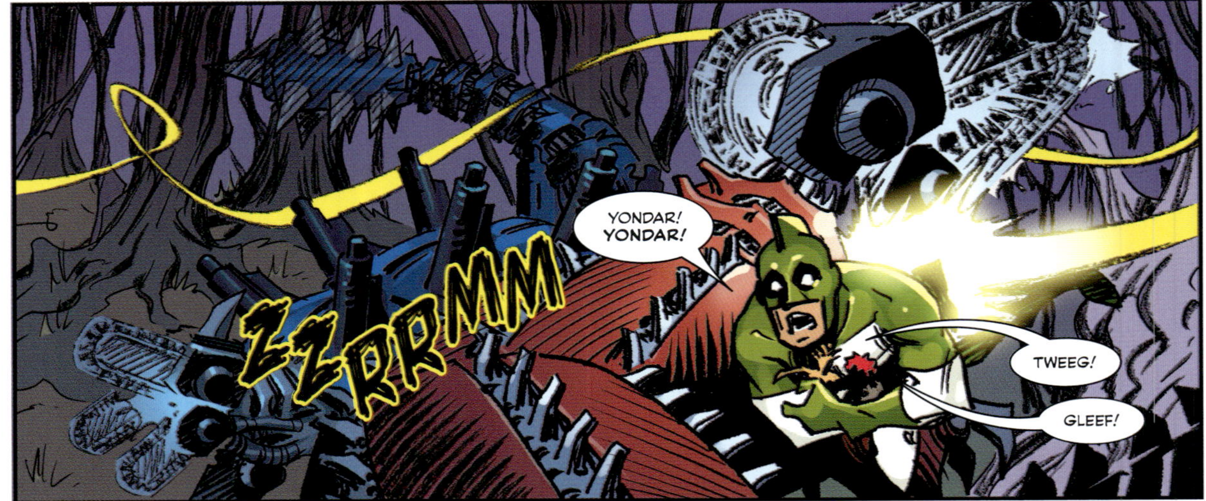
ZZRRMM
YONDAR! YONDAR!
TWEEG!
GLEEF!

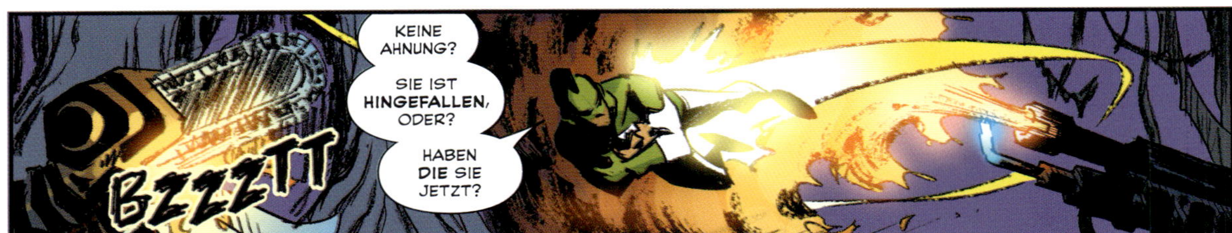
BZZZTT
KEINE AHNUNG?
SIE IST HINGEFALLEN, ODER?
HABEN DIE SIE JETZT?

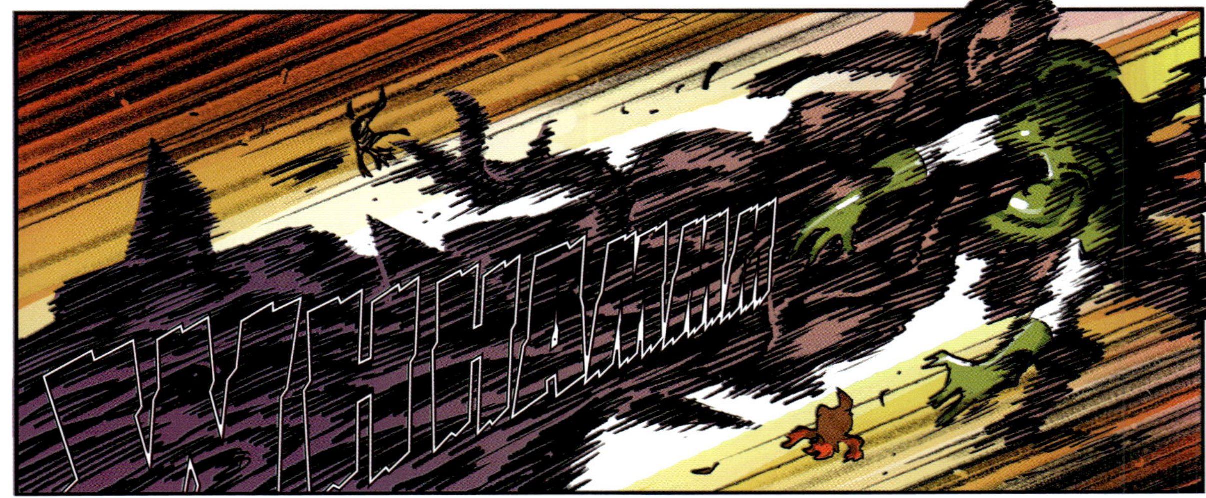
WHOOSH

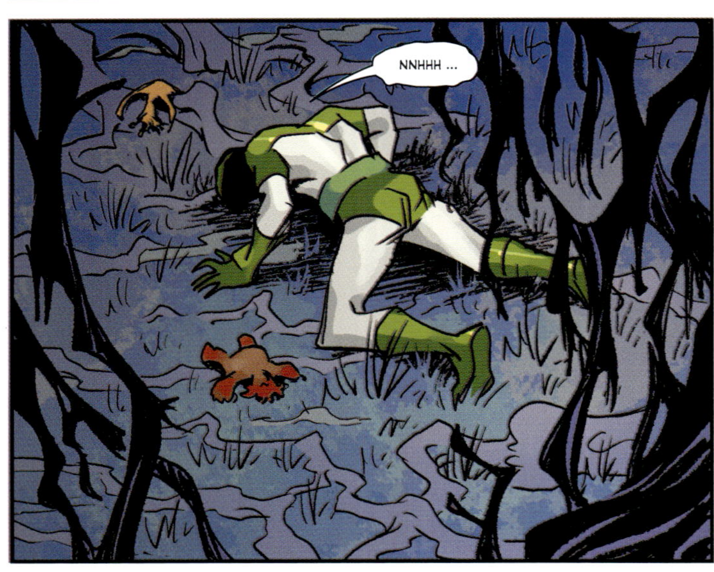
NNHHH ...

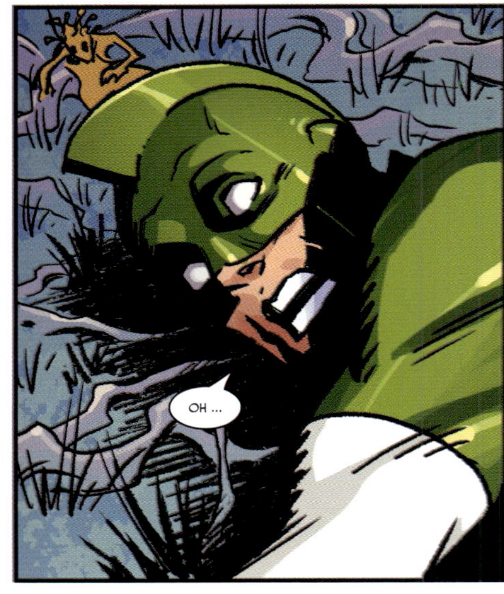
OH ...

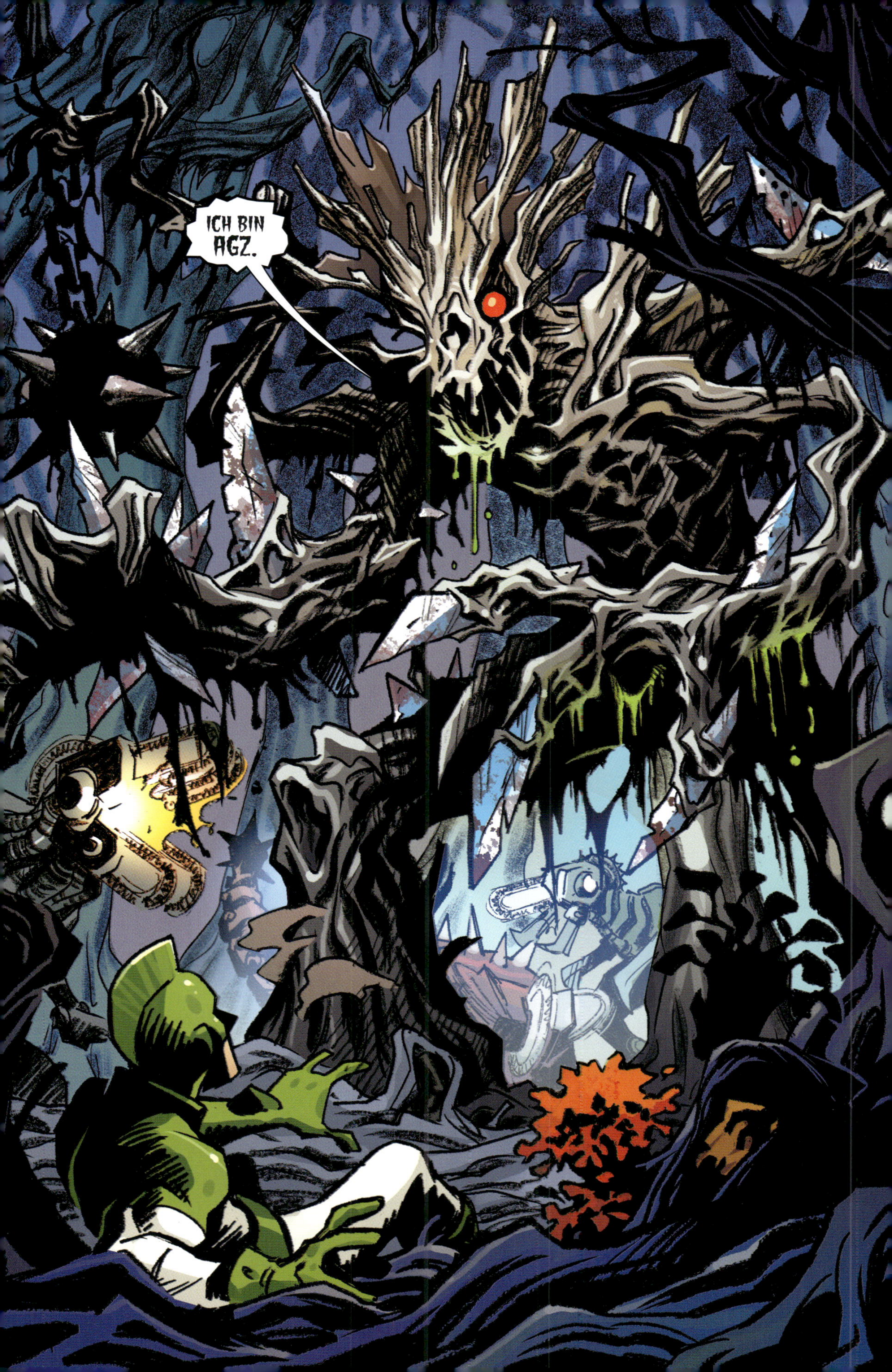
ICH BIN AGZ.

RACHEGELÜSTE

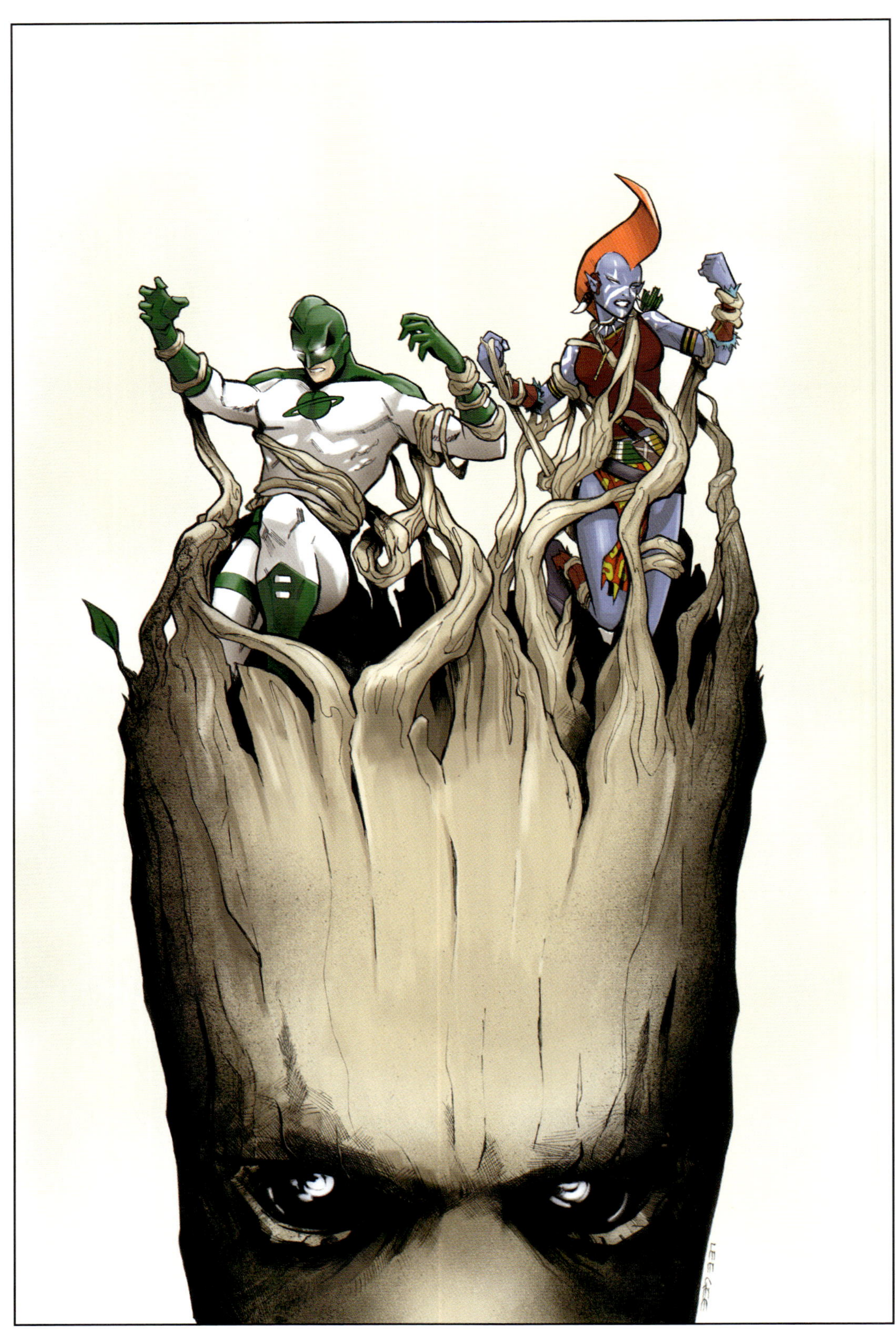

Groot (2023) 3
Cover von **LEE GARBETT**

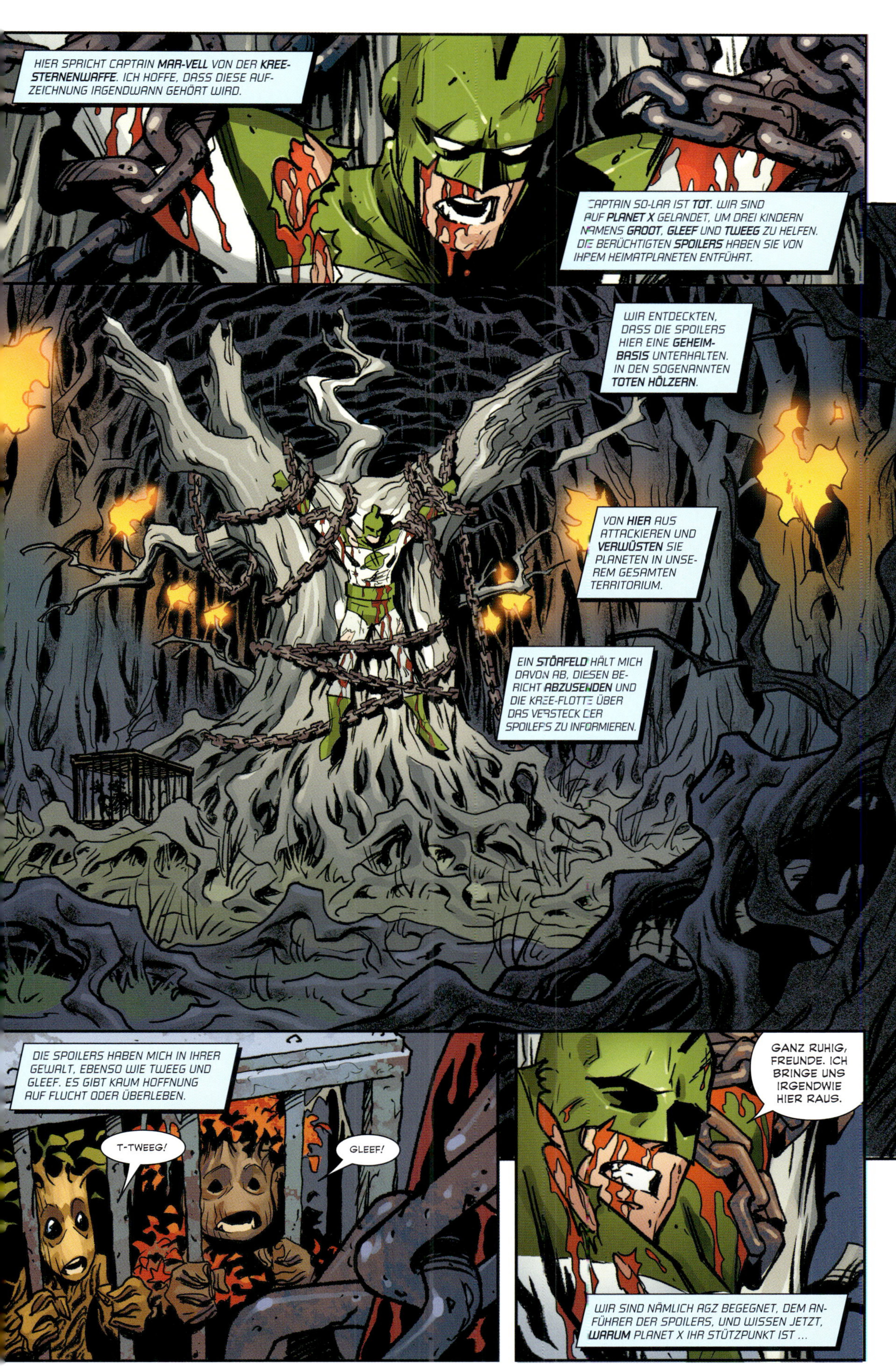

HIER SPRICHT CAPTAIN MAR-VELL VON DER KREE-STERNENWAFFE. ICH HOFFE, DASS DIESE AUFZEICHNUNG IRGENDWANN GEHÖRT WIRD.
CAPTAIN SO-LAR IST TOT. WIR SIND AUF PLANET X GELANDET, UM DREI KINDERN NAMENS GROOT, GLEEF UND TWEEG ZU HELFEN. DIE BERÜCHTIGTEN SPOILERS HABEN SIE VON IHREM HEIMATPLANETEN ENTFÜHRT.
WIR ENTDECKTEN, DASS DIE SPOILERS HIER EINE GEHEIMBASIS UNTERHALTEN. IN DEN SOGENANNTEN TOTEN HÖLZERN.
VON HIER AUS ATTACKIEREN UND VERWÜSTEN SIE PLANETEN IN UNSEREM GESAMTEN TERRITORIUM.
EIN STÖRFELD HÄLT MICH DAVON AB, DIESEN BERICHT ABZUSENDEN UND DIE KREE-FLOTTE ÜBER DAS VERSTECK DER SPOILERS ZU INFORMIEREN.
DIE SPOILERS HABEN MICH IN IHRER GEWALT, EBENSO WIE TWEEG UND GLEEF. ES GIBT KAUM HOFFNUNG AUF FLUCHT ODER ÜBERLEBEN.
T-TWEEG!
GLEEF!
GANZ RUHIG, FREUNDE. ICH BRINGE UNS IRGENDWIE HIER RAUS.
WIR SIND NÄMLICH AGZ BEGEGNET, DEM ANFÜHRER DER SPOILERS, UND WISSEN JETZT, WARUM PLANET X IHR STÜTZPUNKT IST ...

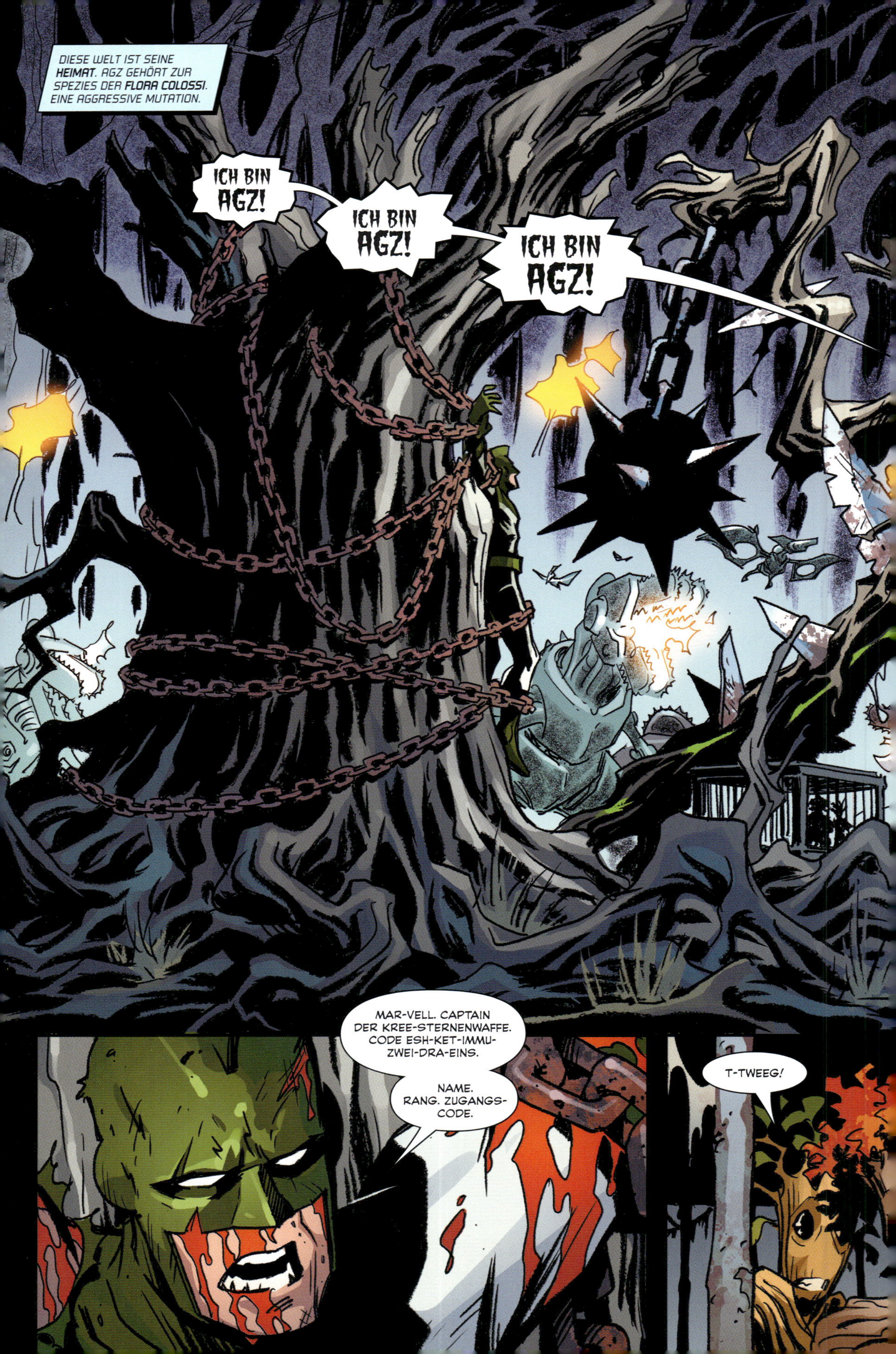
DIESE WELT IST SEINE **HEIMAT**. AGZ GEHÖRT ZUR SPEZIES DER **FLORA COLOSSI**. EINE AGGRESSIVE MUTATION.
ICH BIN AGZ!
ICH BIN AGZ!
ICH BIN AGZ!
MAR-VELL. CAPTAIN DER KREE-STERNENWAFFE. CODE ESH-KET-IMMU-ZWEI-DRA-EINS.
NAME. RANG. ZUGANGS-CODE.
T-TWEEG!

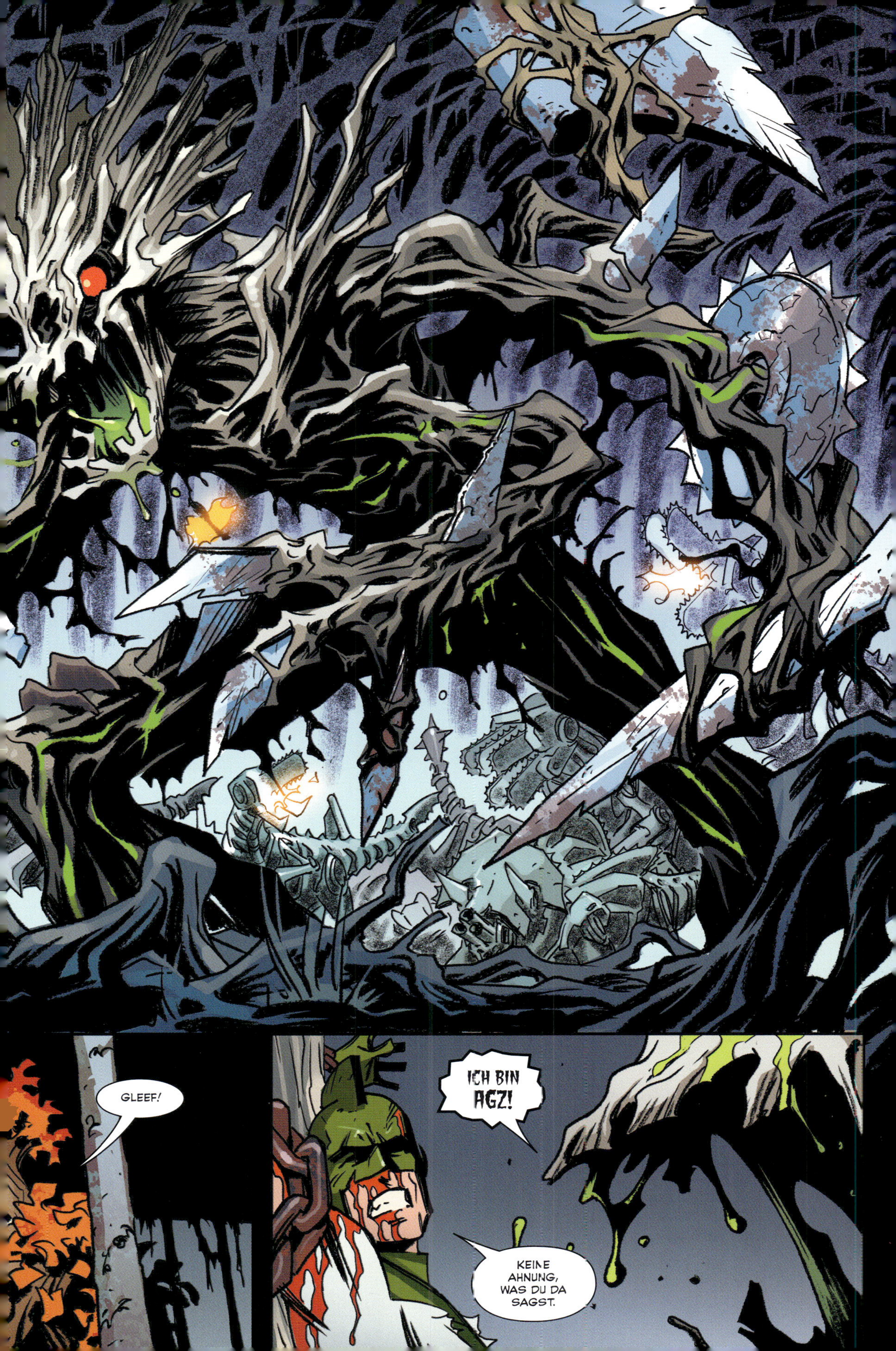
GLEEF!
ICH BIN AGZ!
KEINE AHNUNG, WAS DU DA SAGST.

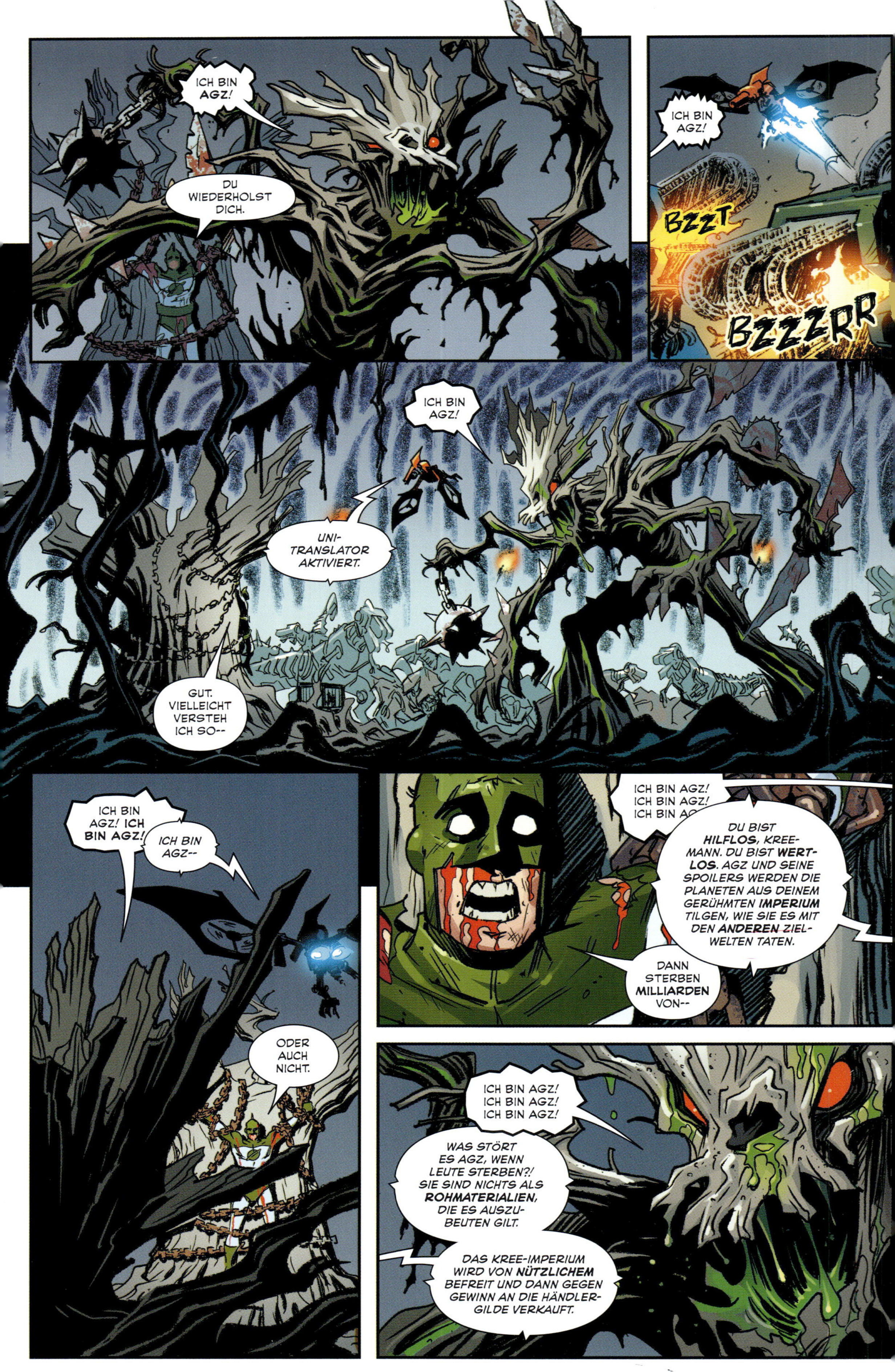
ICH BIN AGZ!
DU WIEDERHOLST DICH.
ICH BIN AGZ!
BZZT
BZZZRR
ICH BIN AGZ!
UNI-TRANSLATOR AKTIVIERT.
GUT. VIELLEICHT VERSTEH ICH SO--
ICH BIN AGZ! ICH BIN AGZ!
ICH BIN AGZ--
ODER AUCH NICHT.
ICH BIN AGZ! ICH BIN AGZ! ICH BIN A
DU BIST HILFLOS, KREE-MANN. DU BIST WERT-LOS. AGZ UND SEINE SPOILERS WERDEN DIE PLANETEN AUS DEINEM GERÜHMTEN IMPERIUM TILGEN, WIE SIE ES MIT DEN ANDEREN ZIEL-WELTEN TATEN.
DANN STERBEN MILLIARDEN VON--
ICH BIN AGZ! ICH BIN AGZ! ICH BIN AGZ!
WAS STÖRT ES AGZ, WENN LEUTE STERBEN?! SIE SIND NICHTS ALS ROHMATERIALIEN, DIE ES AUSZU-BEUTEN GILT.
DAS KREE-IMPERIUM WIRD VON NÜTZLICHEM BEFREIT UND DANN GEGEN GEWINN AN DIE HÄNDLER-GILDE VERKAUFT.

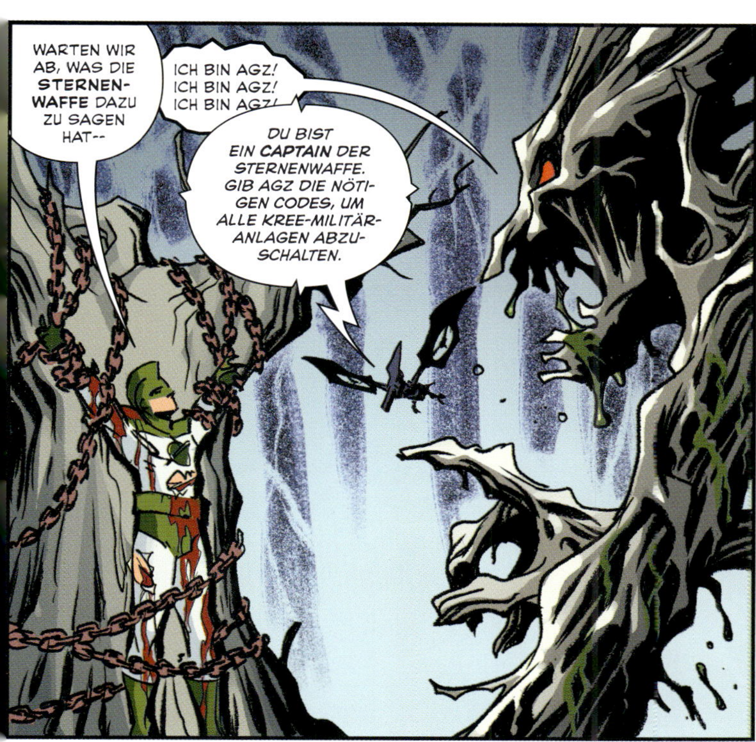
WARTEN WIR AB, WAS DIE **STERNEN-WAFFE** DAZU ZU SAGEN HAT--
ICH BIN AGZ! ICH BIN AGZ! ICH BIN AGZ!
DU BIST EIN **CAPTAIN** DER STERNENWAFFE. GIB AGZ DIE NÖTIGEN CODES, UM ALLE KREE-MILITÄR-ANLAGEN ABZUSCHALTEN.

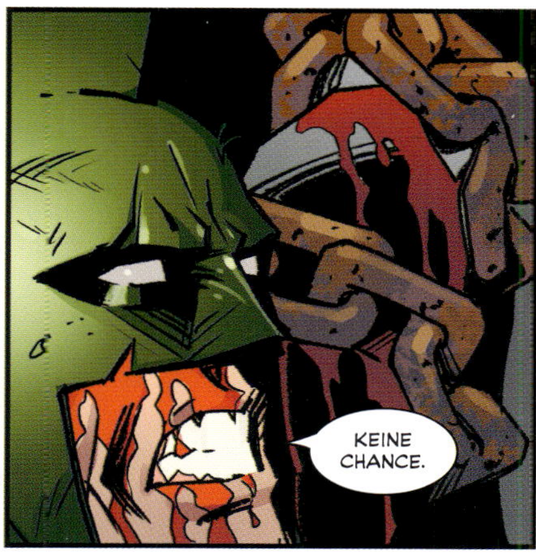
KEINE CHANCE.

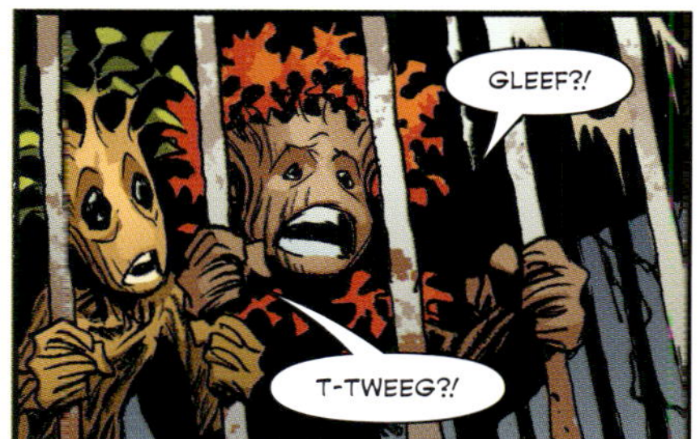
GLEEF?!
T-TWEEG?!

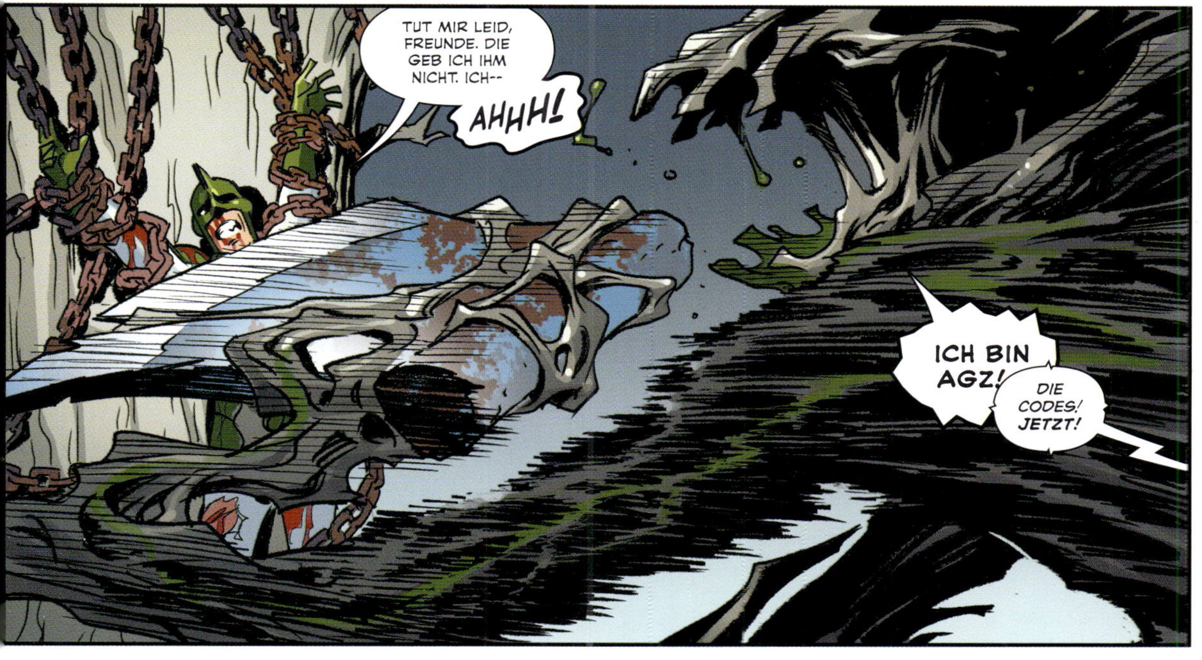
TUT MIR LEID, FREUNDE. DIE GEB ICH IHM NICHT. ICH--
AHHH!
ICH BIN AGZ!
DIE CODES! **JETZT!**

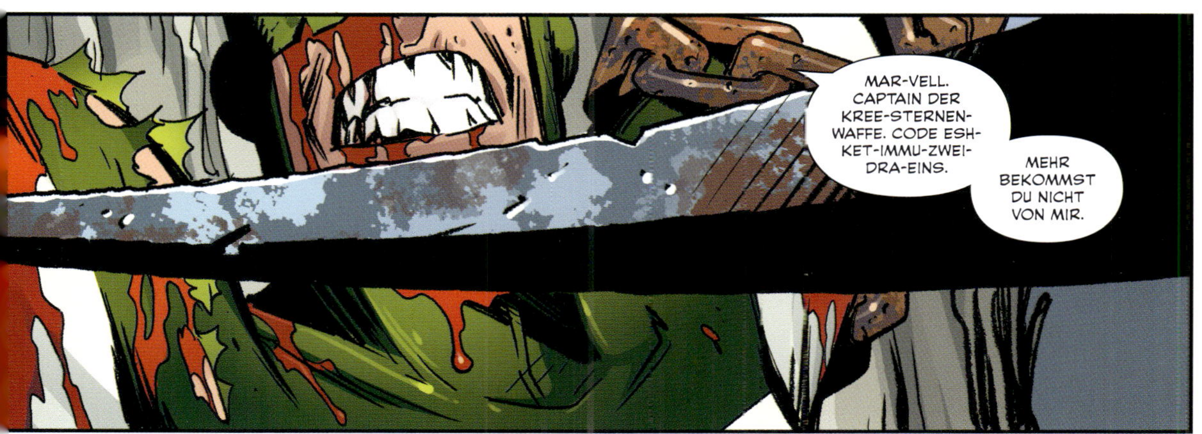
MAR-VELL. CAPTAIN DER KREE-STERNENWAFFE. CODE ESHKET-IMMU-ZWEI-DRA-EINS.
MEHR BEKOMMST DU NICHT VON MIR.

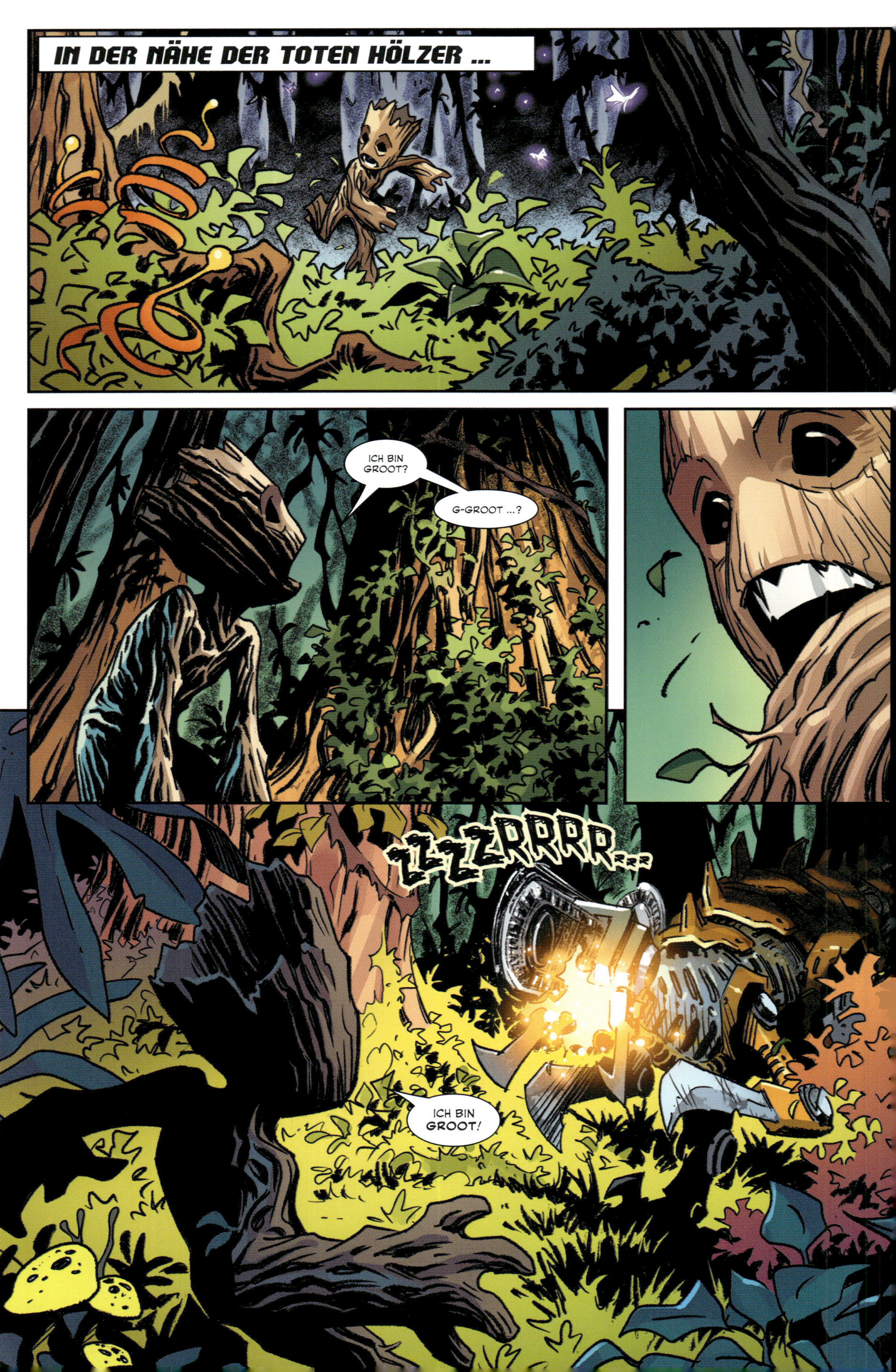
IN DER NÄHE DER TOTEN HÖLZER ...
ICH BIN GROOT?
G-GROOT ...?
ZZZRRRR...
ICH BIN GROOT!

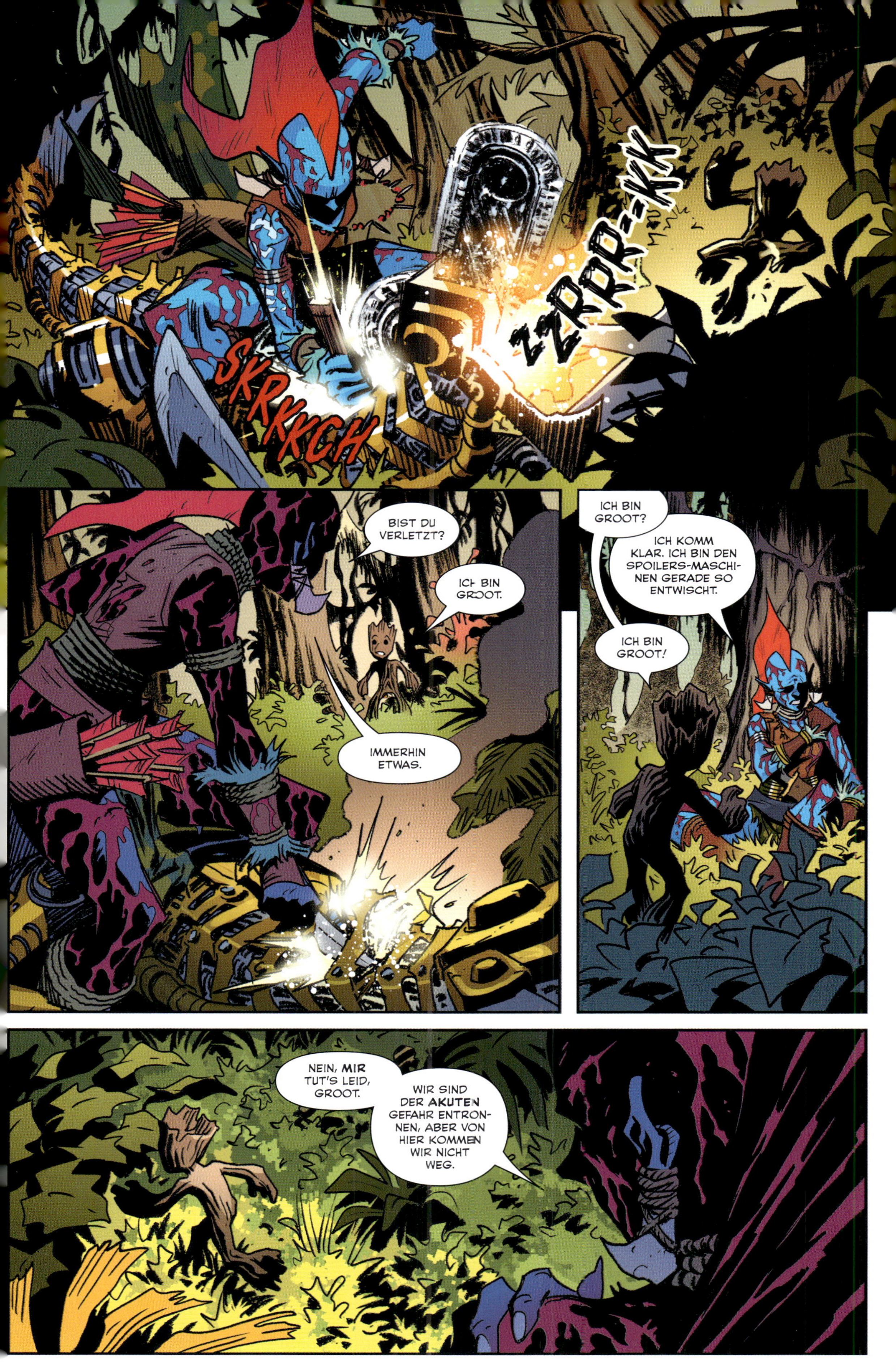

SKRKKCH
ZZRRR-KK
BIST DU VERLETZT?
ICH BIN GROOT.
IMMERHIN ETWAS.
ICH BIN GROOT?
ICH KOMM KLAR. ICH BIN DEN SPOILERS-MASCHINEN GERADE SO ENTWISCHT.
ICH BIN GROOT!

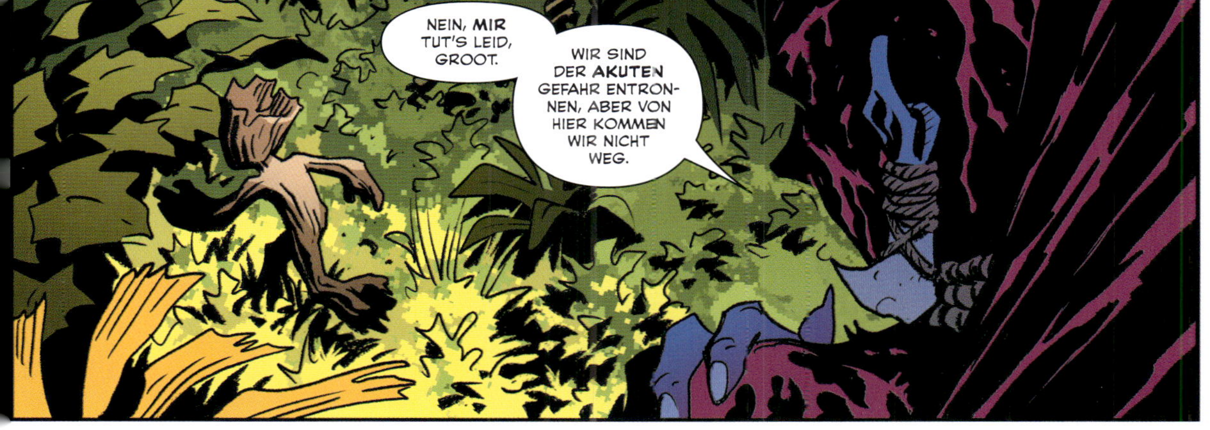
NEIN, **MIR** TUT'S LEID, GROOT.
WIR SIND DER **AKUTEN** GEFAHR ENTRONNEN, ABER VON HIER KOMMEN WIR NICHT WEG.

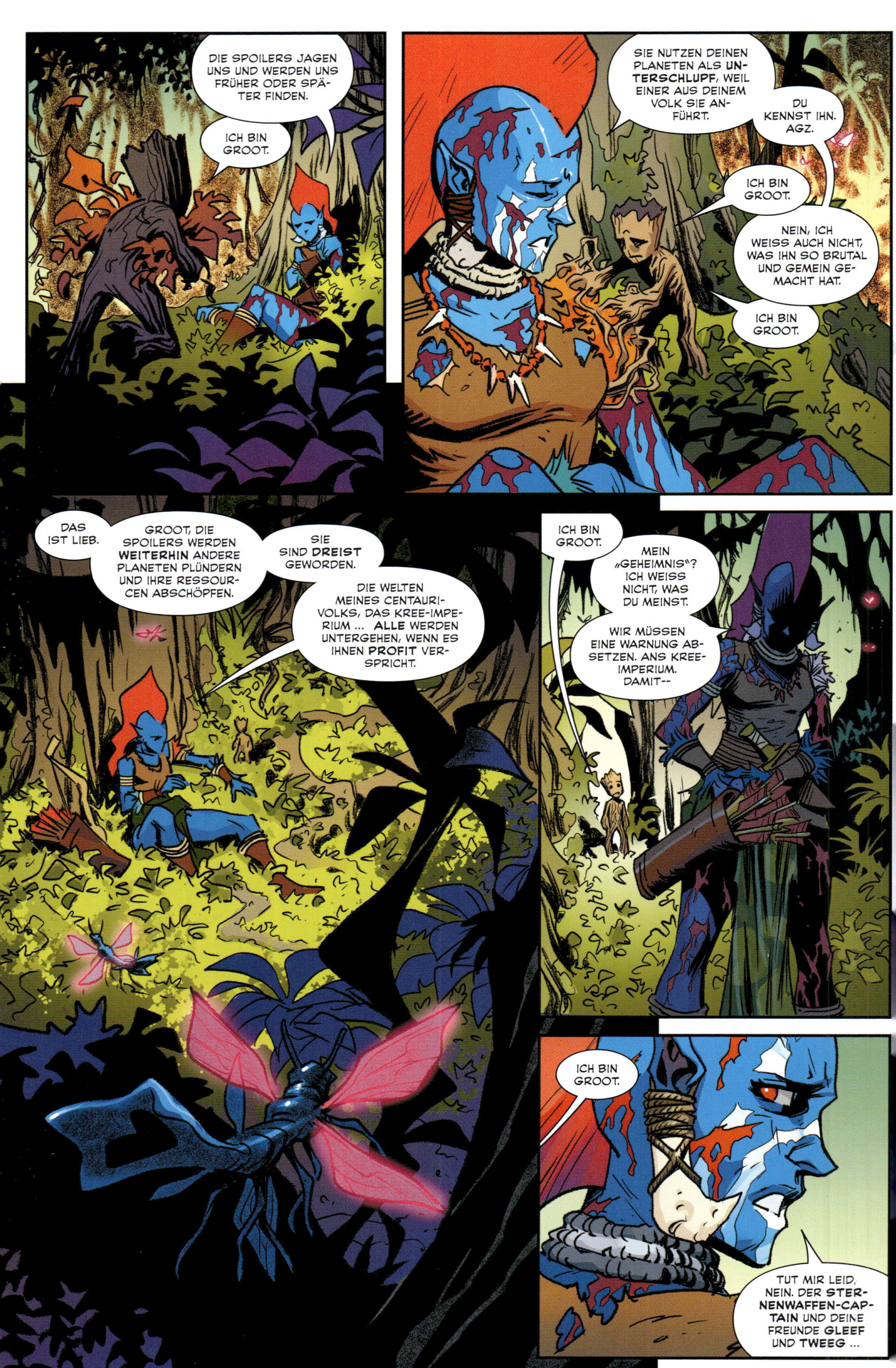
DIE SPOILERS JAGEN UNS UND WERDEN UNS FRÜHER ODER SPÄTER FINDEN.
ICH BIN GROOT.
SIE NUTZEN DEINEN PLANETEN ALS UNTERSCHLUPF, WEIL EINER AUS DEINEM VOLK SIE ANFÜHRT.
DU KENNST IHN. AGZ.
ICH BIN GROOT.
NEIN, ICH WEISS AUCH NICHT, WAS IHN SO BRUTAL UND GEMEIN GEMACHT HAT.
ICH BIN GROOT.
DAS IST LIEB.
GROOT, DIE SPOILERS WERDEN WEITERHIN ANDERE PLANETEN PLÜNDERN UND IHRE RESSOURCEN ABSCHÖPFEN.
SIE SIND DREIST GEWORDEN.
DIE WELTEN MEINES CENTAURI-VOLKS, DAS KREE-IMPERIUM ... ALLE WERDEN UNTERGEHEN, WENN ES IHNEN PROFIT VERSPRICHT.
ICH BIN GROOT.
MEIN „GEHEIMNIS"? ICH WEISS NICHT, WAS DU MEINST.
WIR MÜSSEN EINE WARNUNG ABSETZEN. ANS KREE-IMPERIUM. DAMIT--
ICH BIN GROOT.
TUT MIR LEID, NEIN. DER STERNENWAFFEN-CAPTAIN UND DEINE FREUNDE GLEEF UND TWEEG ...

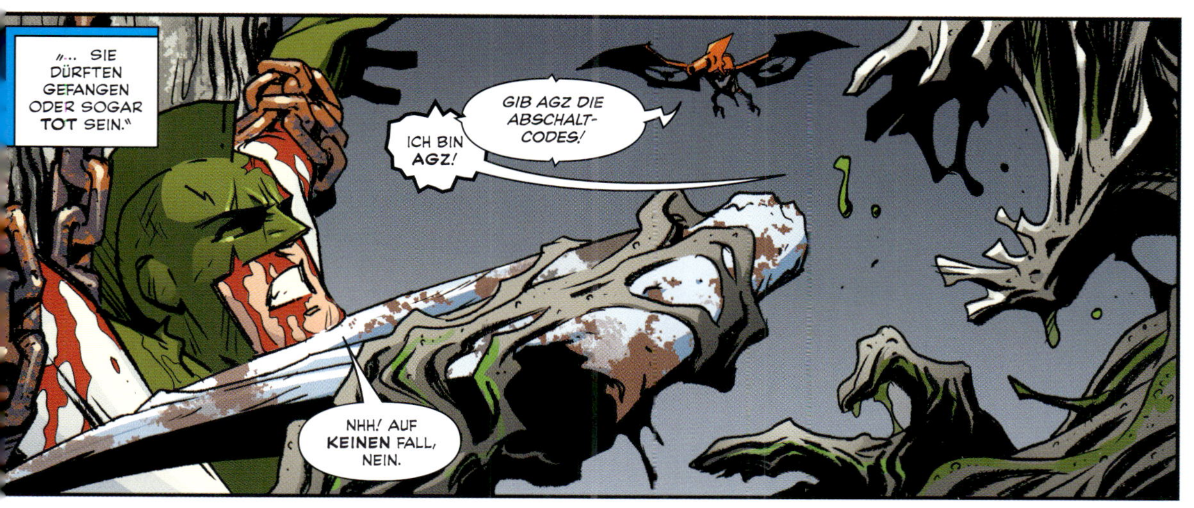
„... SIE DÜRFTEN GEFANGEN ODER SOGAR TOT SEIN."
ICH BIN AGZ!
GIB AGZ DIE ABSCHALT-CODES!
NHH! AUF KEINEN FALL, NEIN.

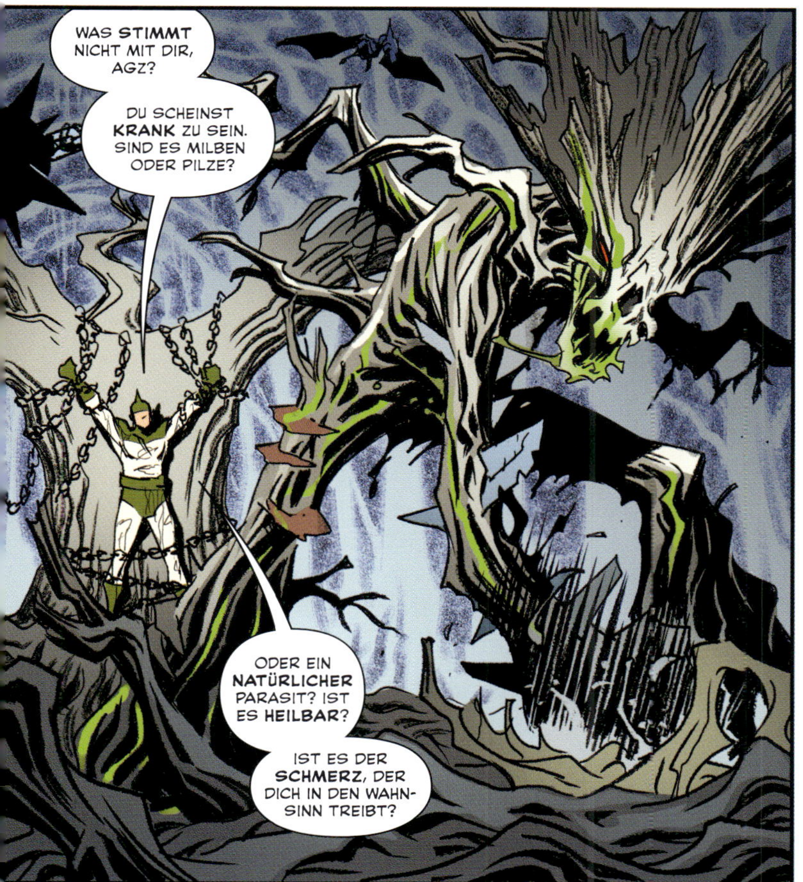
WAS STIMMT NICHT MIT DIR, AGZ?
DU SCHEINST KRANK ZU SEIN. SIND ES MILBEN ODER PILZE?
ODER EIN NATÜRLICHER PARASIT? IST ES HEILBAR?
IST ES DER SCHMERZ, DER DICH IN DEN WAHNSINN TREIBT?

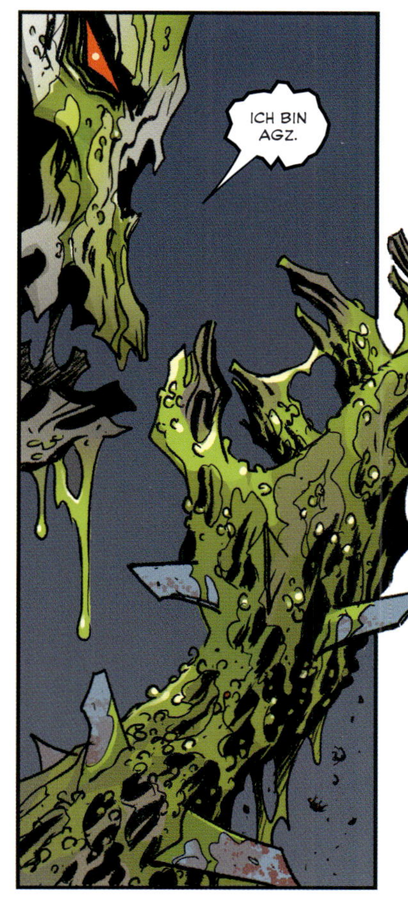
ICH BIN AGZ.

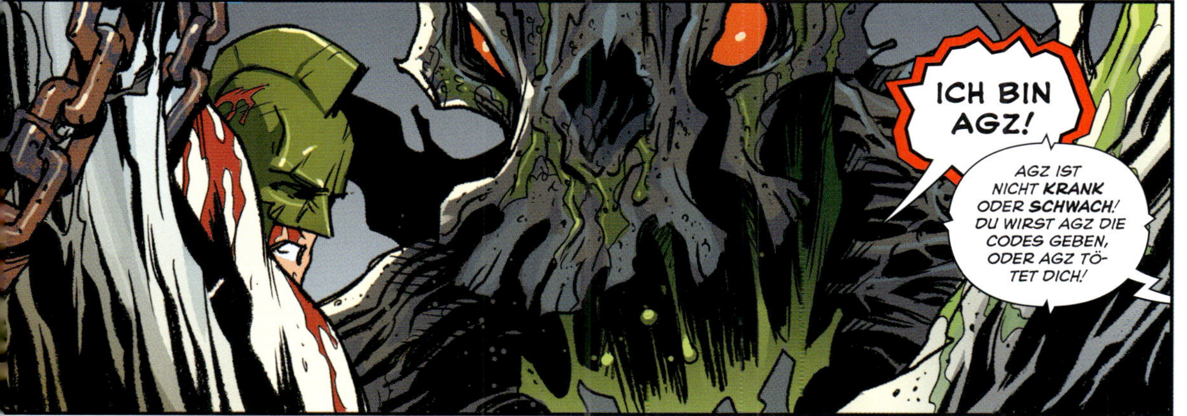
ICH BIN AGZ!
AGZ IST NICHT KRANK ODER SCHWACH! DU WIRST AGZ DIE CODES GEBEN, ODER AGZ TÖTET DICH!

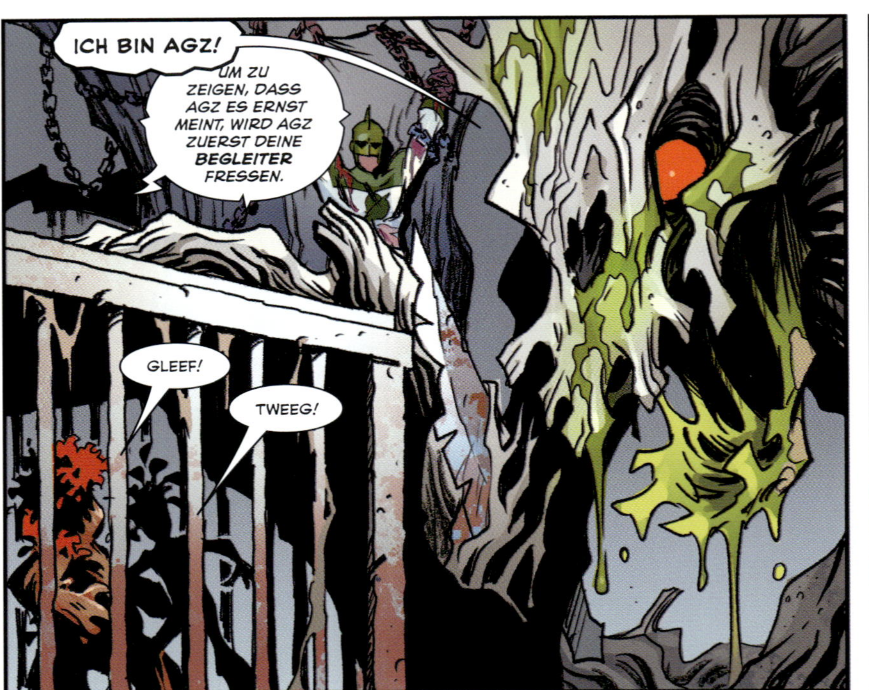
ICH BIN AGZ!
UM ZU ZEIGEN, DASS AGZ ES ERNST MEINT, WIRD AGZ ZUERST DEINE **BEGLEITER** FRESSEN.
GLEEF!
TWEEG!

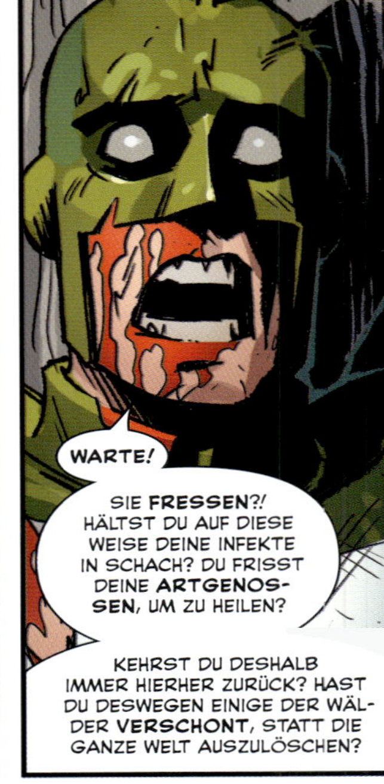
WARTE!
SIE **FRESSEN**?! HÄLTST DU AUF DIESE WEISE DEINE INFEKTE IN SCHACH? DU FRISST DEINE **ARTGENOSSEN**, UM ZU HEILEN?
KEHRST DU DESHALB IMMER HIERHER ZURÜCK? HAST DU DESWEGEN EINIGE DER WÄLDER **VERSCHONT**, STATT DIE GANZE WELT AUSZULÖSCHEN?

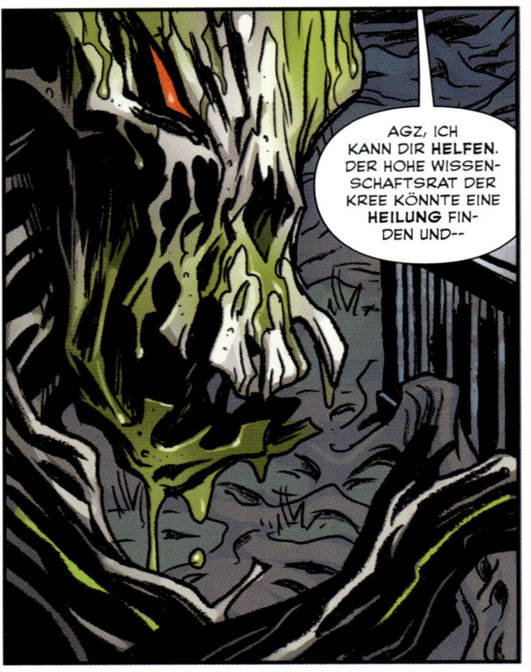
AGZ, ICH KANN DIR **HELFEN**. DER HOHE WISSENSCHAFTSRAT DER KREE KÖNNTE EINE **HEILUNG** FINDEN UND--

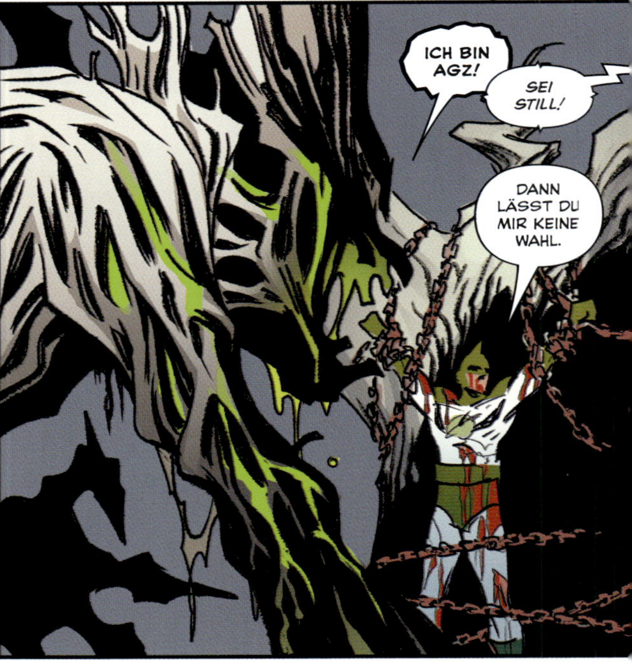
ICH BIN AGZ!
SEI STILL!
DANN LÄSST DU MIR KEINE WAHL.

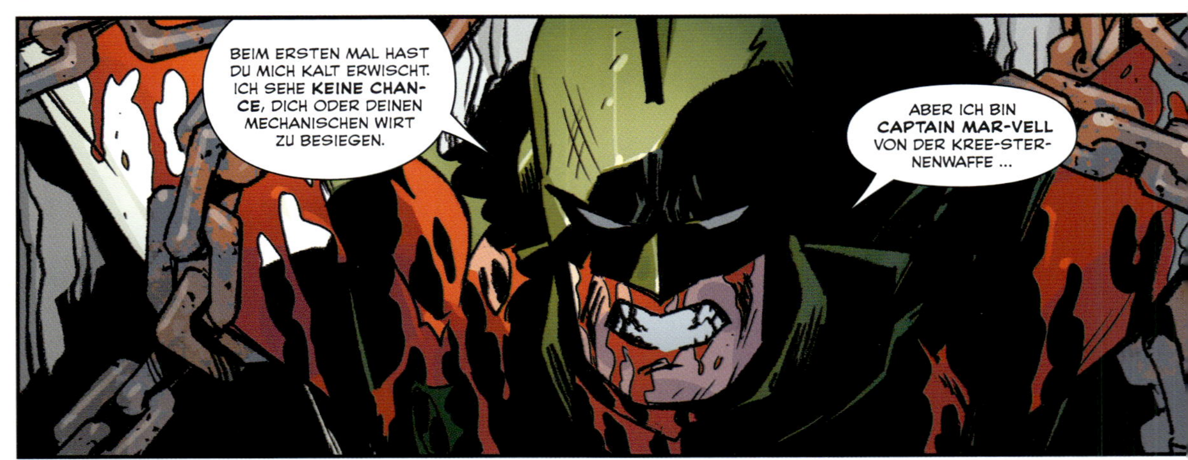
BEIM ERSTEN MAL HAST DU MICH KALT ERWISCHT. ICH SEHE **KEINE CHANCE**, DICH ODER DEINEN MECHANISCHEN WIRT ZU BESIEGEN.
ABER ICH BIN **CAPTAIN MAR-VELL** VON DER KREE-STERNENWAFFE ...

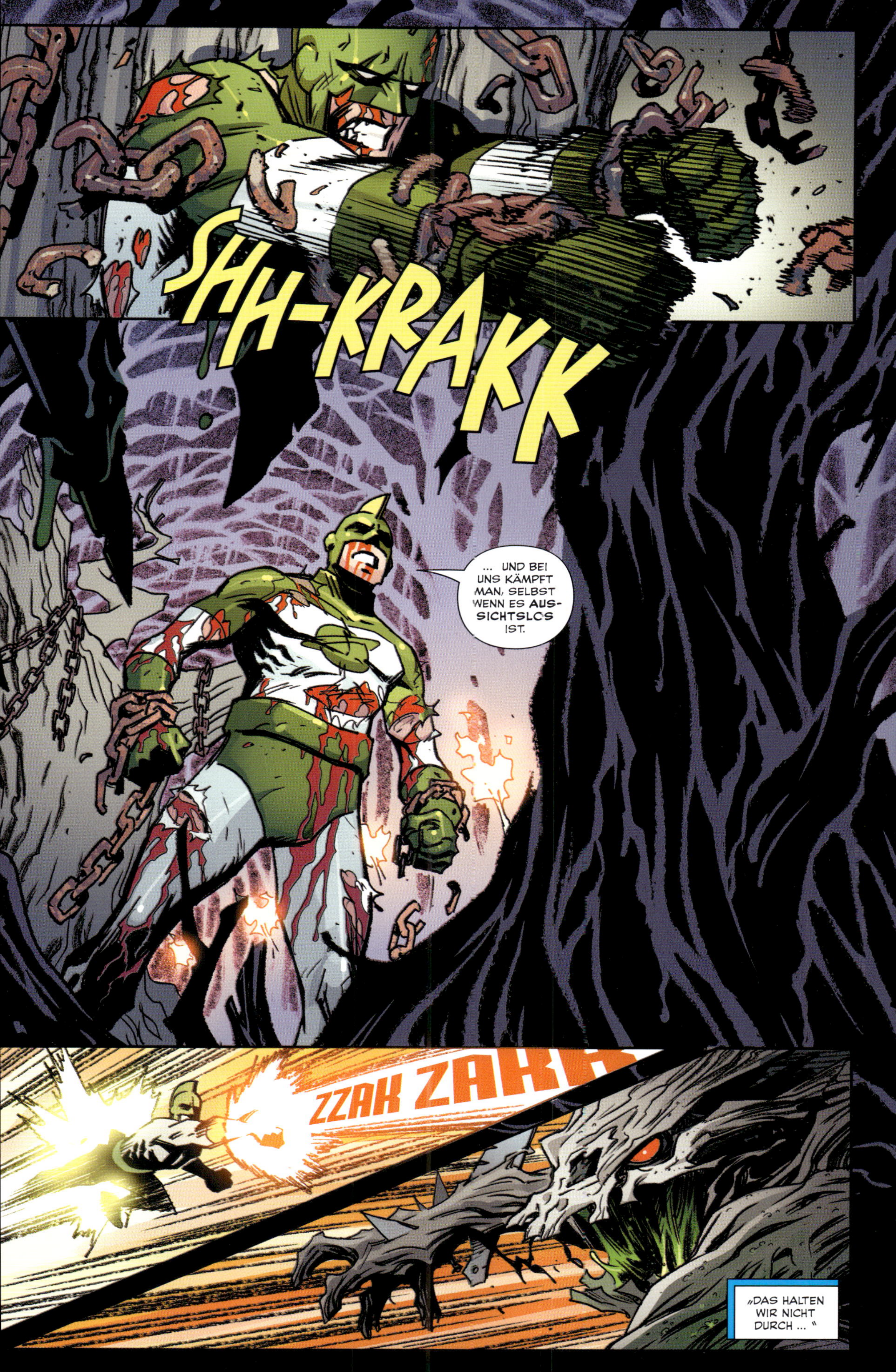
SHH-KRAKK
... UND BEI UNS KÄMPFT MAN, SELBST WENN ES AUSSICHTSLOS IST.
ZZAK ZAK
„DAS HALTEN WIR NICHT DURCH ... "

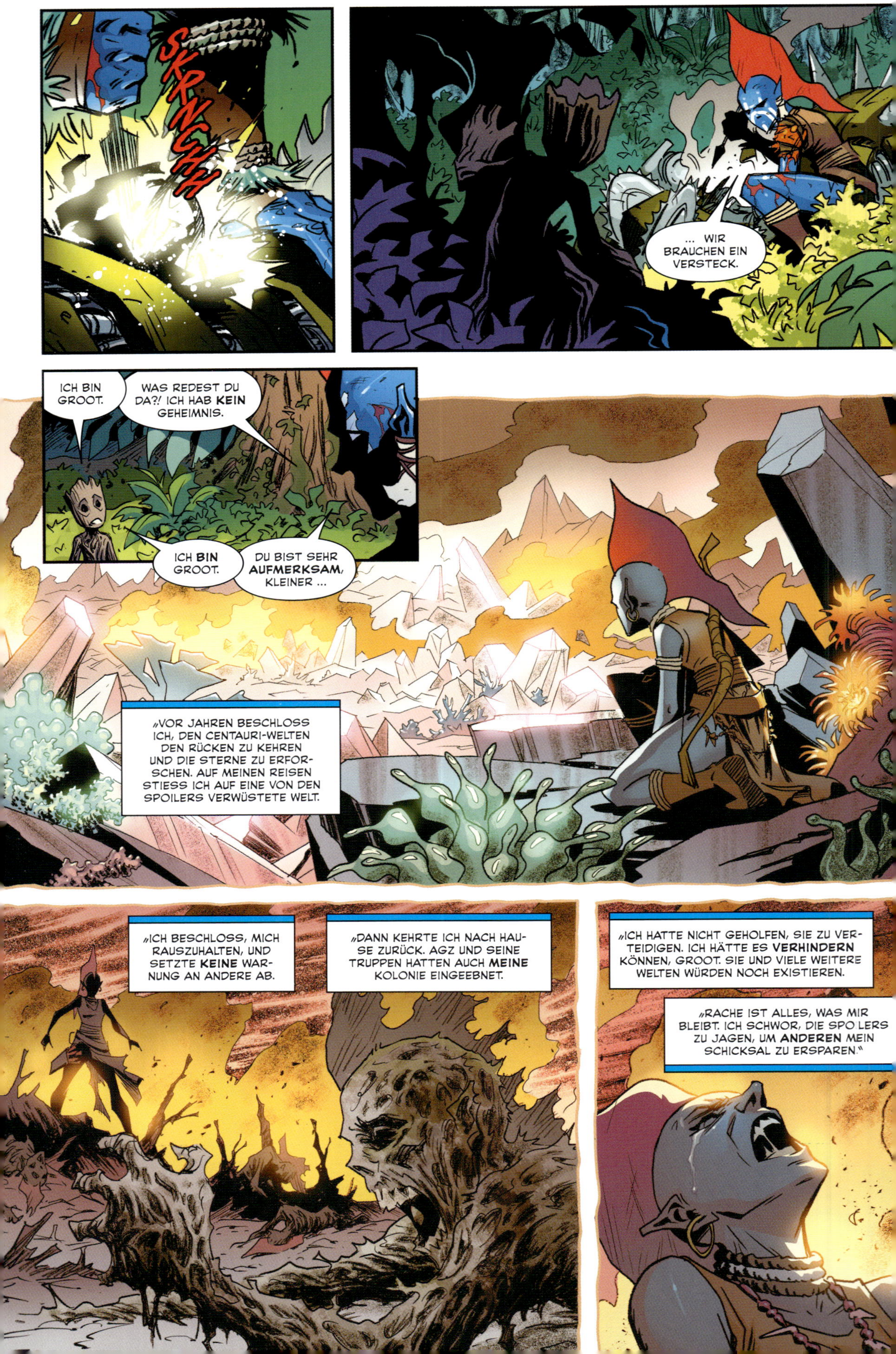

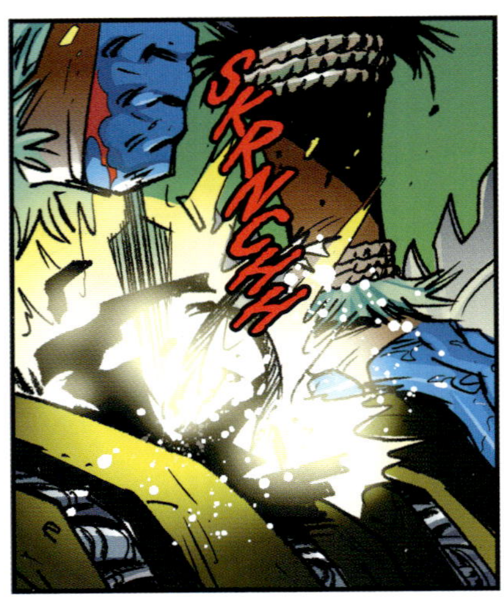

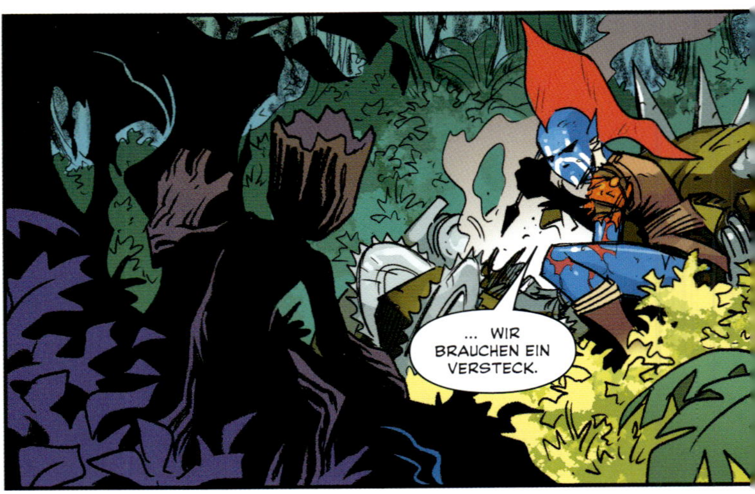

ICH BIN GROOT.

WAS REDEST DU DA?! ICH HAB **KEIN** GEHEIMNIS.

ICH **BIN** GROOT.

DU BIST SEHR **AUFMERKSAM**, KLEINER ...

„VOR JAHREN BESCHLOSS ICH, DEN CENTAURI-WELTEN DEN RÜCKEN ZU KEHREN UND DIE STERNE ZU ERFORSCHEN. AUF MEINEN REISEN STIESS ICH AUF EINE VON DEN SPOILERS VERWÜSTETE WELT.

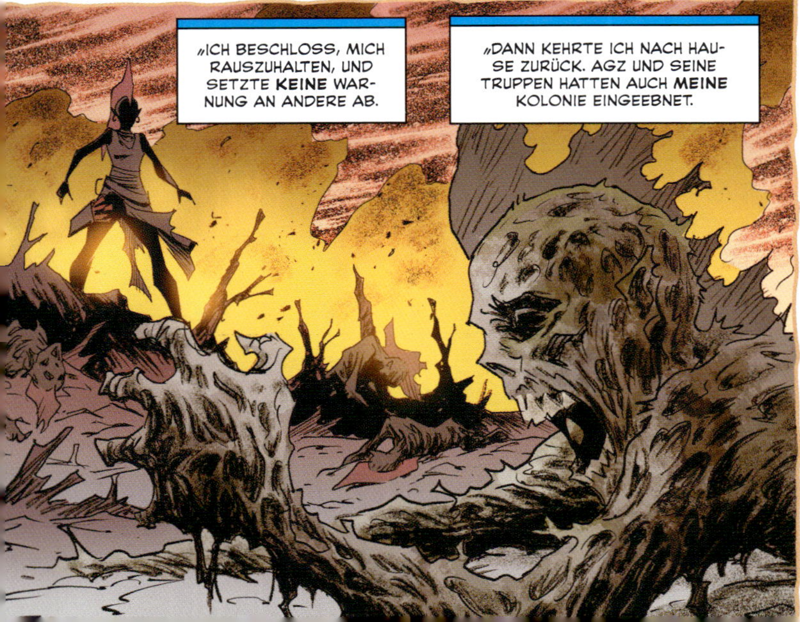

„ICH HATTE NICHT GEHOLFEN, SIE ZU VERTEIDIGEN. ICH HÄTTE ES **VERHINDERN** KÖNNEN, GROOT. SIE UND VIELE WEITERE WELTEN WÜRDEN NOCH EXISTIEREN.

„RACHE IST ALLES, WAS MIR BLEIBT. ICH SCHWOR, DIE SPOILERS ZU JAGEN, UM **ANDEREN** MEIN SCHICKSAL ZU ERSPAREN."

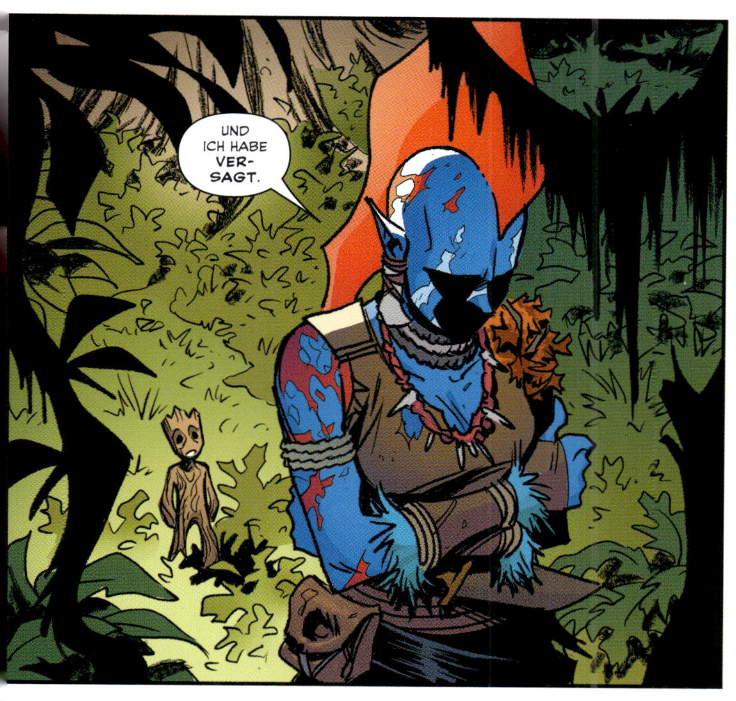
UND ICH HABE VERSAGT.
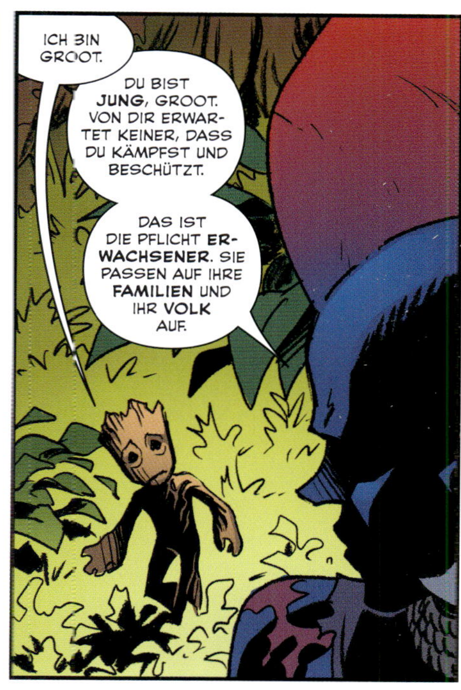
ICH BIN GROOT.
DU BIST **JUNG**, GROOT. VON DIR ERWARTET KEINER, DASS DU KÄMPFST UND BESCHÜTZT.
DAS IST DIE PFLICHT **ERWACHSENER**. SIE PASSEN AUF IHRE **FAMILIEN** UND IHR **VOLK** AUF.
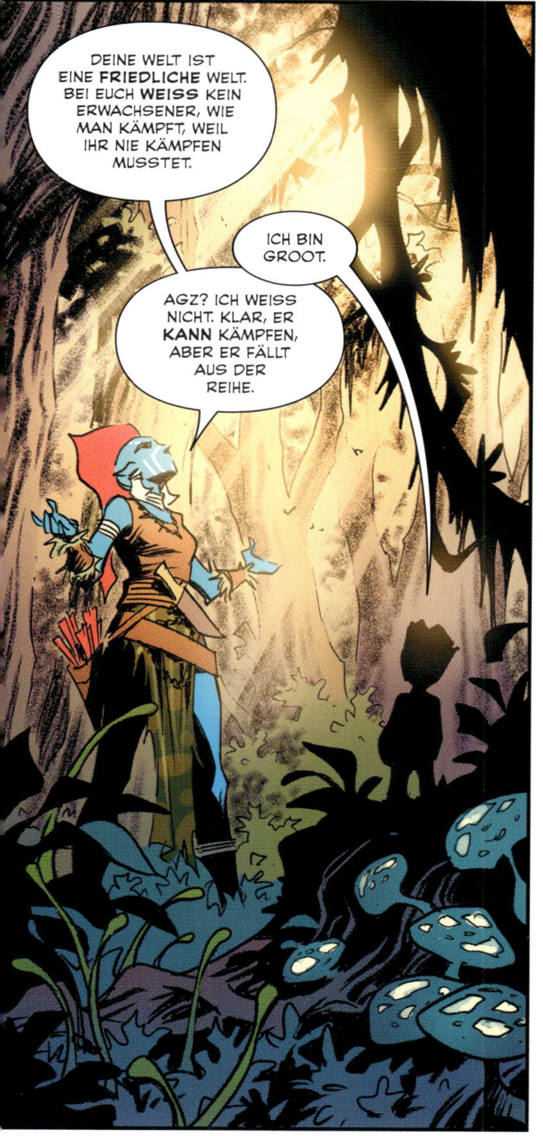
DEINE WELT IST EINE **FRIEDLICHE** WELT. BEI EUCH **WEISS** KEIN ERWACHSENER, WIE MAN KÄMPFT, WEIL IHR NIE KÄMPFEN MUSSTET.
ICH BIN GROOT.
AGZ? ICH WEISS NICHT. KLAR, ER **KANN** KÄMPFEN, ABER ER FÄLLT AUS DER REIHE.
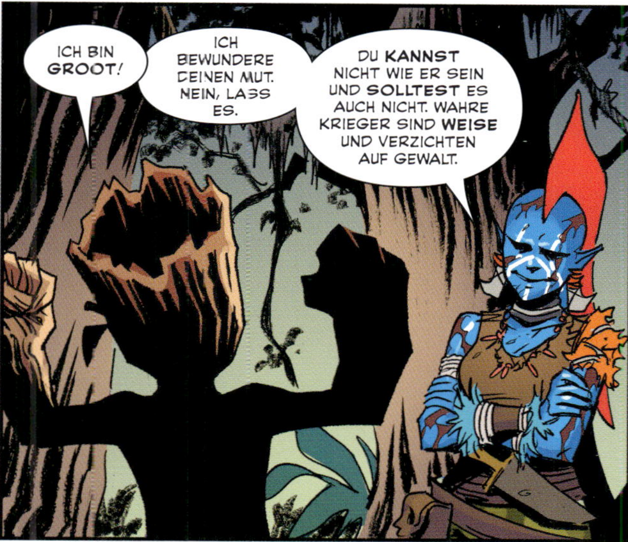
ICH BIN **GROOT**!
ICH BEWUNDERE DEINEN MUT. NEIN, LASS ES.
DU **KANNST** NICHT WIE ER SEIN UND **SOLLTEST** ES AUCH NICHT. WAHRE KRIEGER SIND **WEISE** UND VERZICHTEN AUF GEWALT.
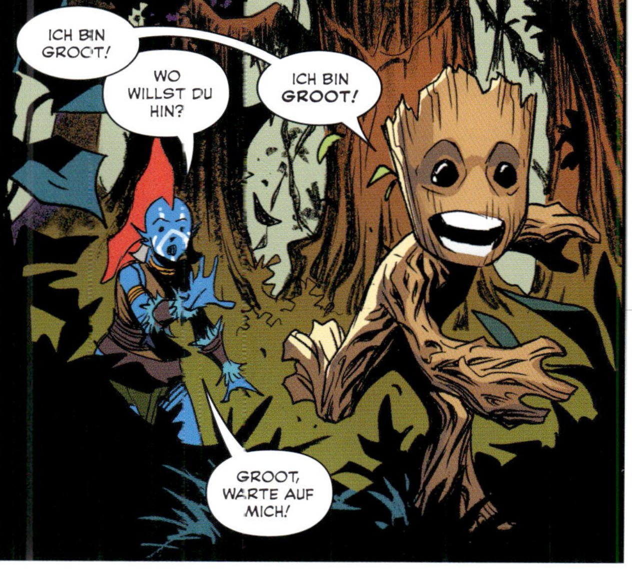
ICH BIN GROOT!
WO WILLST DU HIN?
ICH BIN **GROOT**!
GROOT, WARTE AUF MICH!

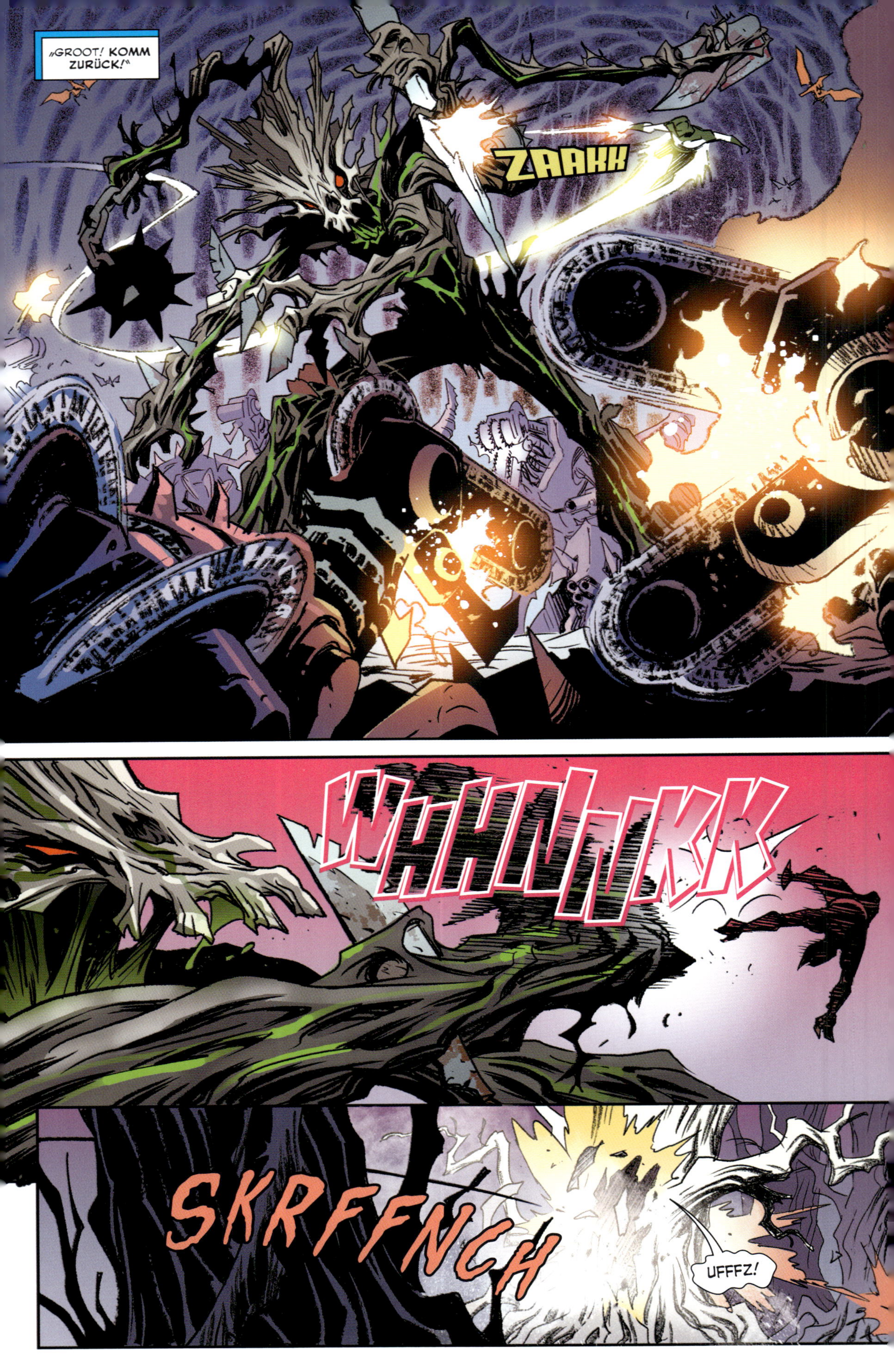

„GROOT! KOMM ZURÜCK!“

ZAAKK

WHHNNKK

SKRFFNCH

UFFFZ!

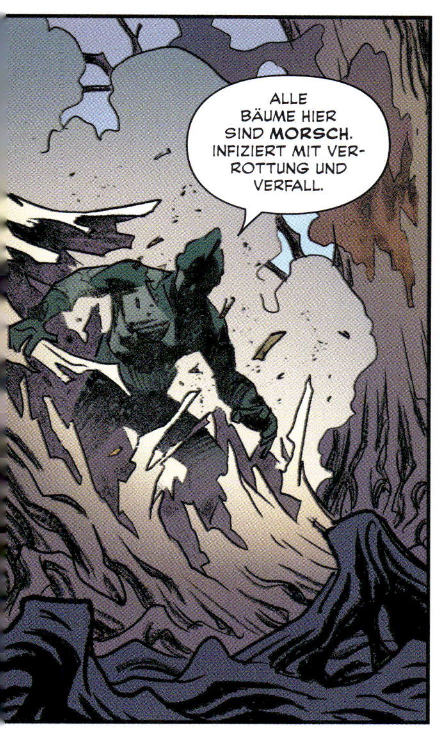
ALLE BÄUME HIER SIND **MORSCH**. INFIZIERT MIT VERROTTUNG UND VERFALL.

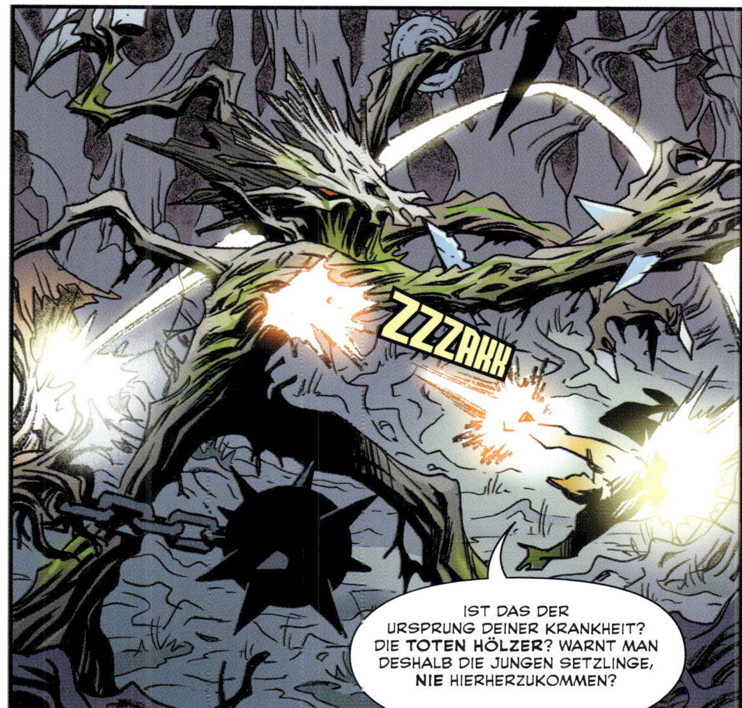
ZZZAKK
IST DAS DER URSPRUNG DEINER KRANKHEIT? DIE **TOTEN HÖLZER**? WARNT MAN DESHALB DIE JUNGEN SETZLINGE, **NIE** HIERHERZUKOMMEN?

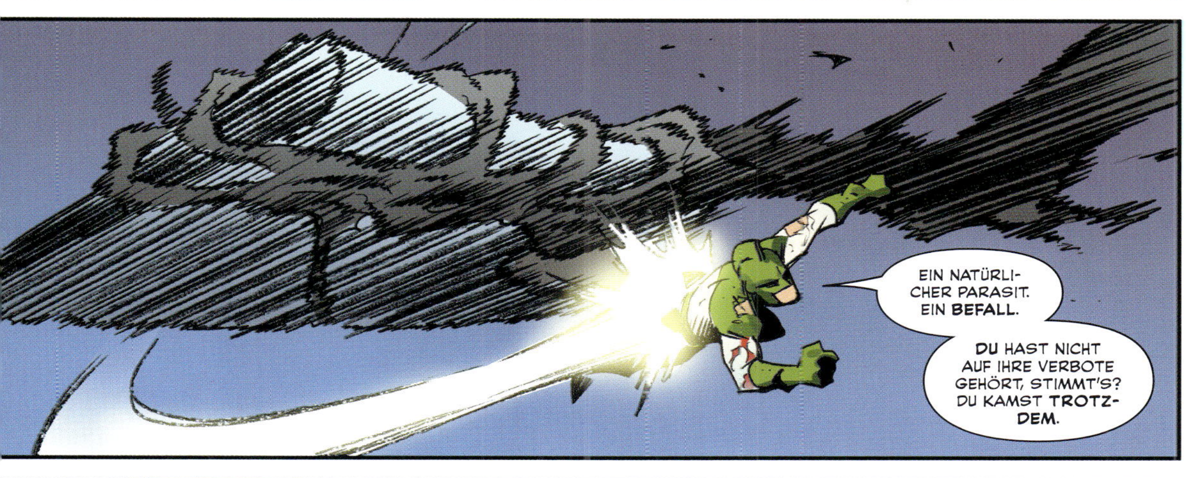
EIN NATÜRLICHER PARASIT. EIN **BEFALL**.
DU HAST NICHT AUF IHRE VERBOTE GEHÖRT, STIMMT'S? DU KAMST **TROTZDEM**.

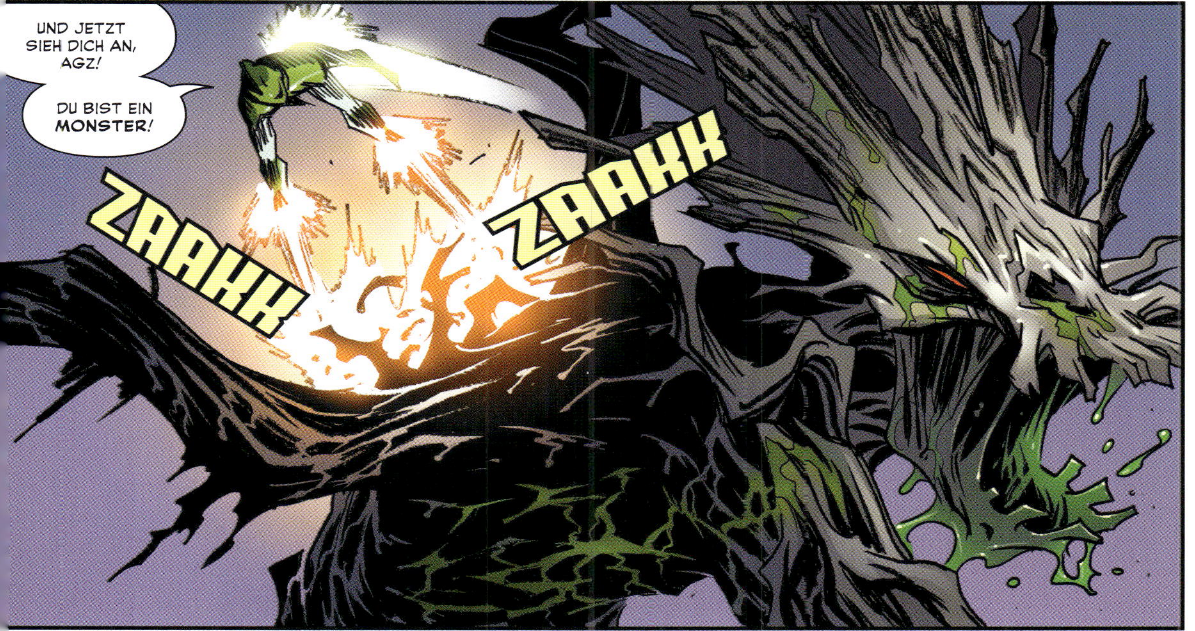
UND JETZT SIEH DICH AN, AGZ!
DU BIST EIN **MONSTER**!
ZAAKK
ZAAKK

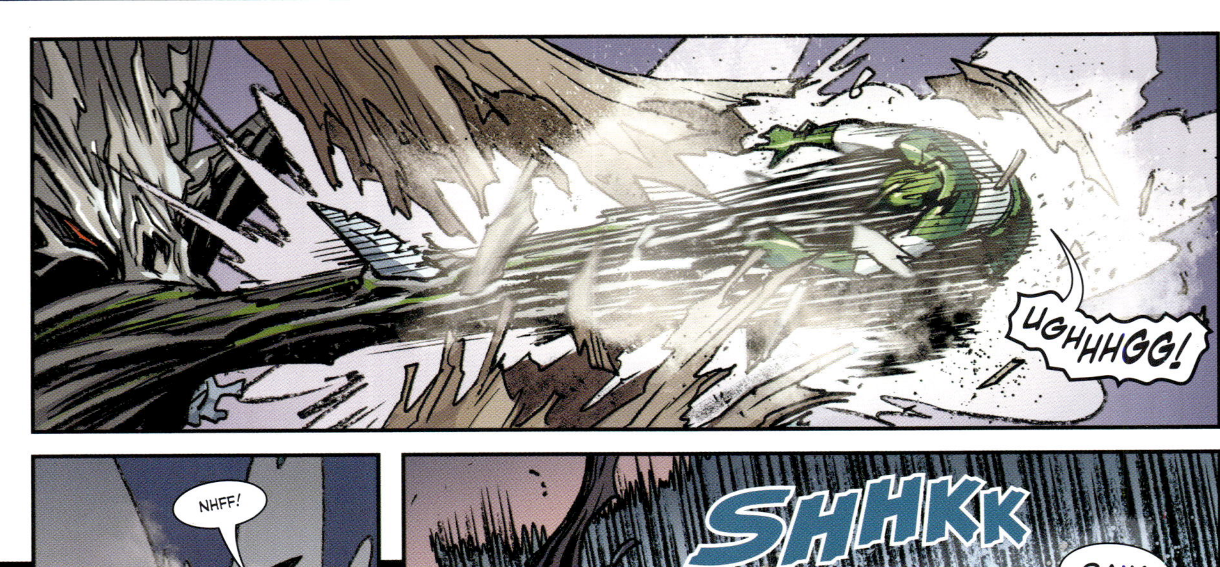
UGHHHGG!
NHFF!
SHHKK
GAH!
OH.
ICH BIN AGZ.
LETZTE CHANCE, KREEMANN. GIB AGZ DIE CODES.
REDE, ODER AGZ ZERFLEISCHT DICH.

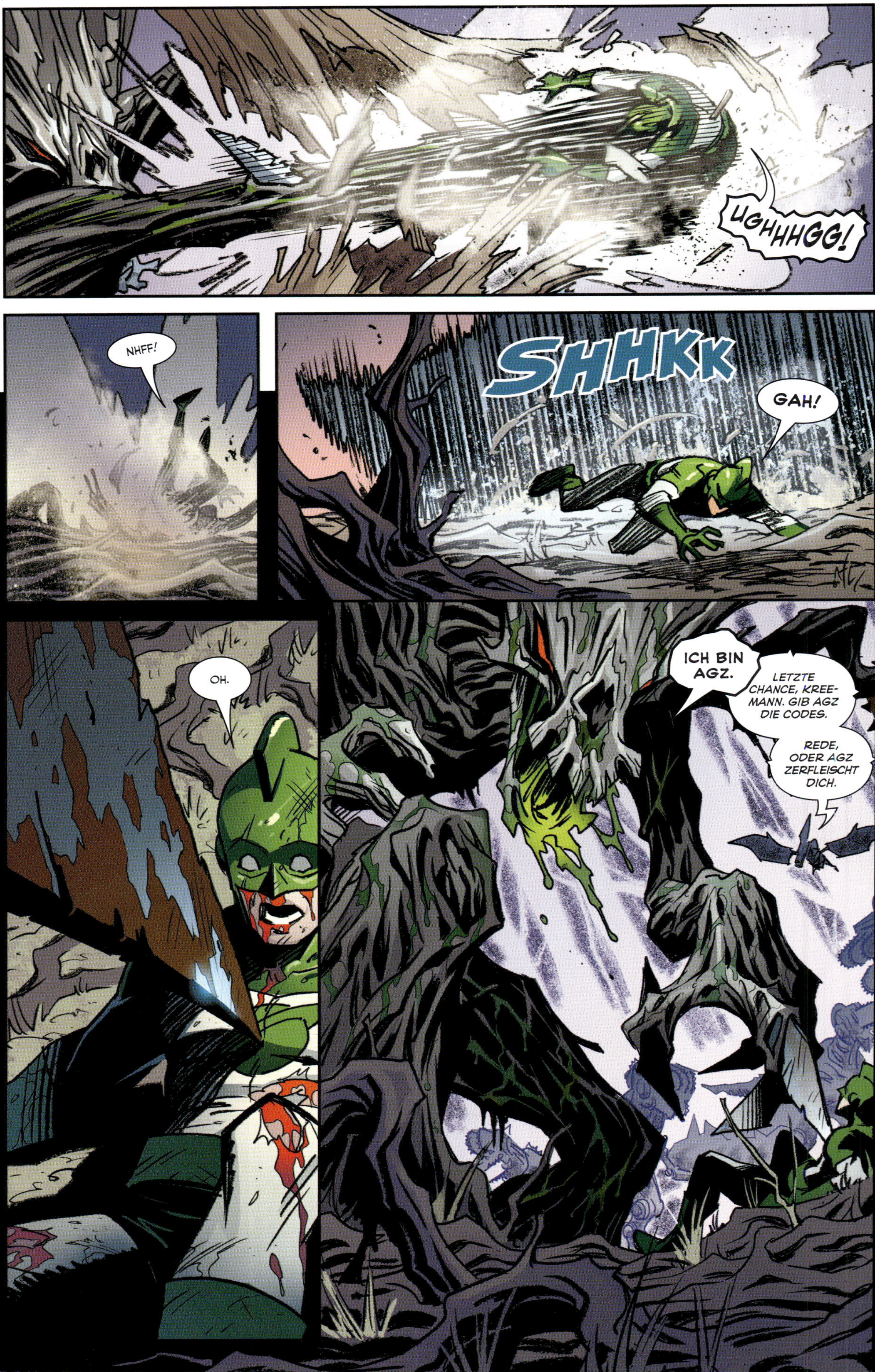

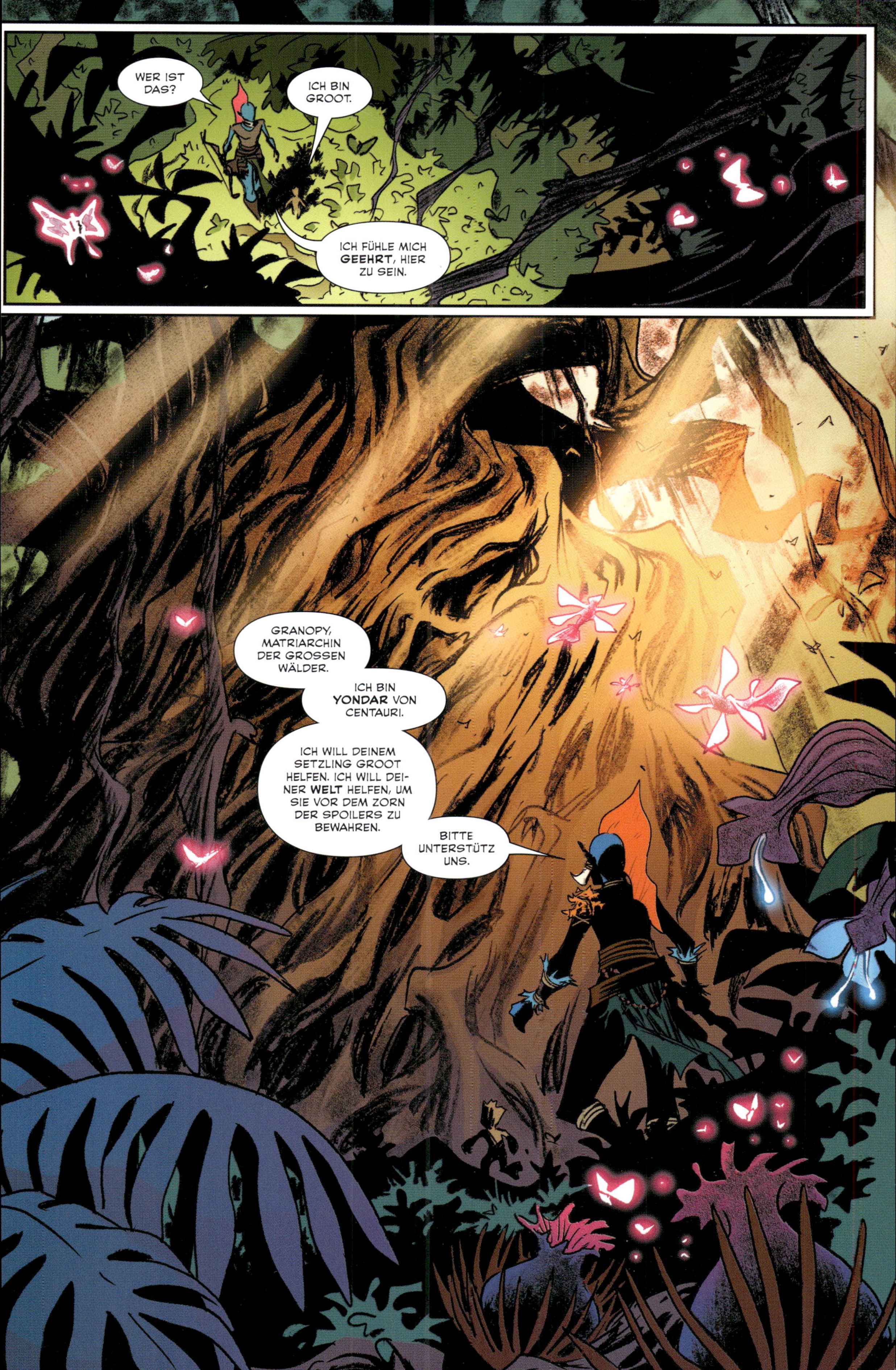
WER IST DAS?
ICH BIN GROOT.
ICH FÜHLE MICH **GEEHRT**, HIER ZU SEIN.
GRANOPY, MATRIARCHIN DER GROSSEN WÄLDER.
ICH BIN **YONDAR** VON CENTAURI.
ICH WILL DEINEM SETZLING GROOT HELFEN. ICH WILL DEINER **WELT** HELFEN, UM SIE VOR DEM ZORN DER SPOILERS ZU BEWAHREN.
BITTE UNTERSTÜTZ UNS.

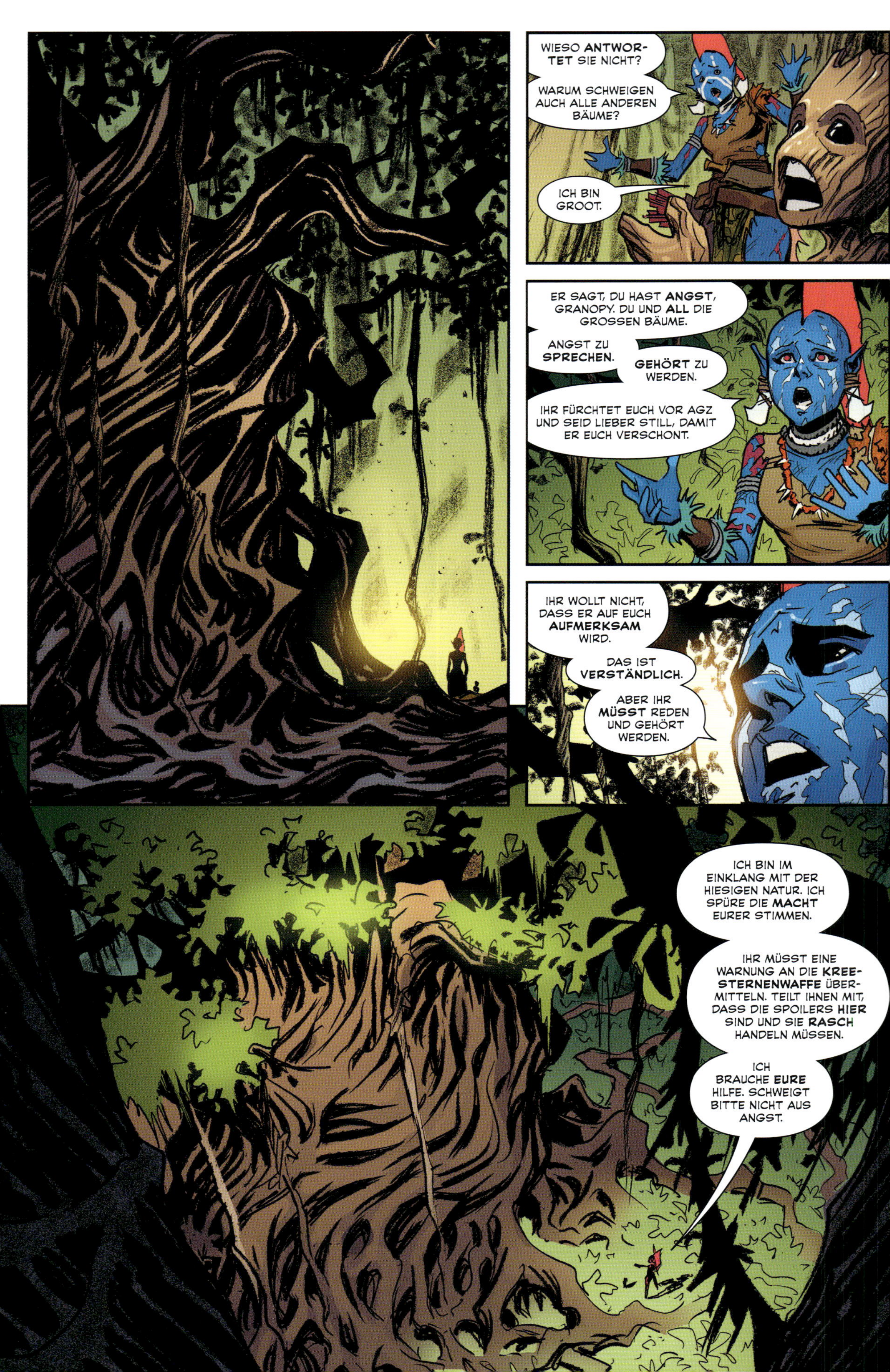
WIESO ANTWORTET SIE NICHT?
WARUM SCHWEIGEN AUCH ALLE ANDEREN BÄUME?
ICH BIN GROOT.
ER SAGT, DU HAST ANGST, GRANOPY. DU UND ALL DIE GROSSEN BÄUME.
ANGST ZU SPRECHEN.
GEHÖRT ZU WERDEN.
IHR FÜRCHTET EUCH VOR AGZ UND SEID LIEBER STILL, DAMIT ER EUCH VERSCHONT.
IHR WOLLT NICHT, DASS ER AUF EUCH AUFMERKSAM WIRD.
DAS IST VERSTÄNDLICH.
ABER IHR MÜSST REDEN UND GEHÖRT WERDEN.
ICH BIN IM EINKLANG MIT DER HIESIGEN NATUR. ICH SPÜRE DIE MACHT EURER STIMMEN.
IHR MÜSST EINE WARNUNG AN DIE KREE-STERNENWAFFE ÜBERMITTELN. TEILT IHNEN MIT, DASS DIE SPOILERS HIER SIND UND SIE RASCH HANDELN MÜSSEN.
ICH BRAUCHE EURE HILFE. SCHWEIGT BITTE NICHT AUS ANGST.

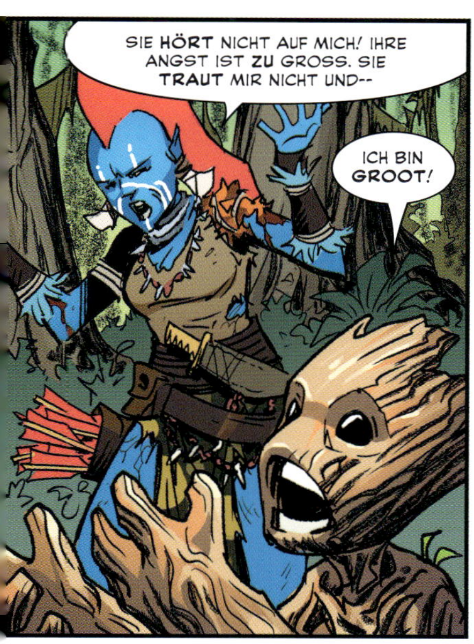
SIE HÖRT NICHT AUF MICH! IHRE ANGST IST ZU GROSS. SIE TRAUT MIR NICHT UND--
ICH BIN GROOT!

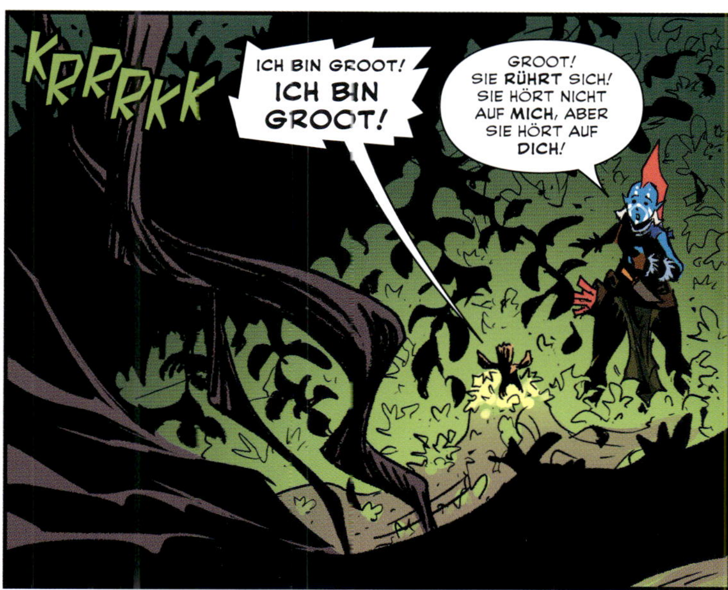
KRRRKK
ICH BIN GROOT! ICH BIN GROOT!
GROOT! SIE RÜHRT SICH! SIE HÖRT NICHT AUF MICH, ABER SIE HÖRT AUF DICH!

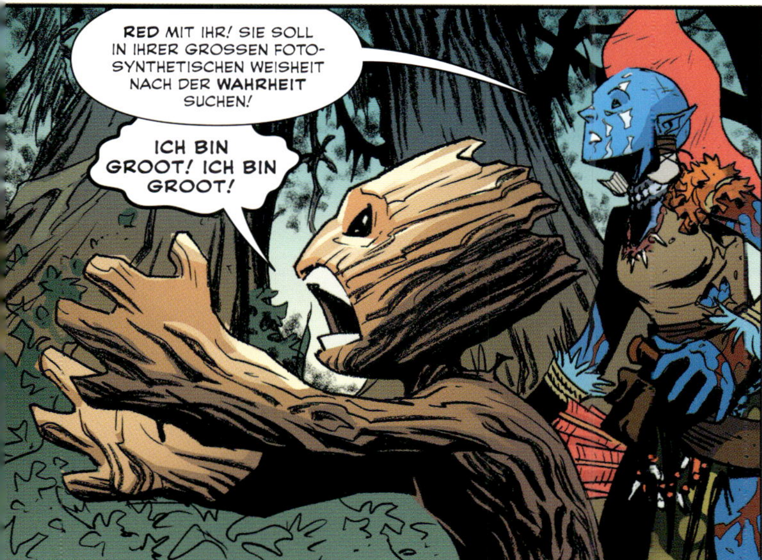
RED MIT IHR! SIE SOLL IN IHRER GROSSEN FOTO-SYNTHETISCHEN WEISHEIT NACH DER WAHRHEIT SUCHEN!
ICH BIN GROOT! ICH BIN GROOT!

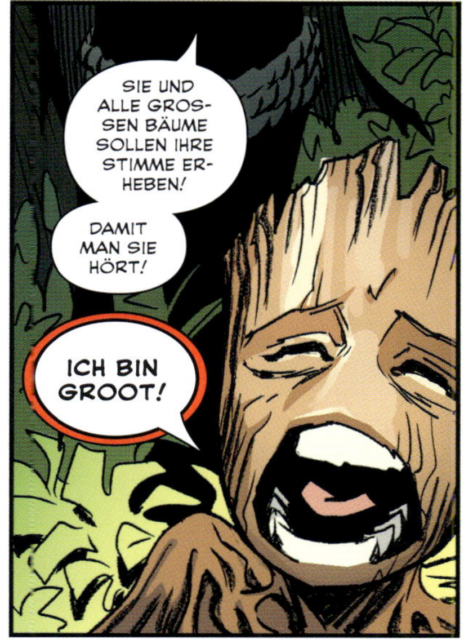
SIE UND ALLE GROS-SEN BÄUME SOLLEN IHRE STIMME ER-HEBEN!
DAMIT MAN SIE HÖRT!
ICH BIN GROOT!

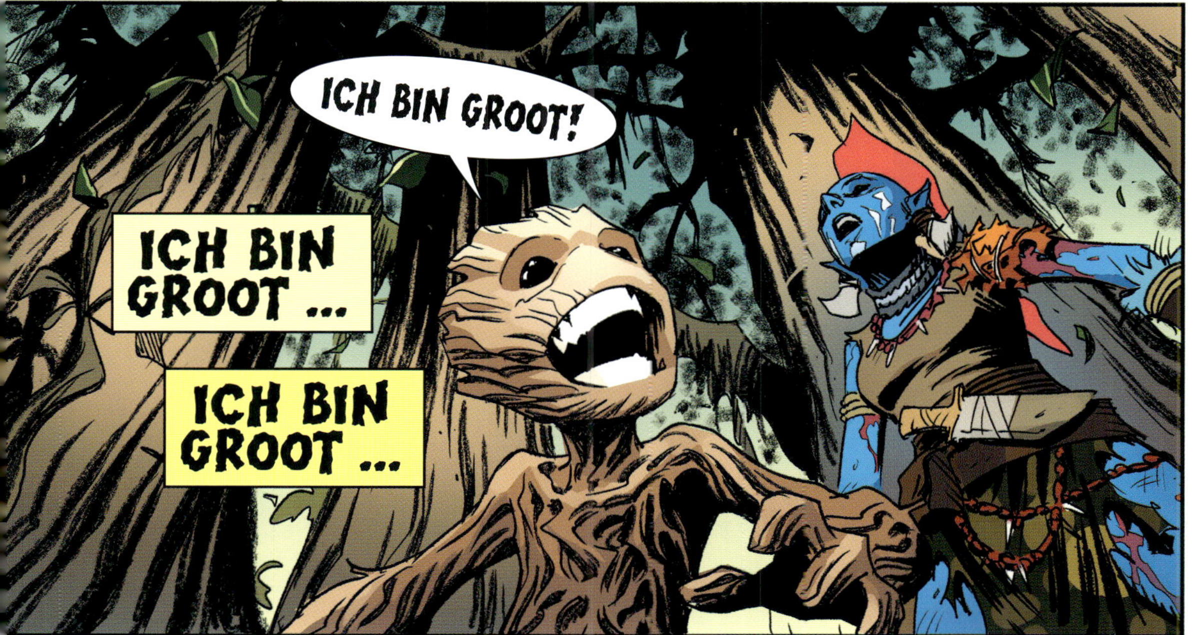
ICH BIN GROOT!
ICH BIN GROOT ...
ICH BIN GROOT ...

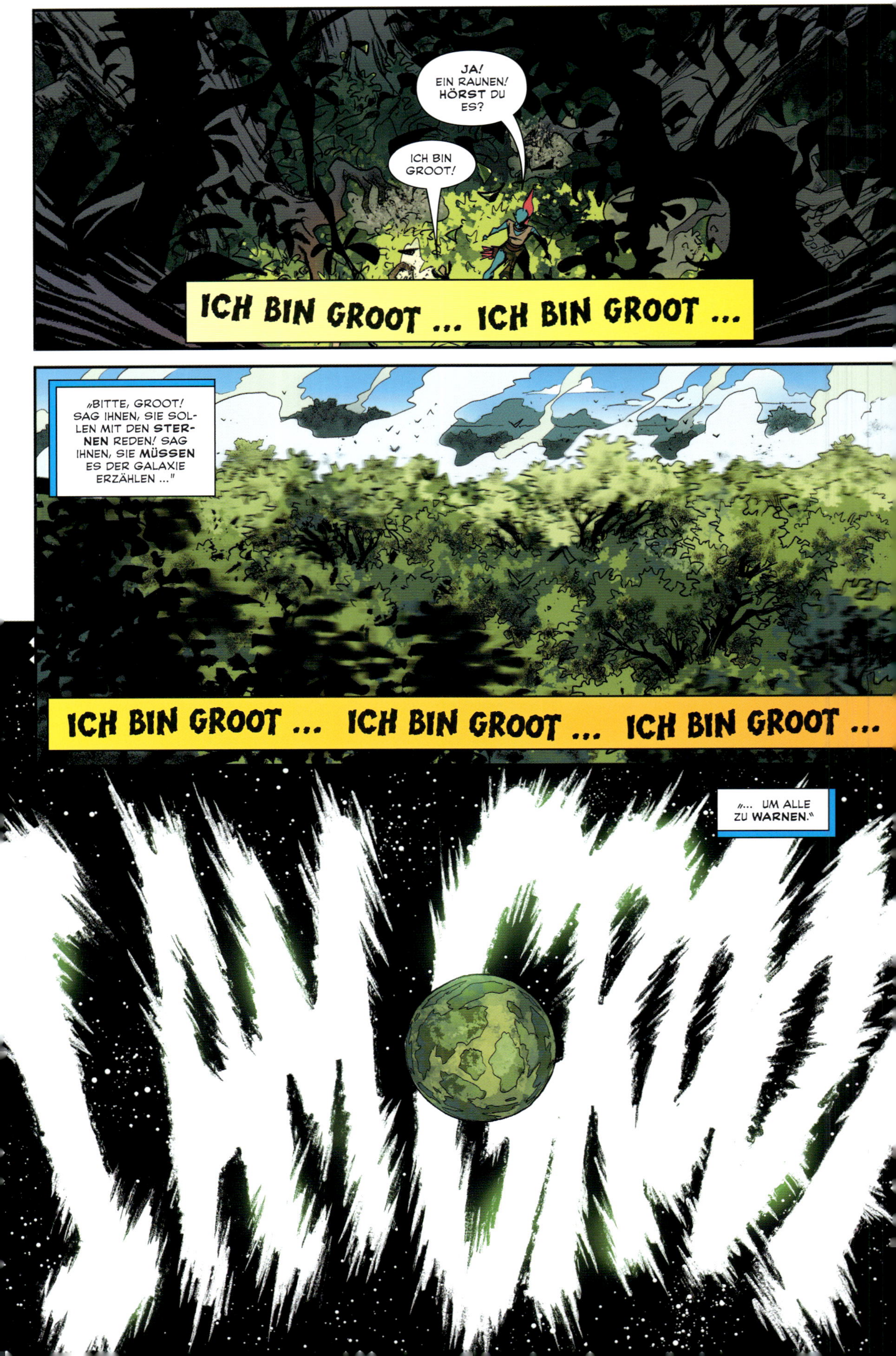

JA!
EIN RAUNEN! **HÖRST** DU ES?

ICH BIN GROOT!

ICH BIN GROOT ... ICH BIN GROOT ...

„BITTE, GROOT! SAG IHNEN, SIE SOLLEN MIT DEN **STERNEN** REDEN! SAG IHNEN, SIE **MÜSSEN** ES DER GALAXIE ERZÄHLEN ..."

ICH BIN GROOT ... ICH BIN GROOT ... ICH BIN GROOT ...

„... UM ALLE ZU **WARNEN**."

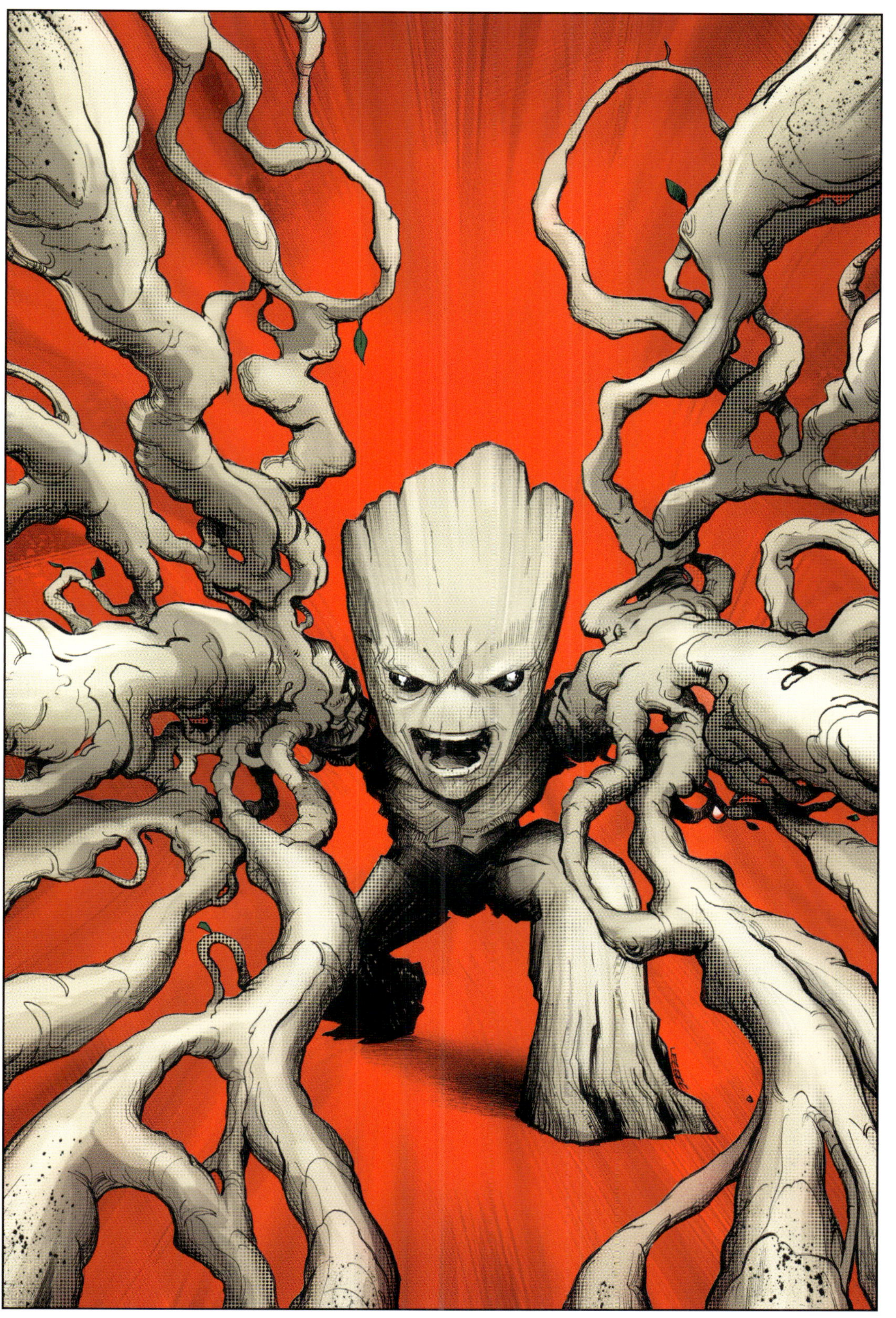

Groot (2023) 4
Cover von **LEE GARBETT**

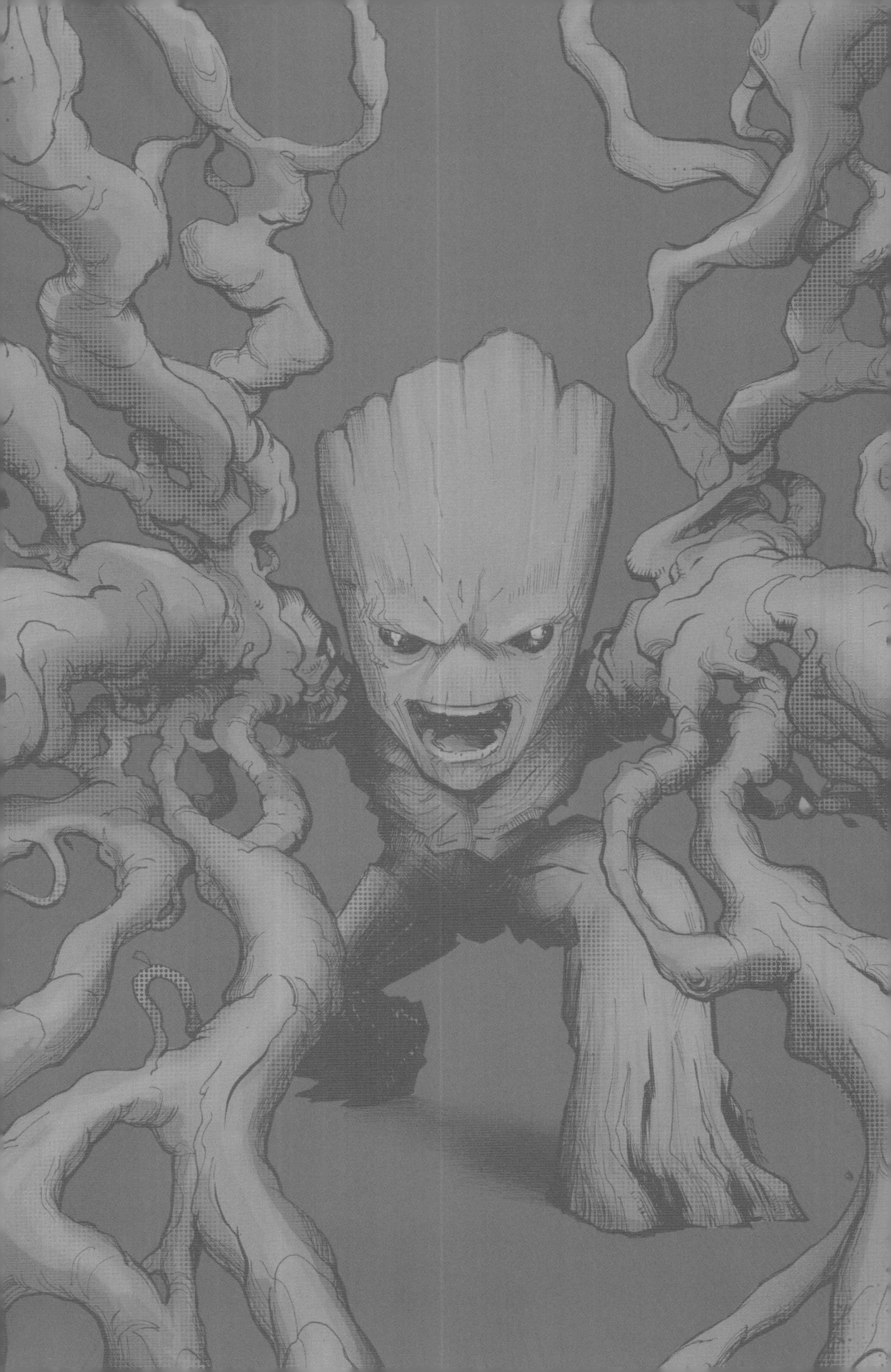

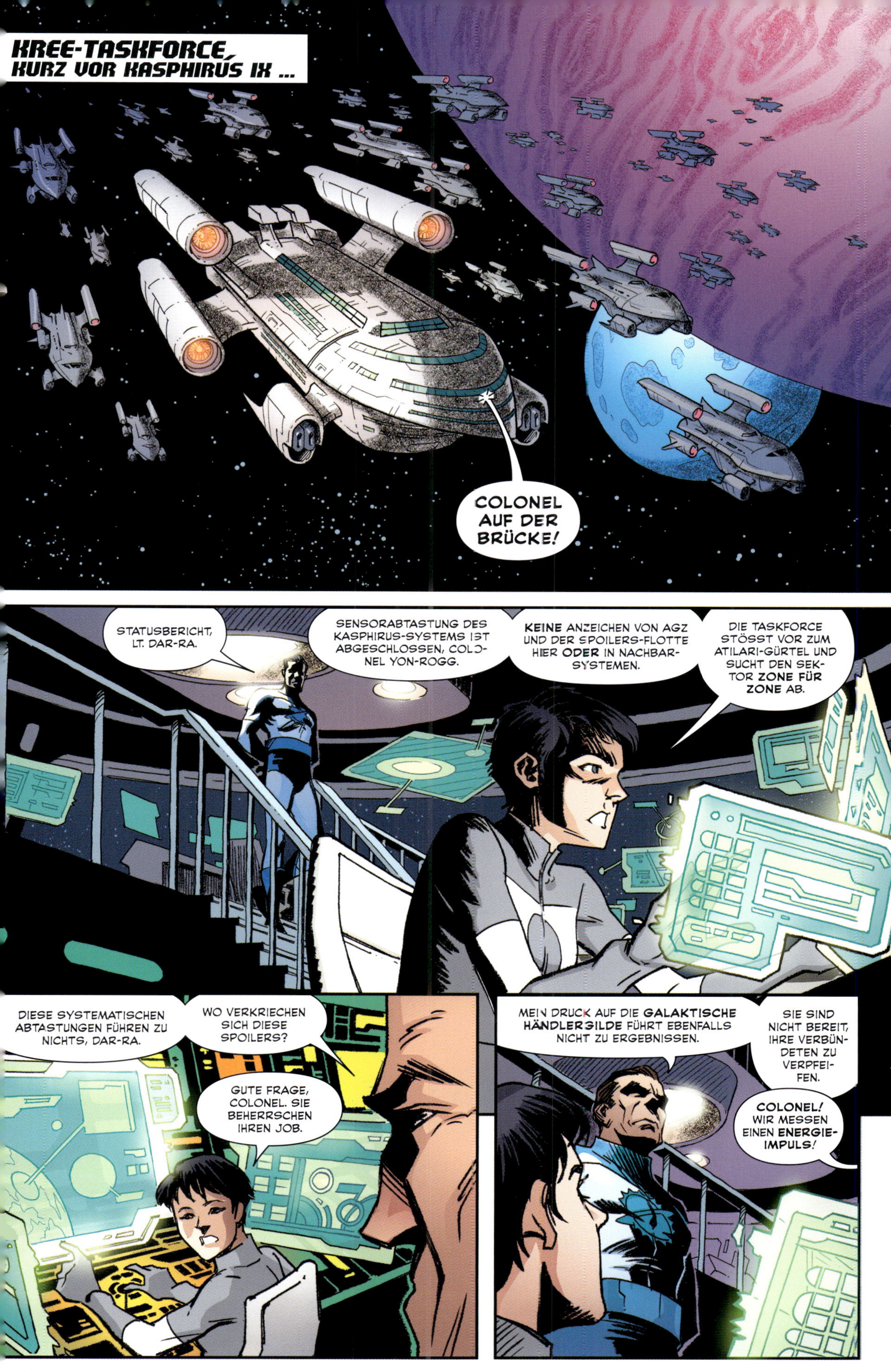
KREE-TASKFORCE, KURZ VOR KASPHIRUS IX ...
COLONEL AUF DER BRÜCKE!
STATUSBERICHT, LT. DAR-RA.
SENSORABTASTUNG DES KASPHIRUS-SYSTEMS IST ABGESCHLOSSEN, COLONEL YON-ROGG.
KEINE ANZEICHEN VON AGZ UND DER SPOILERS-FLOTTE HIER ODER IN NACHBARSYSTEMEN.
DIE TASKFORCE STÖSST VOR ZUM ATILARI-GÜRTEL UND SUCHT DEN SEKTOR ZONE FÜR ZONE AB.
DIESE SYSTEMATISCHEN ABTASTUNGEN FÜHREN ZU NICHTS, DAR-RA.
WO VERKRIECHEN SICH DIESE SPOILERS?
GUTE FRAGE, COLONEL. SIE BEHERRSCHEN IHREN JOB.
MEIN DRUCK AUF DIE GALAKTISCHE HÄNDLERGILDE FÜHRT EBENFALLS NICHT ZU ERGEBNISSEN.
SIE SIND NICHT BEREIT, IHRE VERBÜNDETEN ZU VERPFEIFEN.
COLONEL! WIR MESSEN EINEN ENERGIEIMPULS!

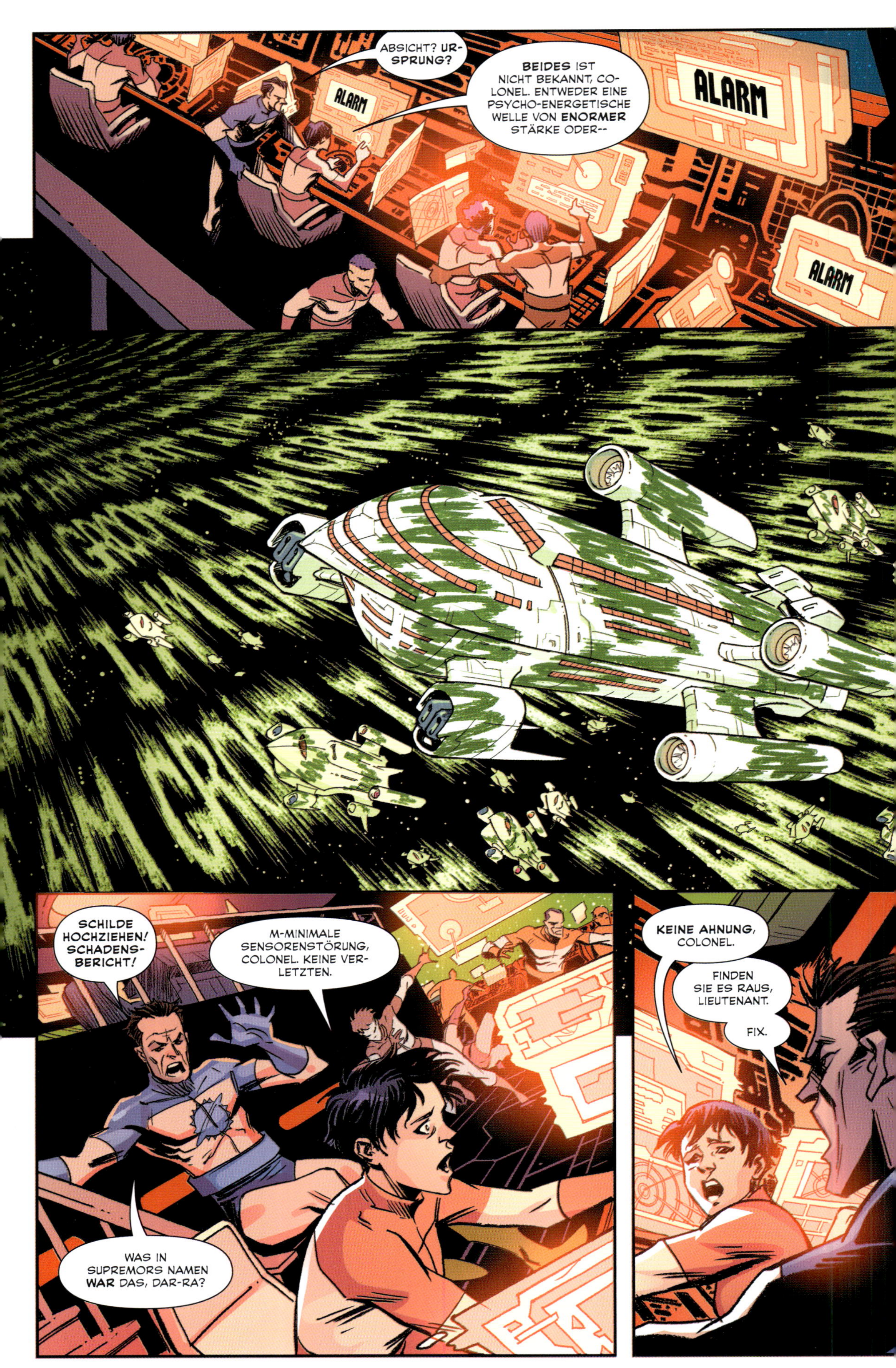
ABSICHT? URSPRUNG?
BEIDES IST NICHT BEKANNT, COLONEL. ENTWEDER EINE PSYCHO-ENERGETISCHE WELLE VON ENORMER STÄRKE ODER--
ALARM
ALARM
ALARM
SCHILDE HOCHZIEHEN! SCHADENSBERICHT!
M-MINIMALE SENSORENSTÖRUNG, COLONEL. KEINE VERLETZTEN.
WAS IN SUPREMORS NAMEN WAR DAS, DAR-RA?
KEINE AHNUNG, COLONEL.
FINDEN SIE ES RAUS, LIEUTENANT.
FIX.

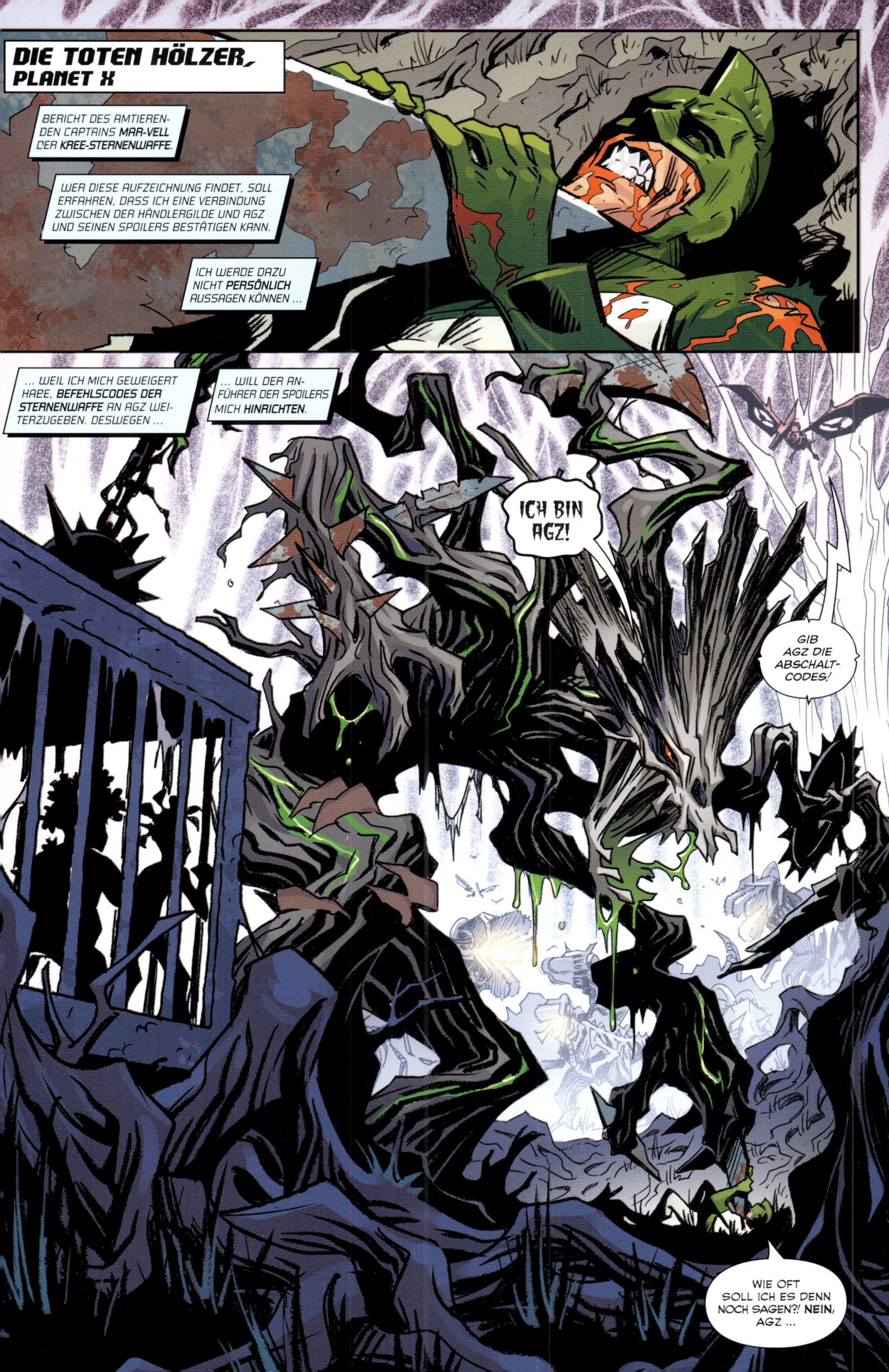
DIE TOTEN HÖLZER, PLANET X
BERICHT DES AMTIEREN-DEN CAPTAINS MAR-VELL DER KREE-STERNENWAFFE.
WER DIESE AUFZEICHNUNG FINDET, SOLL ERFAHREN, DASS ICH EINE VERBINDUNG ZWISCHEN DER HÄNDLERGILDE UND AGZ UND SEINEN SPOILERS BESTÄTIGEN KANN.
ICH WERDE DAZU NICHT PERSÖNLICH AUSSAGEN KÖNNEN ...
... WEIL ICH MICH GEWEIGERT HABE, BEFEHLSCODES DER STERNENWAFFE AN AGZ WEI-TERZUGEBEN. DESWEGEN ...
... WILL DER AN-FÜHRER DER SPOILERS MICH HINRICHTEN.
ICH BIN AGZ!
GIB AGZ DIE ABSCHALT-CODES!
WIE OFT SOLL ICH ES DENN NOCH SAGEN?! NEIN, AGZ ...

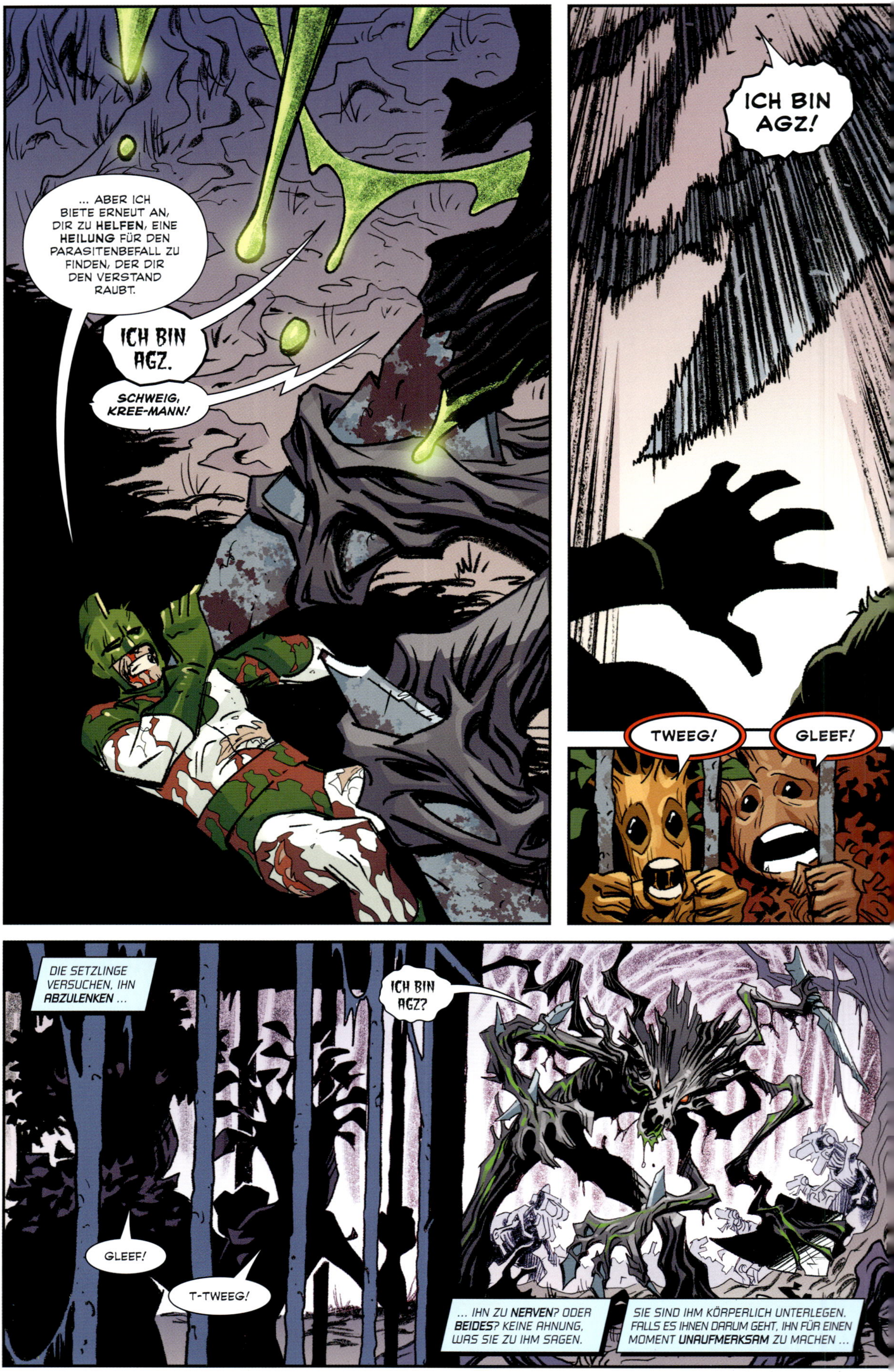

... ABER ICH BIETE ERNEUT AN, DIR ZU **HELFEN**, EINE **HEILUNG** FÜR DEN PARASITENBEFALL ZU FINDEN, DER DIR DEN VERSTAND RAUBT.

ICH BIN AGZ.

SCHWEIG, KREE-MANN!

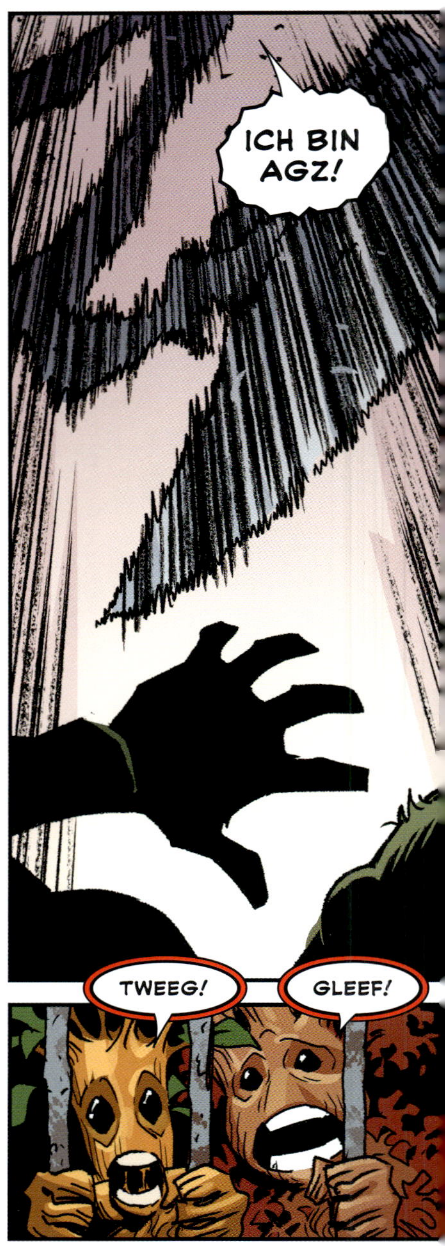

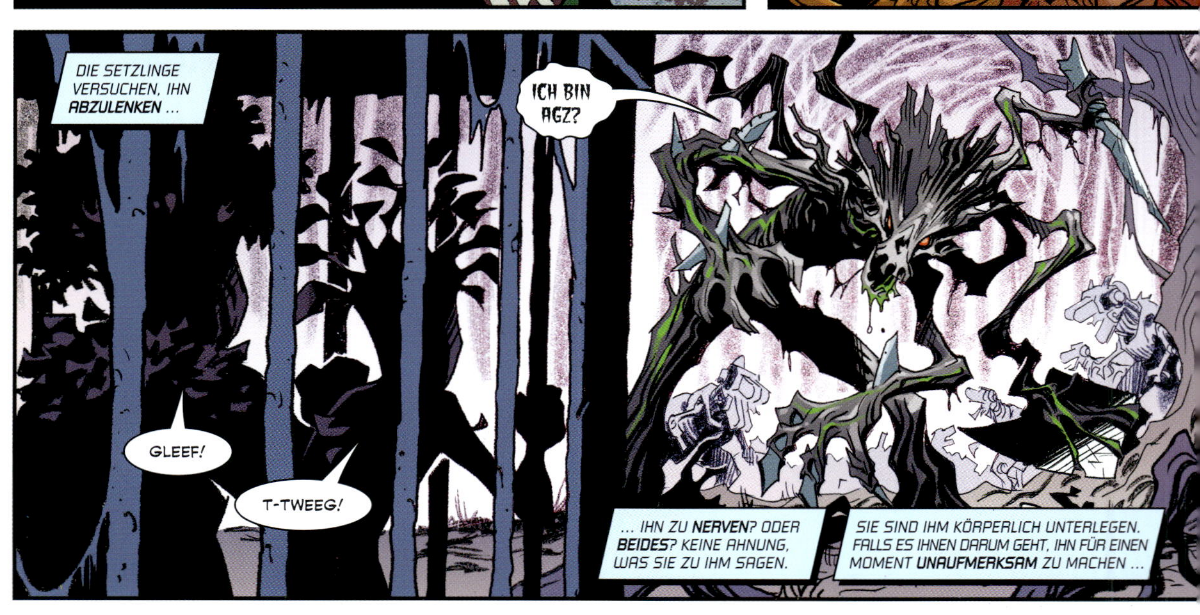

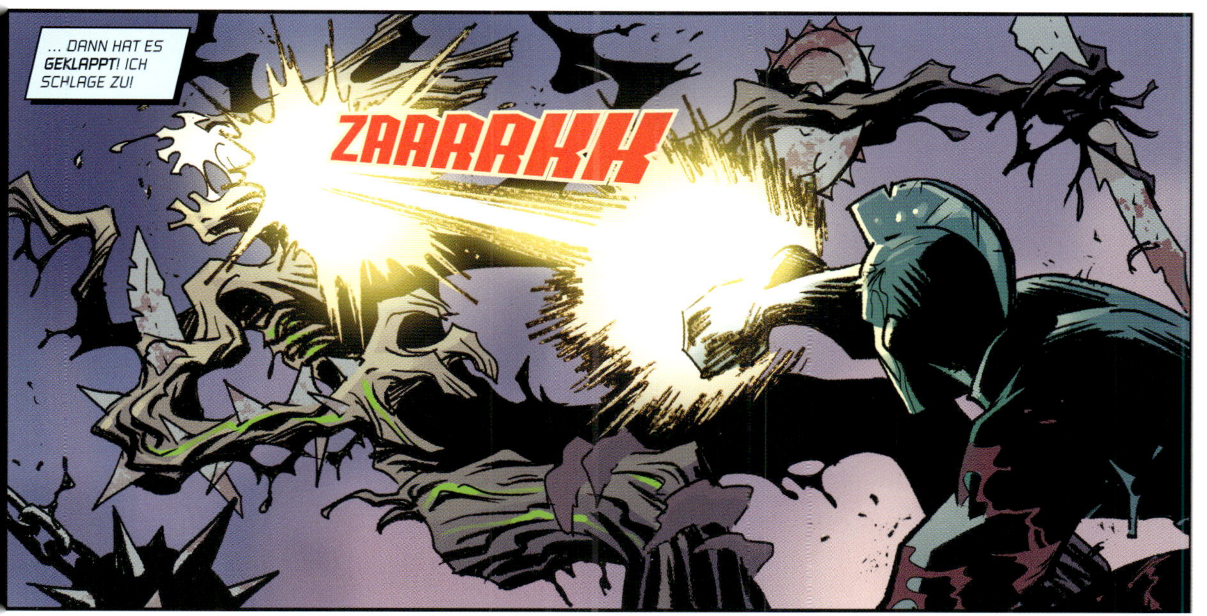
... DANN HAT ES **GEKLAPPT**! ICH SCHLAGE ZU!
ZAARRRKK

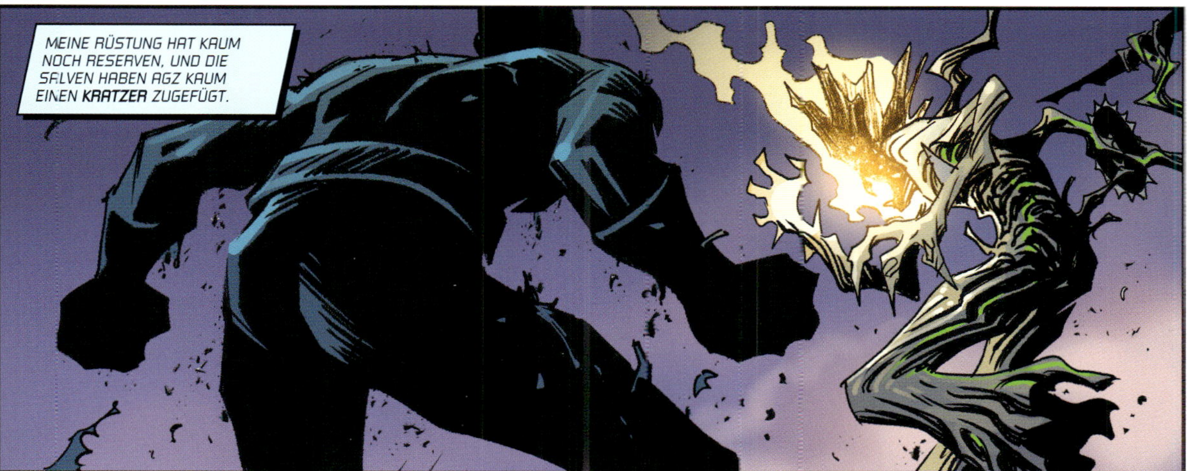
MEINE RÜSTUNG HAT KAUM NOCH RESERVEN, UND DIE SALVEN HABEN AGZ KAUM EINEN **KRATZER** ZUGEFÜGT.

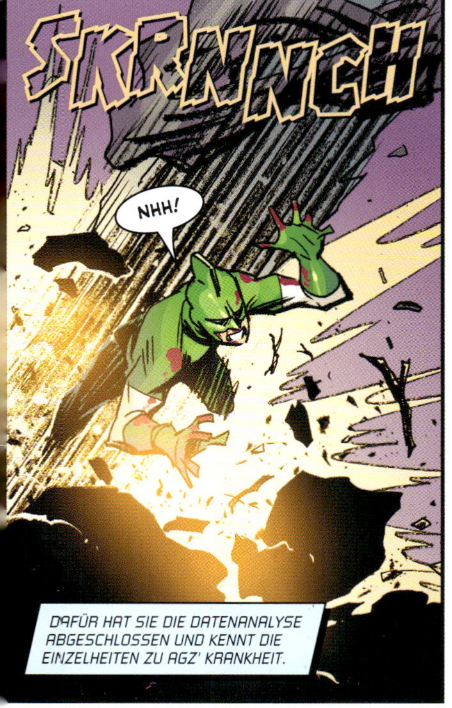
SKRNNCH
NHH!
DAFÜR HAT SIE DIE DATENANALYSE ABGESCHLOSSEN UND KENNT DIE EINZELHEITEN ZU AGZ' KRANKHEIT.

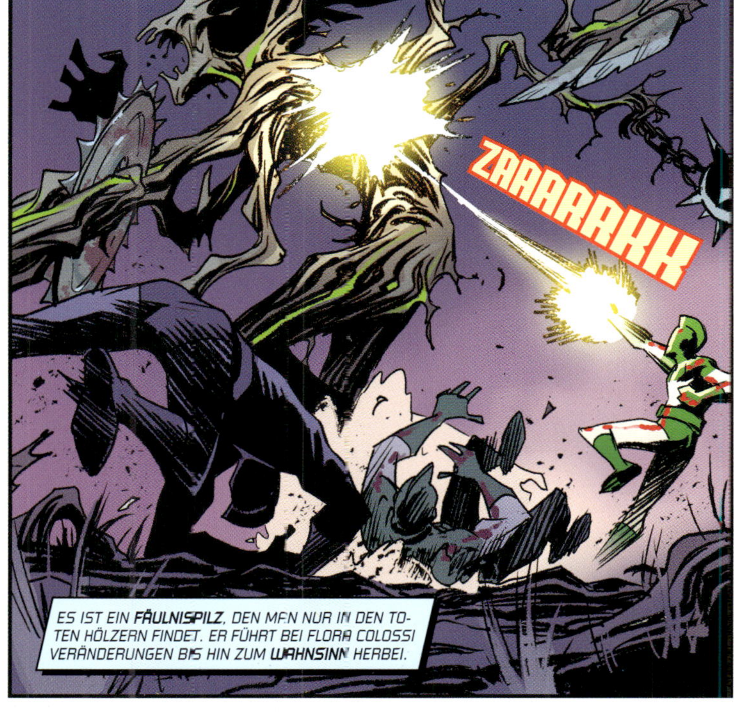
ZAAAARKK
ES IST EIN **FÄULNISPILZ**, DEN MAN NUR IN DEN TOTEN HÖLZERN FINDET. ER FÜHRT BEI FLORA COLOSSI VERÄNDERUNGEN BIS HIN ZUM **WAHNSINN** HERBEI.

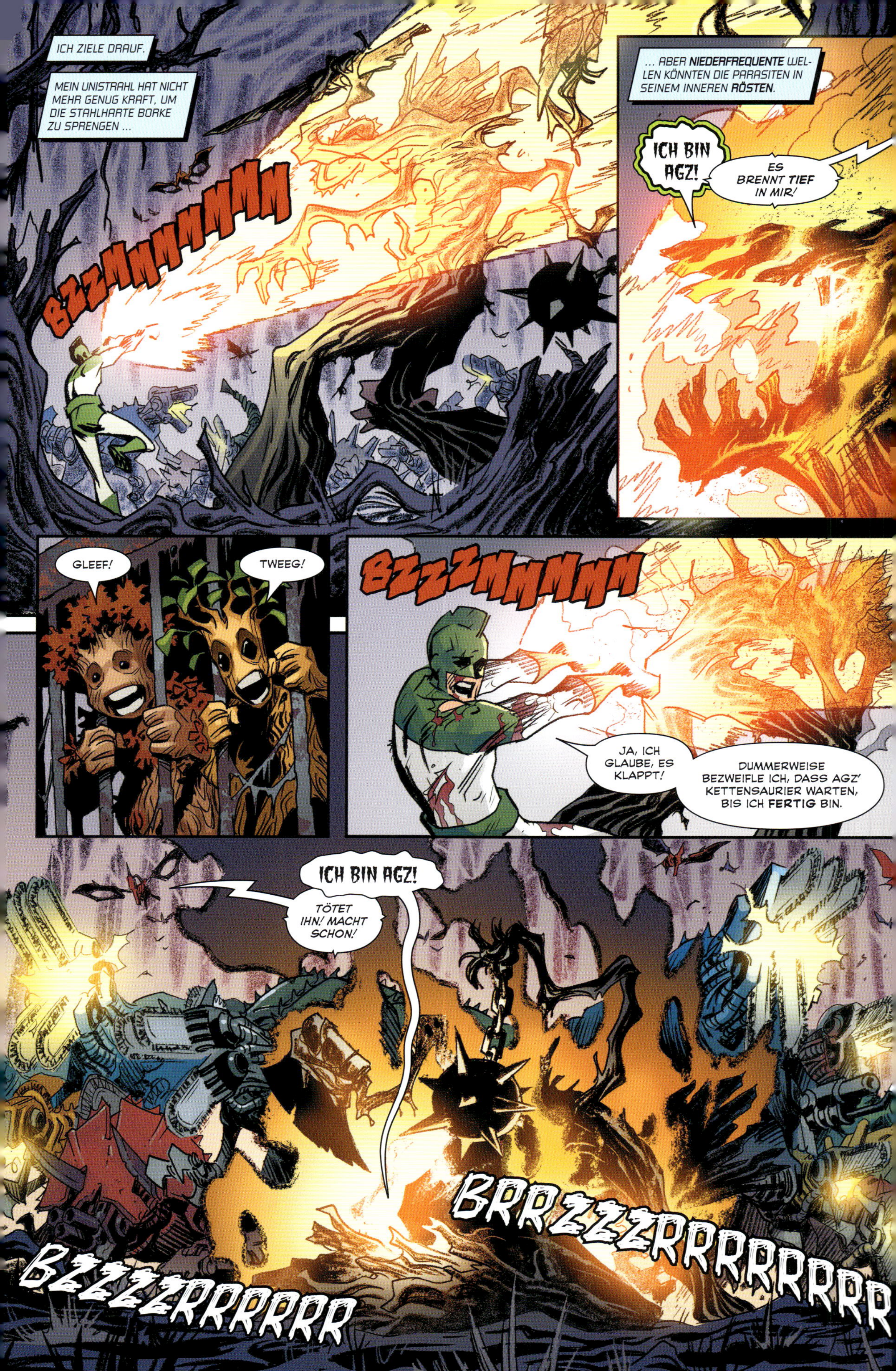
ICH ZIELE DRAUF.
MEIN UNISTRAHL HAT NICHT MEHR GENUG KRAFT, UM DIE STAHLHARTE BORKE ZU SPRENGEN ...
BZZMMMMMMM
... ABER NIEDERFREQUENTE WELLEN KÖNNTEN DIE PARASITEN IN SEINEM INNEREN RÖSTEN.
ICH BIN AGZ!
ES BRENNT TIEF IN MIR!
GLEEF!
TWEEG!
BZZZMMMMMM
JA, ICH GLAUBE, ES KLAPPT!
DUMMERWEISE BEZWEIFLE ICH, DASS AGZ' KETTENSAURIER WARTEN, BIS ICH FERTIG BIN.
ICH BIN AGZ!
TÖTET IHN! MACHT SCHON!
BRRZZZRRRRRRRR
BZZZZRRRRRRR

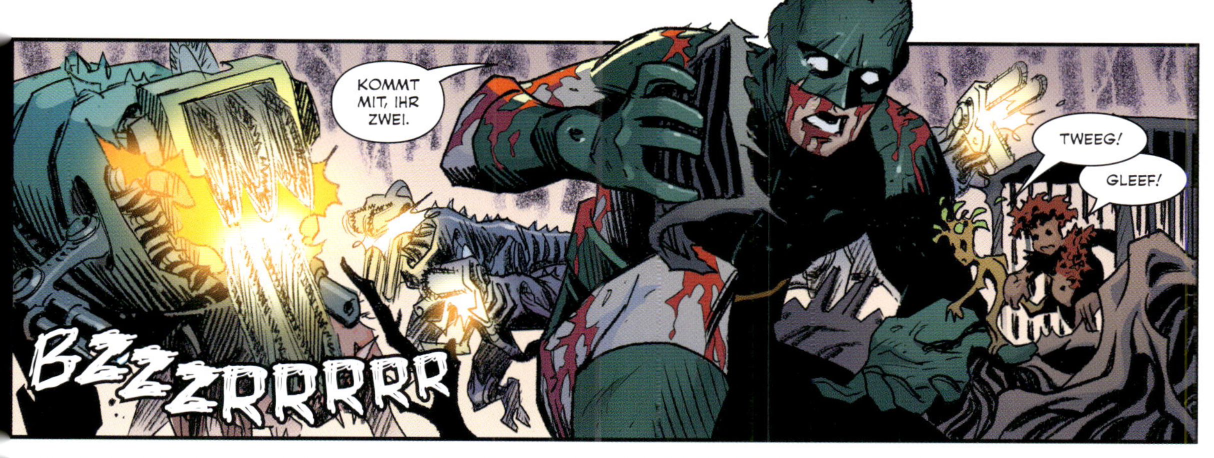
KOMMT MIT, IHR ZWEI.
TWEEG!
GLEEF!
BZZZRRRRRR

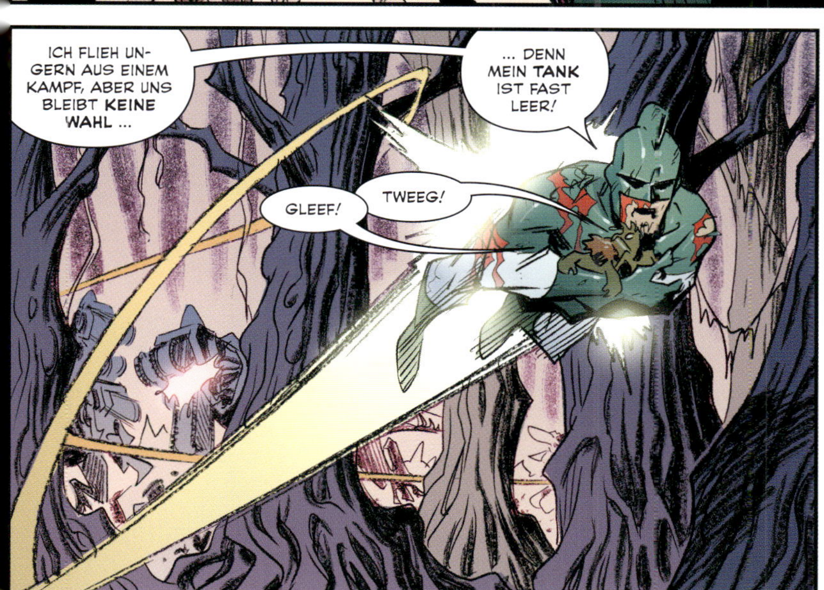
ICH FLIEH UNGERN AUS EINEM KAMPF, ABER UNS BLEIBT KEINE WAHL ...
... DENN MEIN TANK IST FAST LEER!
GLEEF!
TWEEG!

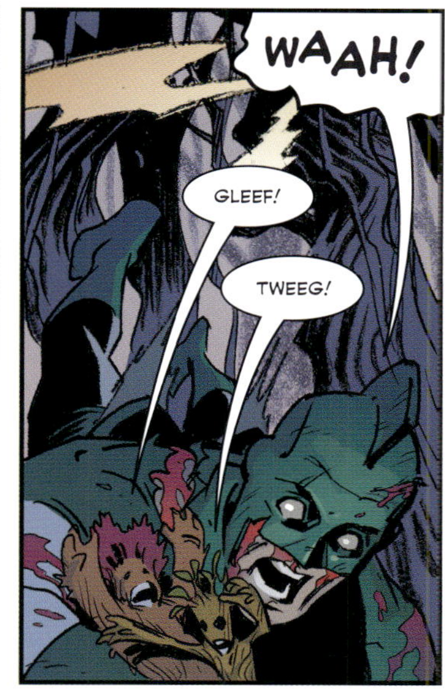
WAAH!
GLEEF!
TWEEG!

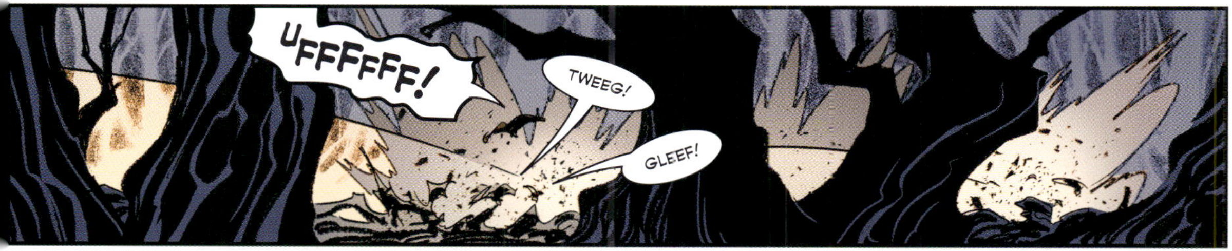
UFFFFFF!
TWEEG!
GLEEF!

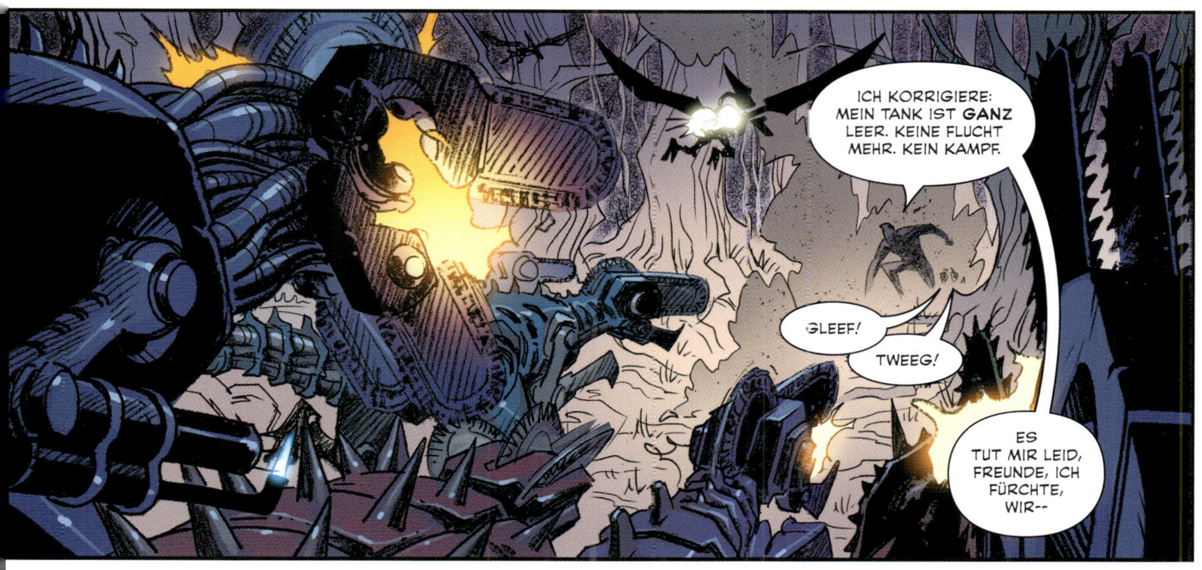
ICH KORRIGIERE: MEIN TANK IST GANZ LEER. KEINE FLUCHT MEHR. KEIN KAMPF.
GLEEF!
TWEEG!
ES TUT MIR LEID, FREUNDE, ICH FÜRCHTE, WIR--

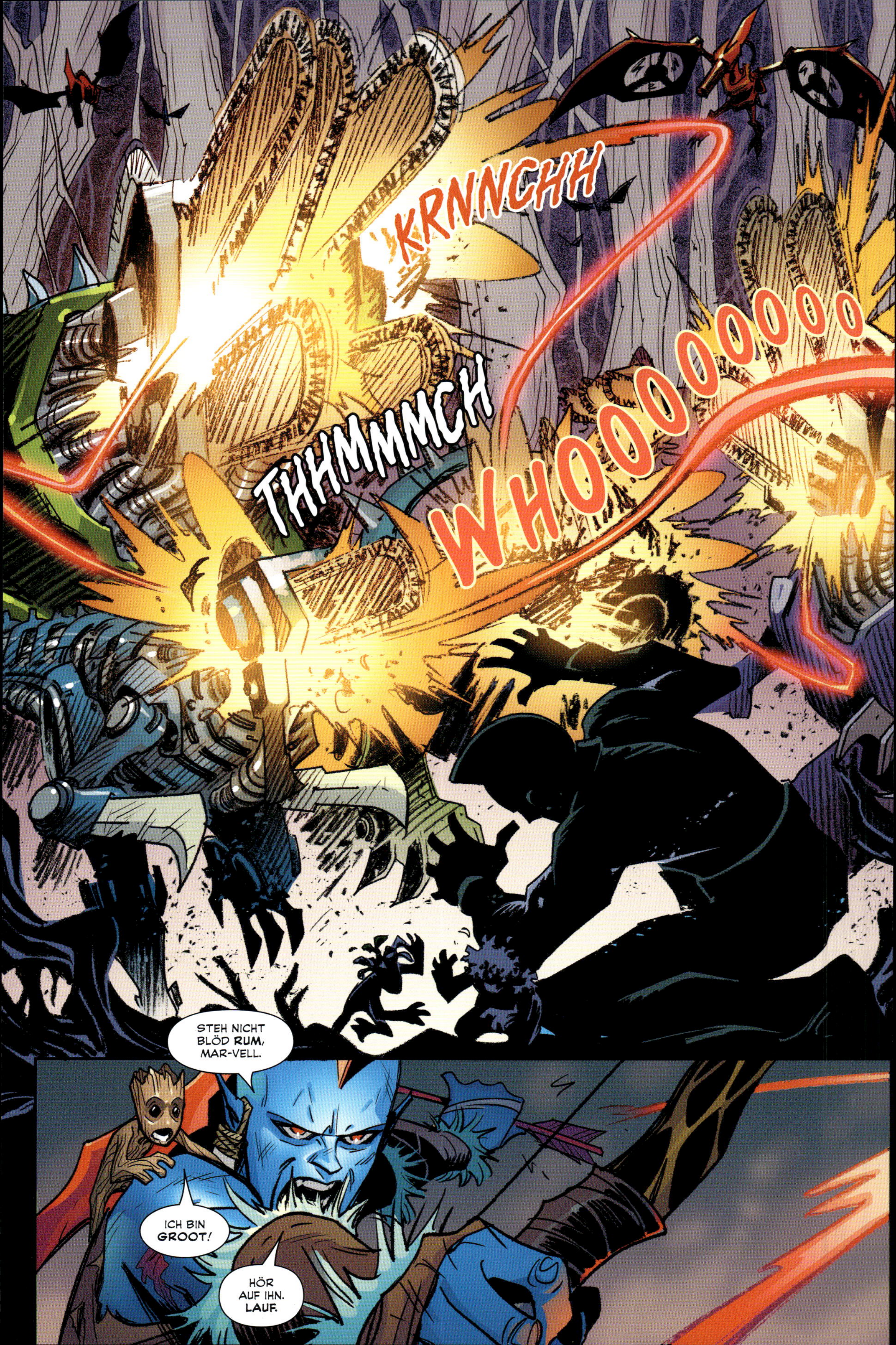
KRNNCHH
THHMMMCH
WHOOOOOOOOO
STEH NICHT BLÖD RUM, MAR-VELL.
ICH BIN GROOT!
HÖR AUF IHN. LAUF.

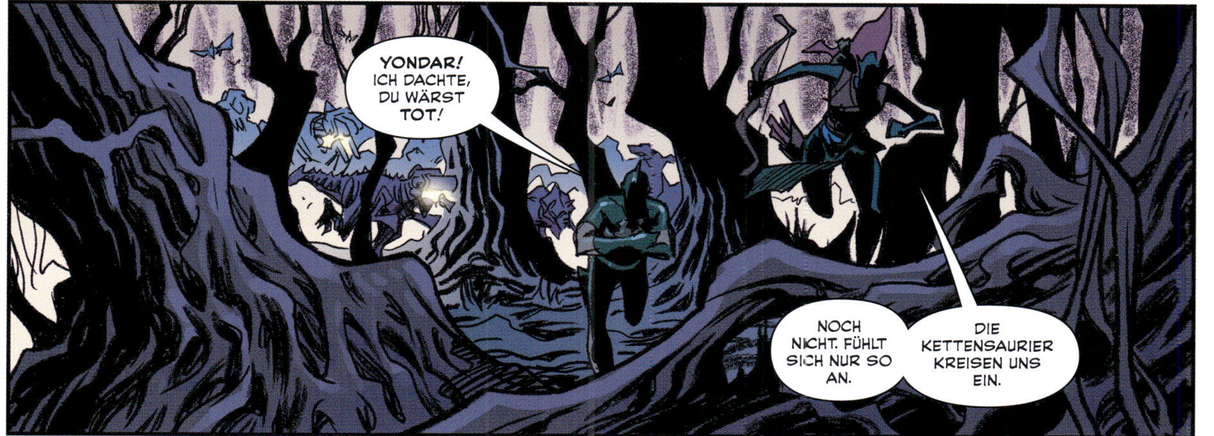
YONDAR! ICH DACHTE, DU WÄRST TOT!
NOCH NICHT. FÜHLT SICH NUR SO AN.
DIE KETTENSAURIER KREISEN UNS EIN.

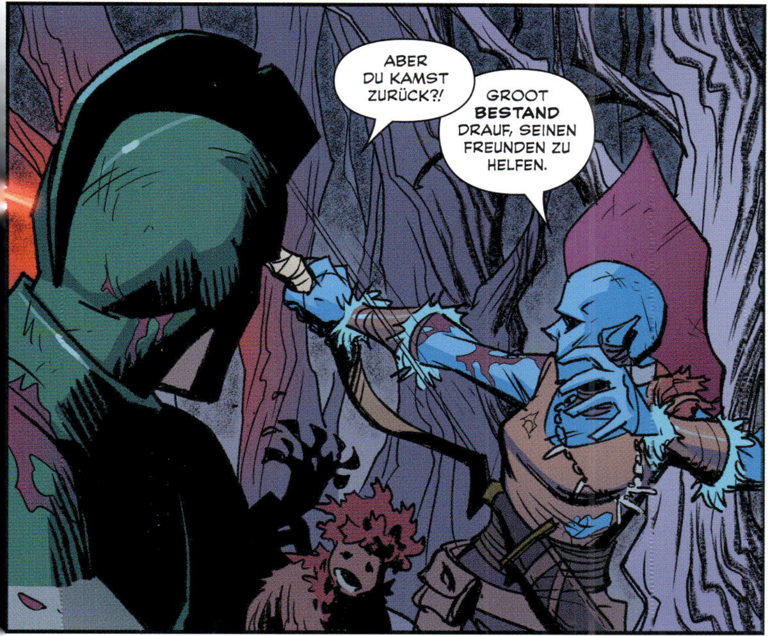
ABER DU KAMST ZURÜCK?!
GROOT BESTAND DRAUF, SEINEN FREUNDEN ZU HELFEN.

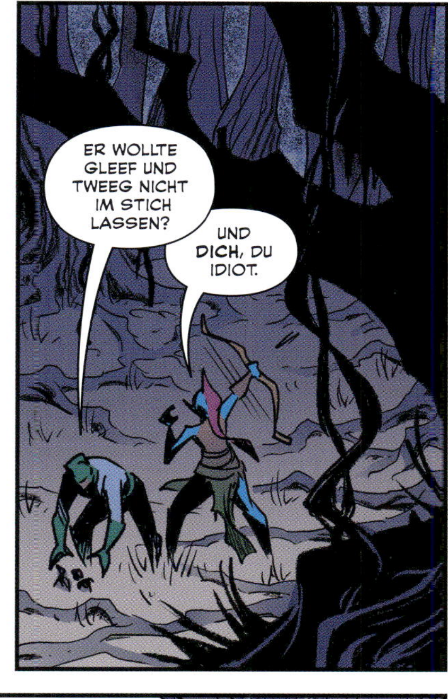
ER WOLLTE GLEEF UND TWEEG NICHT IM STICH LASSEN?
UND DICH, DU IDIOT.

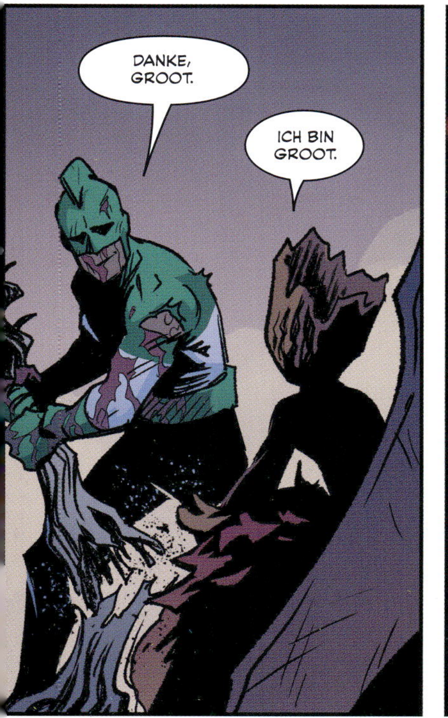
DANKE, GROOT.
ICH BIN GROOT.

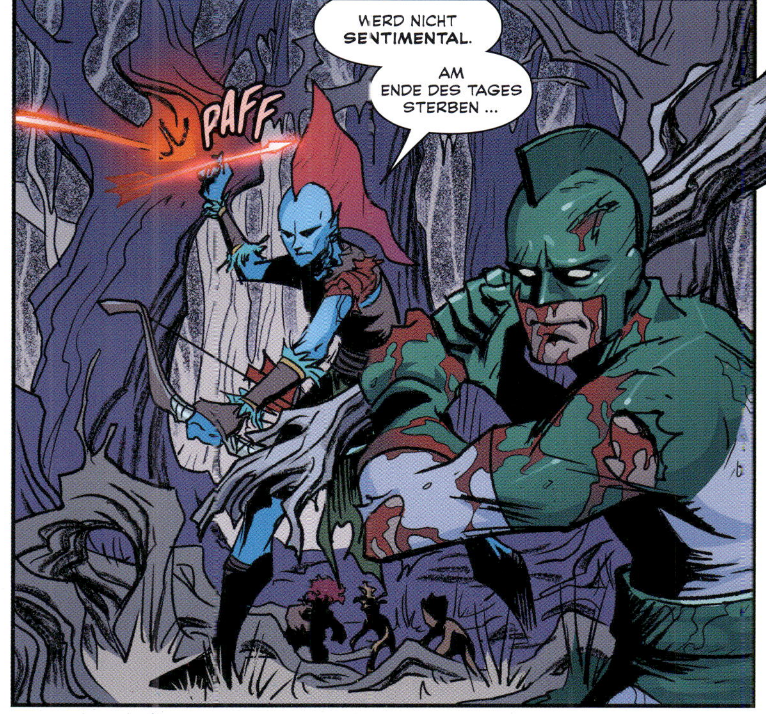
PAFF
WERD NICHT SENTIMENTAL.
AM ENDE DES TAGES STERBEN ...

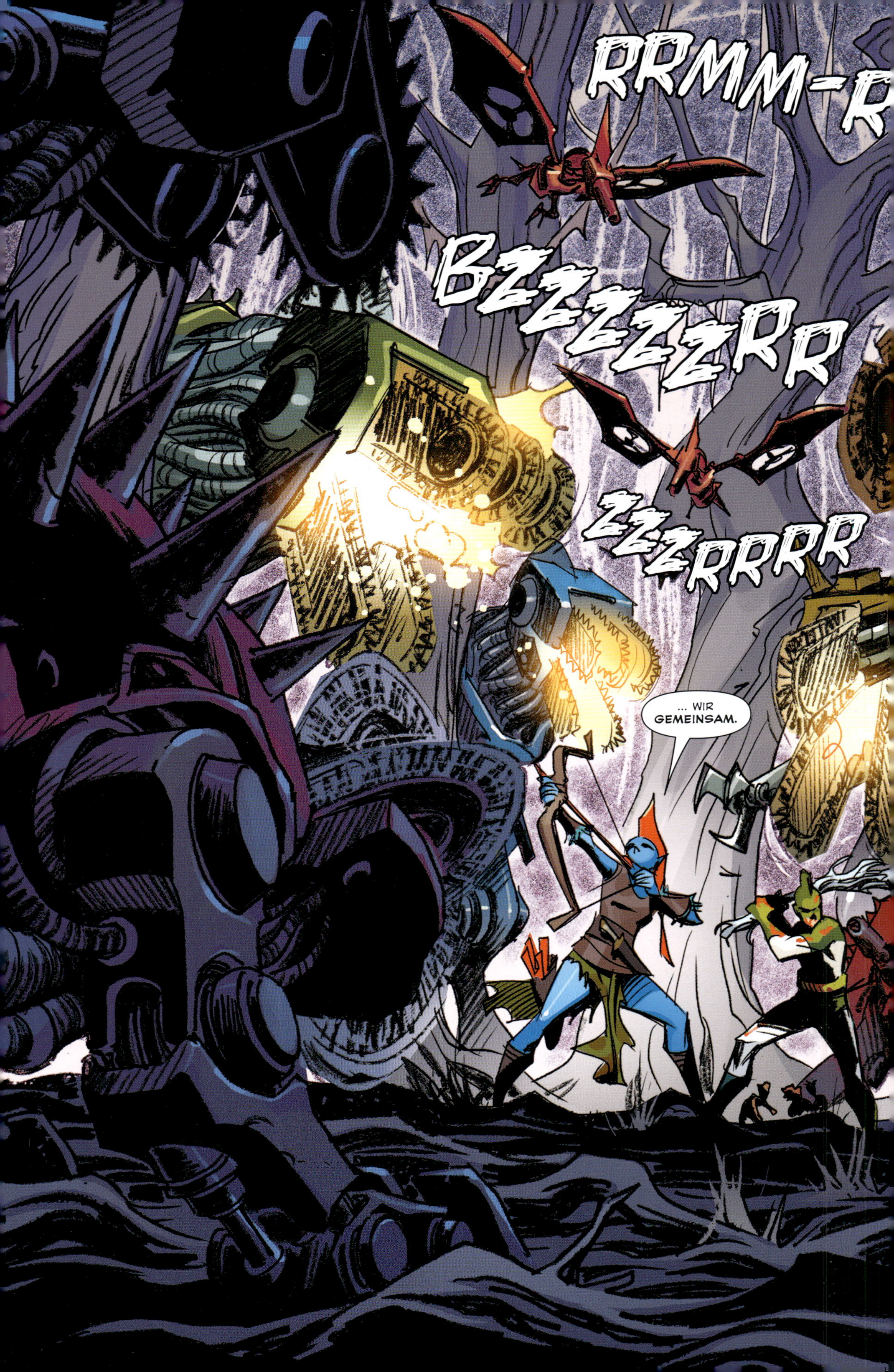
RRMM-R
BZZZZZZRR
ZZZRRRRR
... WIR GEMEINSAM.

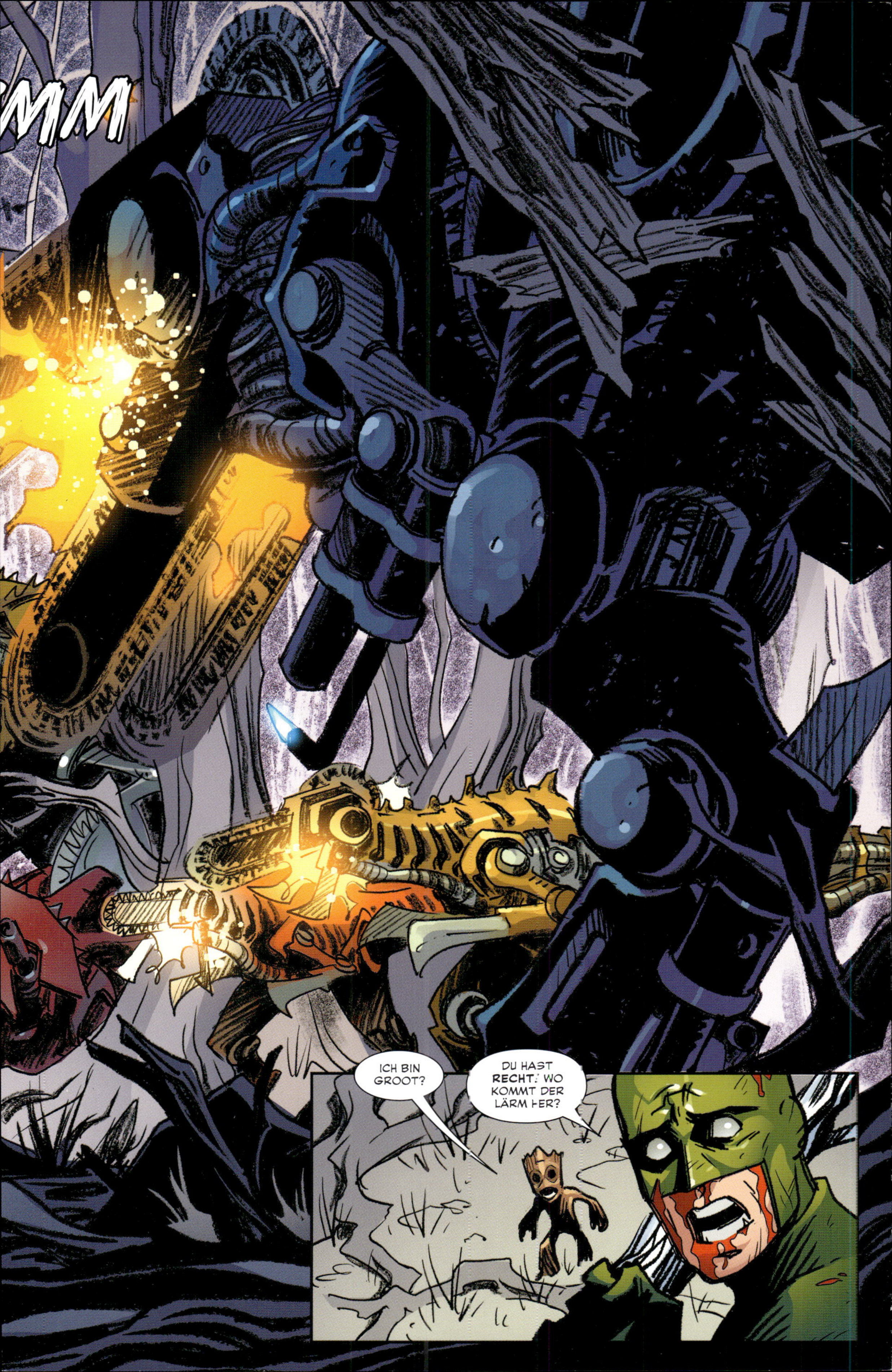
MM
ICH BIN GROOT?
DU HAST RECHT. WO KOMMT DER LÄRM HER?

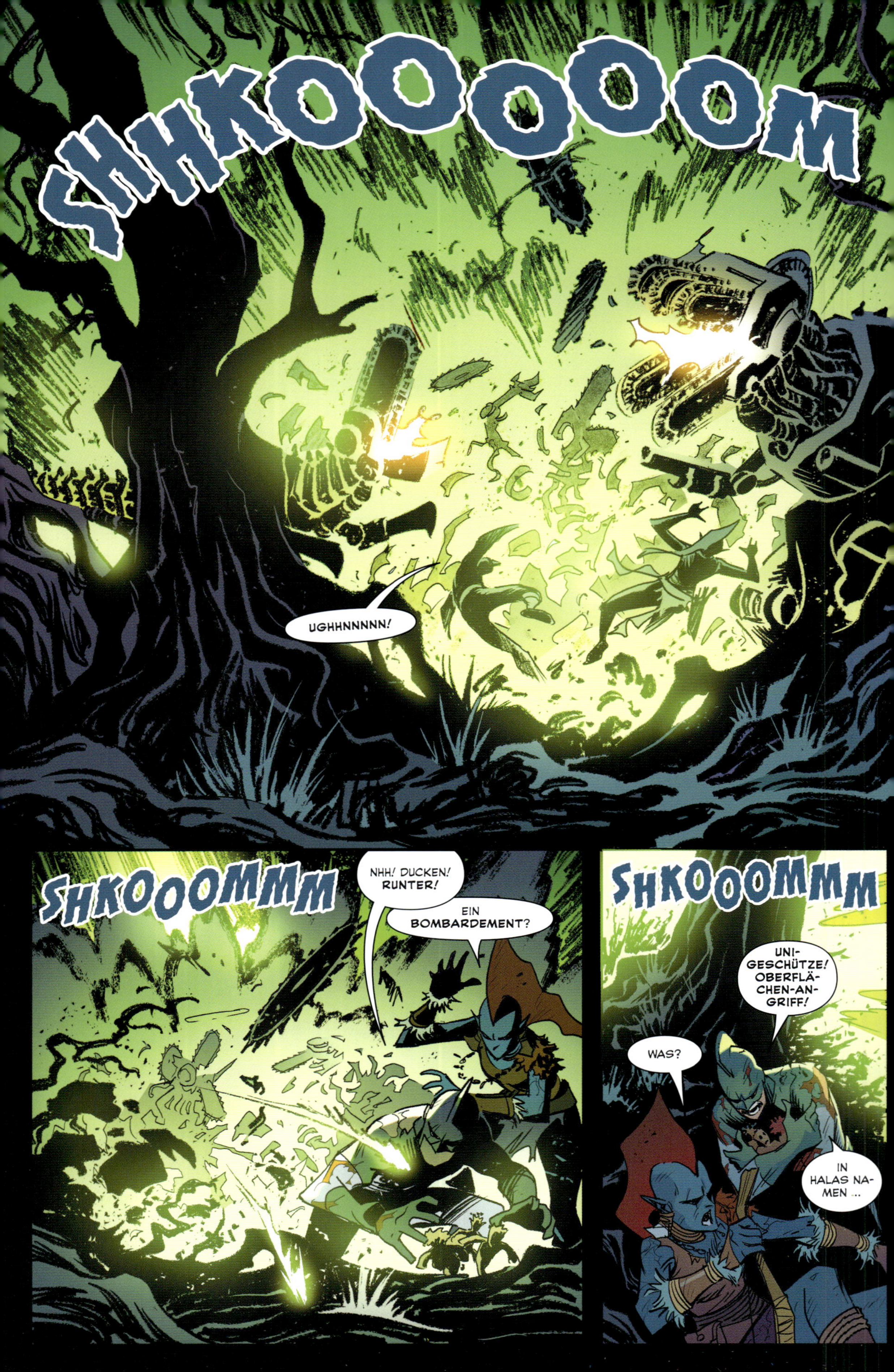
SHHKOOOOOOM
UGHHNNNNN!
SHKOOOMMM
NHH! DUCKEN! RUNTER!
EIN BOMBARDEMENT?
SHKOOOMMM
UNI-GESCHÜTZE! OBERFLÄ-CHEN-AN-GRIFF!
WAS?
IN HALAS NA-MEN ...

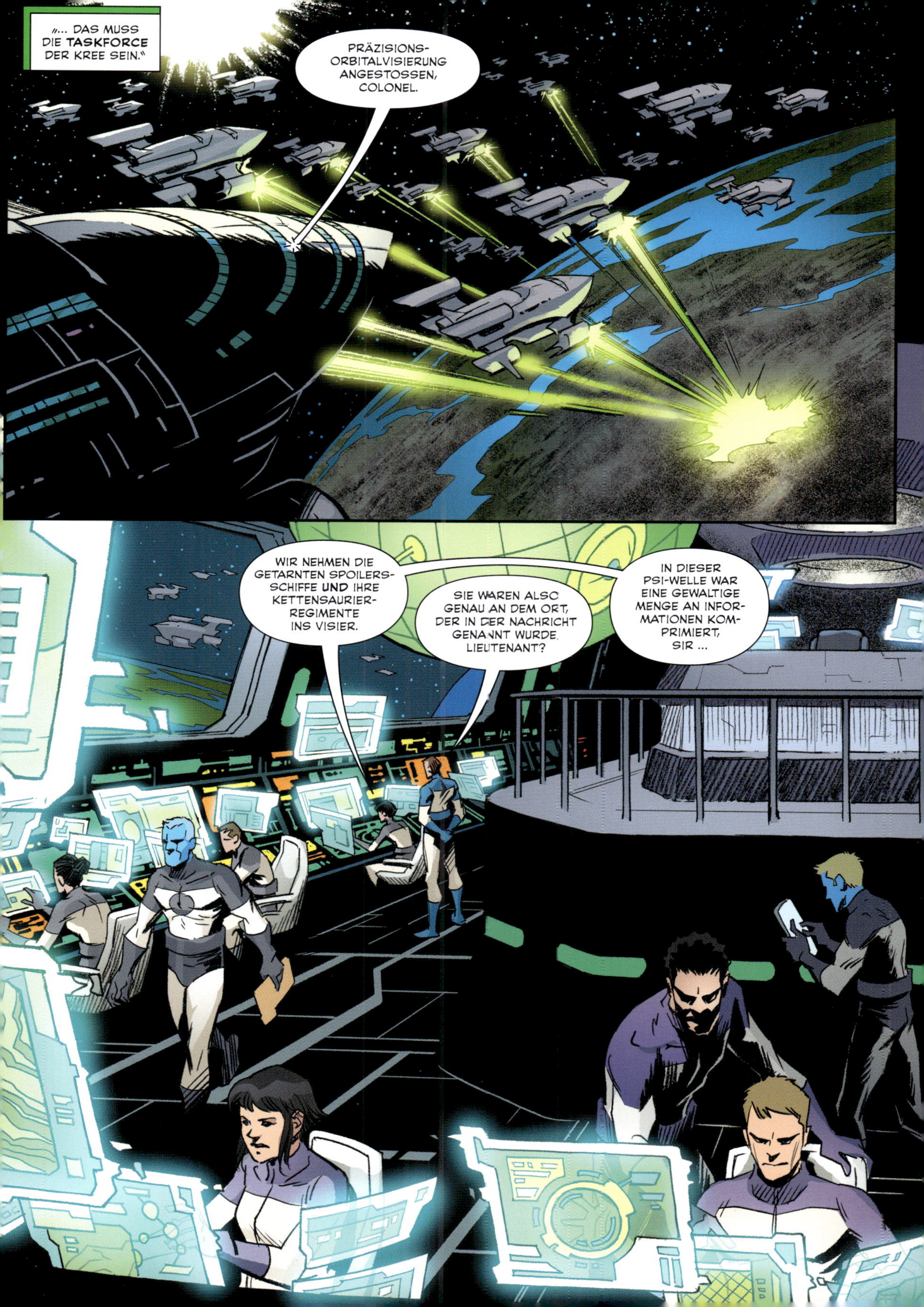
„... DAS MUSS DIE **TASKFORCE** DER KREE SEIN.“
PRÄZISIONS-ORBITALVISIERUNG ANGESTOSSEN, COLONEL.
WIR NEHMEN DIE GETARNTEN SPOILERS-SCHIFFE **UND** IHRE KETTENSAURIER-REGIMENTE INS VISIER.
SIE WAREN ALSO GENAU AN DEM ORT, DER IN DER NACHRICHT GENANNT WURDE, LIEUTENANT?
IN DIESER PSI-WELLE WAR EINE GEWALTIGE MENGE AN INFORMATIONEN KOMPRIMIERT, SIR ...

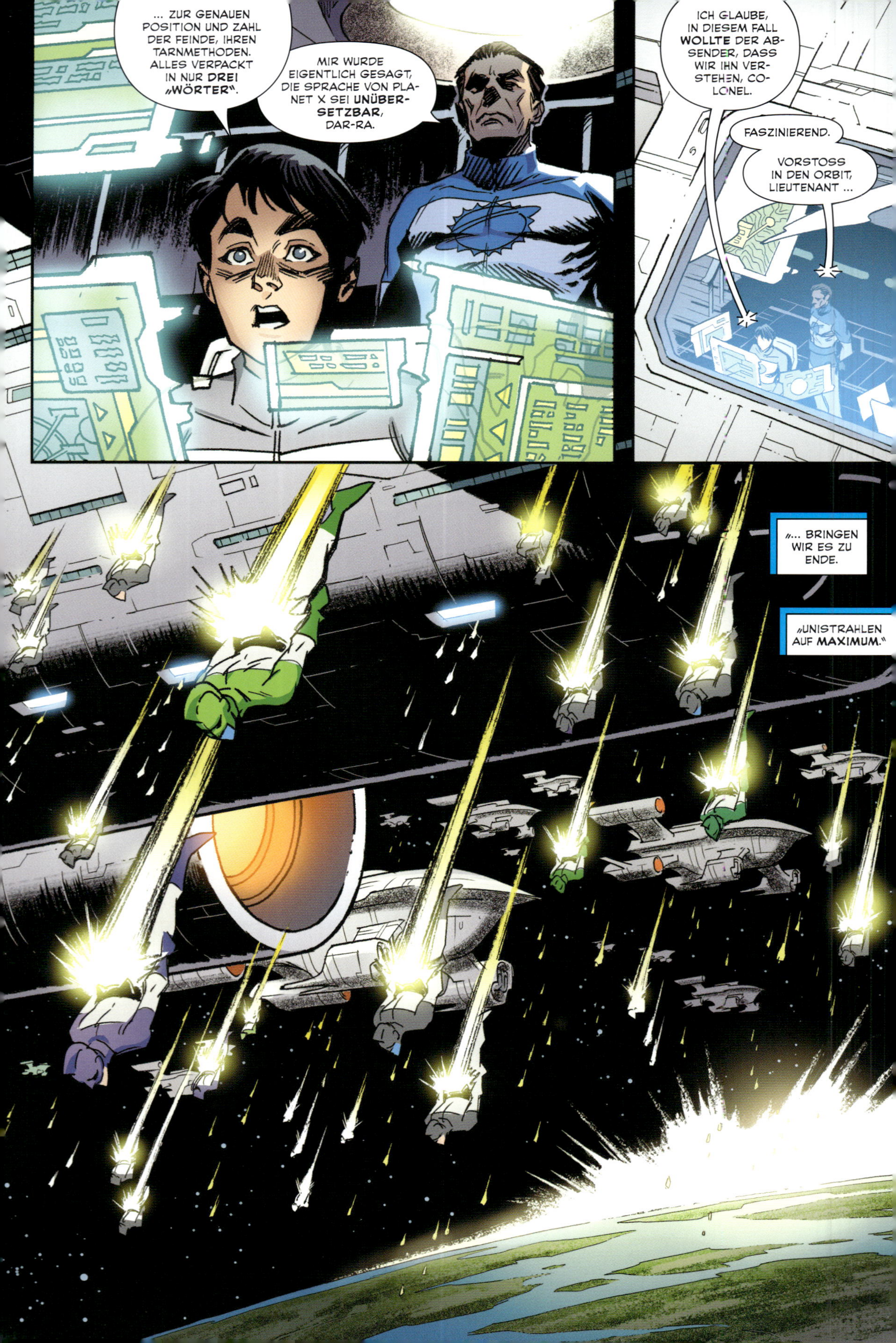
... ZUR GENAUEN POSITION UND ZAHL DER FEINDE, IHREN TARNMETHODEN. ALLES VERPACKT IN NUR **DREI „WÖRTER"**.
MIR WURDE EIGENTLICH GESAGT, DIE SPRACHE VON PLANET X SEI **UNÜBERSETZBAR**, DAR-RA.
ICH GLAUBE, IN DIESEM FALL **WOLLTE** DER ABSENDER, DASS WIR IHN VERSTEHEN, COLONEL.
FASZINIEREND.
VORSTOSS IN DEN ORBIT, LIEUTENANT ...
„... BRINGEN WIR ES ZU ENDE.
„UNISTRAHLEN AUF **MAXIMUM**."

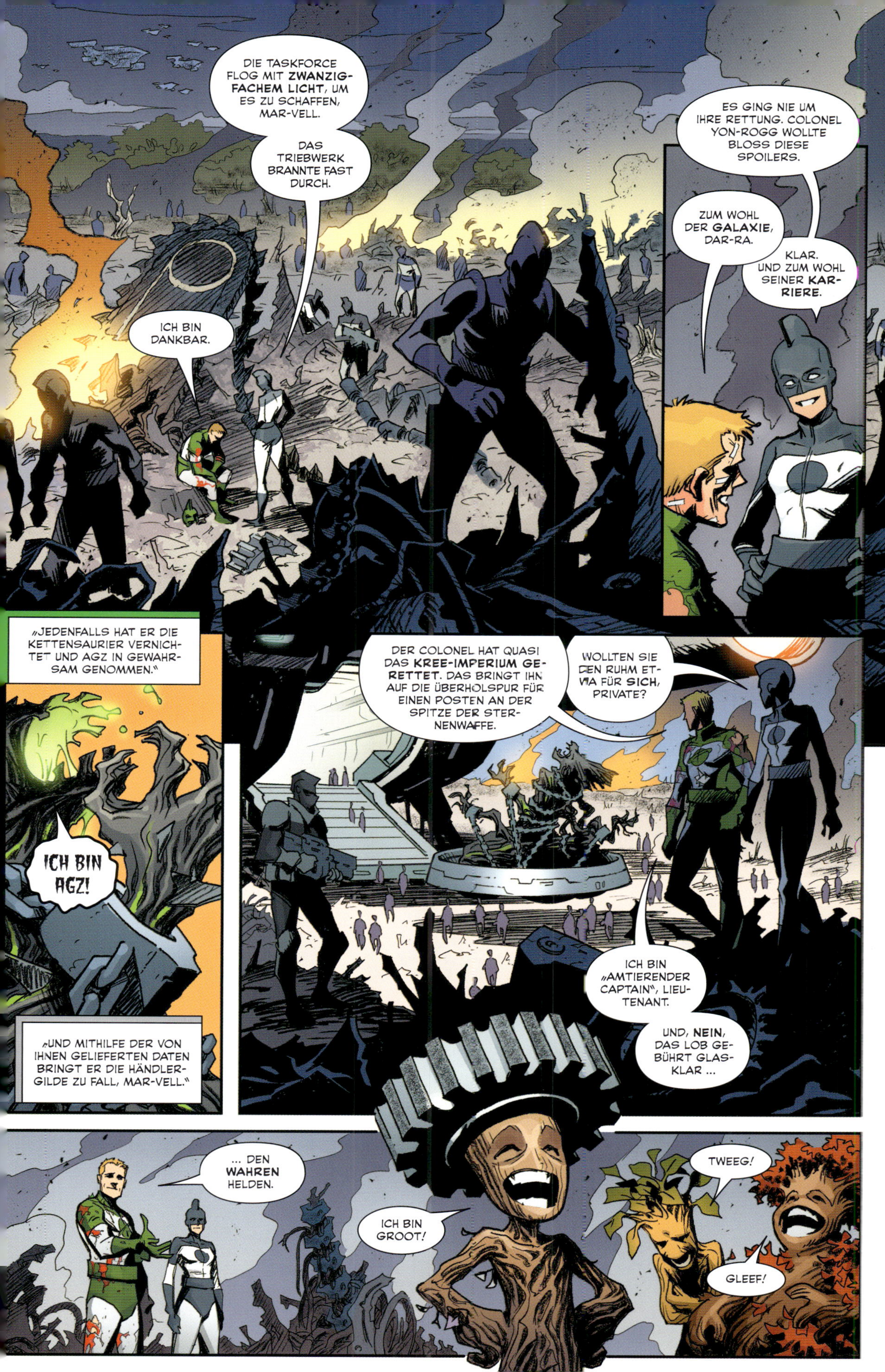

DIE TASKFORCE FLOG MIT **ZWANZIGFACHEM LICHT**, UM ES ZU SCHAFFEN, MAR-VELL.
DAS TRIEBWERK BRANNTE FAST DURCH.
ICH BIN DANKBAR.
ES GING NIE UM IHRE RETTUNG. COLONEL YON-ROGG WOLLTE BLOSS DIESE SPOILERS.
ZUM WOHL DER **GALAXIE**, DAR-RA.
KLAR. UND ZUM WOHL SEINER **KARRIERE**.
„JEDENFALLS HAT ER DIE KETTENSAURIER VERNICHTET UND AGZ IN GEWAHRSAM GENOMMEN."
ICH BIN AGZ!
„UND MITHILFE DER VON IHNEN GELIEFERTEN DATEN BRINGT ER DIE HÄNDLERGILDE ZU FALL, MAR-VELL."
DER COLONEL HAT QUASI DAS **KREE-IMPERIUM GERETTET**. DAS BRINGT IHN AUF DIE ÜBERHOLSPUR FÜR EINEN POSTEN AN DER SPITZE DER STERNENWAFFE.
WOLLTEN SIE DEN RUHM ETWA FÜR **SICH**, PRIVATE?
ICH BIN „AMTIERENDER CAPTAIN", LIEUTENANT.
UND, **NEIN**, DAS LOB GEBÜHRT GLASKLAR ...
... DEN **WAHREN** HELDEN.
ICH BIN GROOT!
TWEEG!
GLEEF!

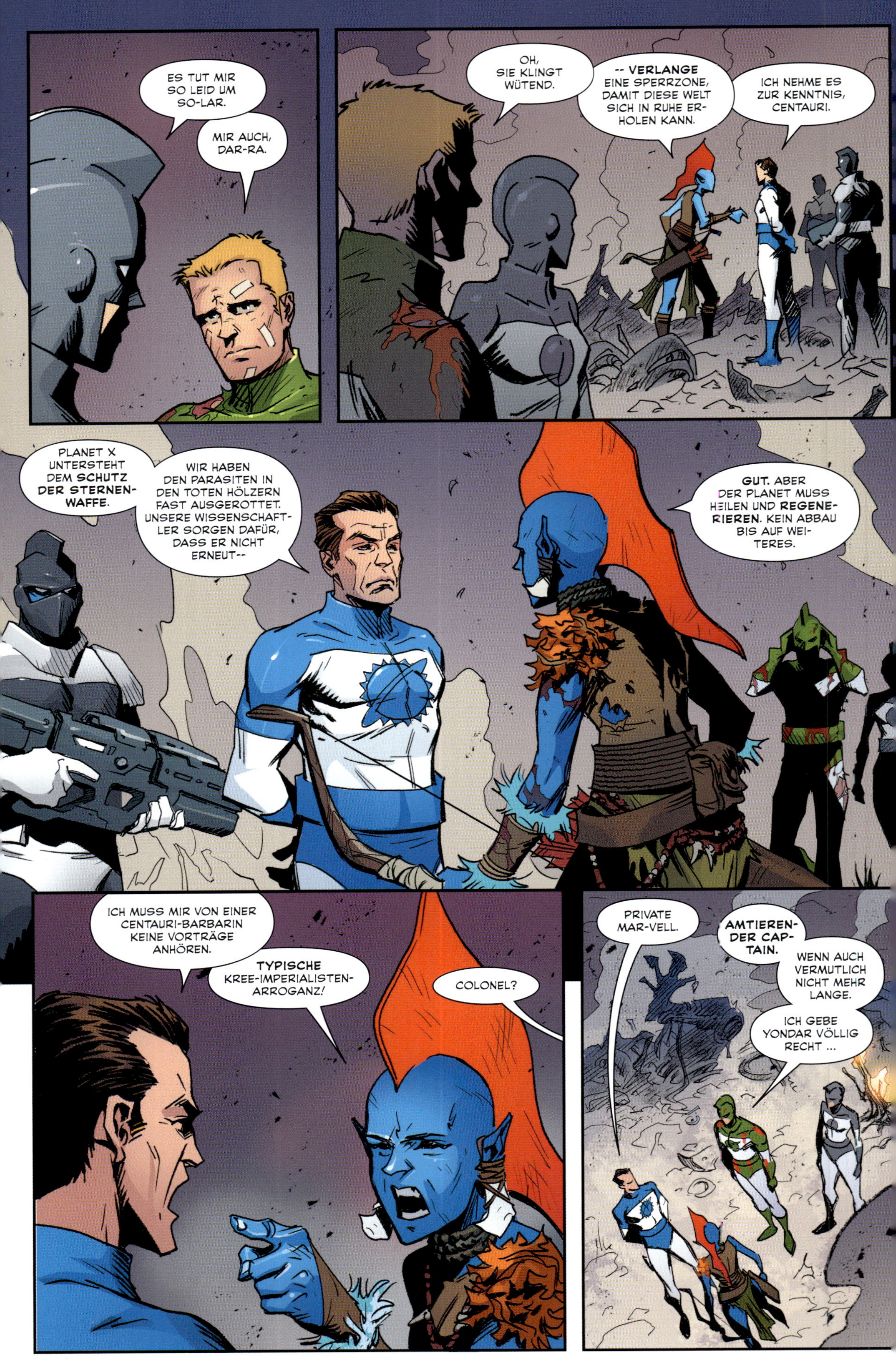
ES TUT MIR SO LEID UM SO-LAR.
MIR AUCH, DAR-RA.
OH, SIE KLINGT WÜTEND.
-- VERLANGE EINE SPERRZONE, DAMIT DIESE WELT SICH IN RUHE ERHOLEN KANN.
ICH NEHME ES ZUR KENNTNIS, CENTAURI.
PLANET X UNTERSTEHT DEM SCHUTZ DER STERNENWAFFE.
WIR HABEN DEN PARASITEN IN DEN TOTEN HÖLZERN FAST AUSGEROTTET. UNSERE WISSENSCHAFTLER SORGEN DAFÜR, DASS ER NICHT ERNEUT--
GUT. ABER DER PLANET MUSS HEILEN UND REGENERIEREN. KEIN ABBAU BIS AUF WEITERES.
ICH MUSS MIR VON EINER CENTAURI-BARBARIN KEINE VORTRÄGE ANHÖREN.
TYPISCHE KREE-IMPERIALISTEN-ARROGANZ!
COLONEL?
PRIVATE MAR-VELL.
AMTIERENDER CAPTAIN.
WENN AUCH VERMUTLICH NICHT MEHR LANGE.
ICH GEBE YONDAR VÖLLIG RECHT ...

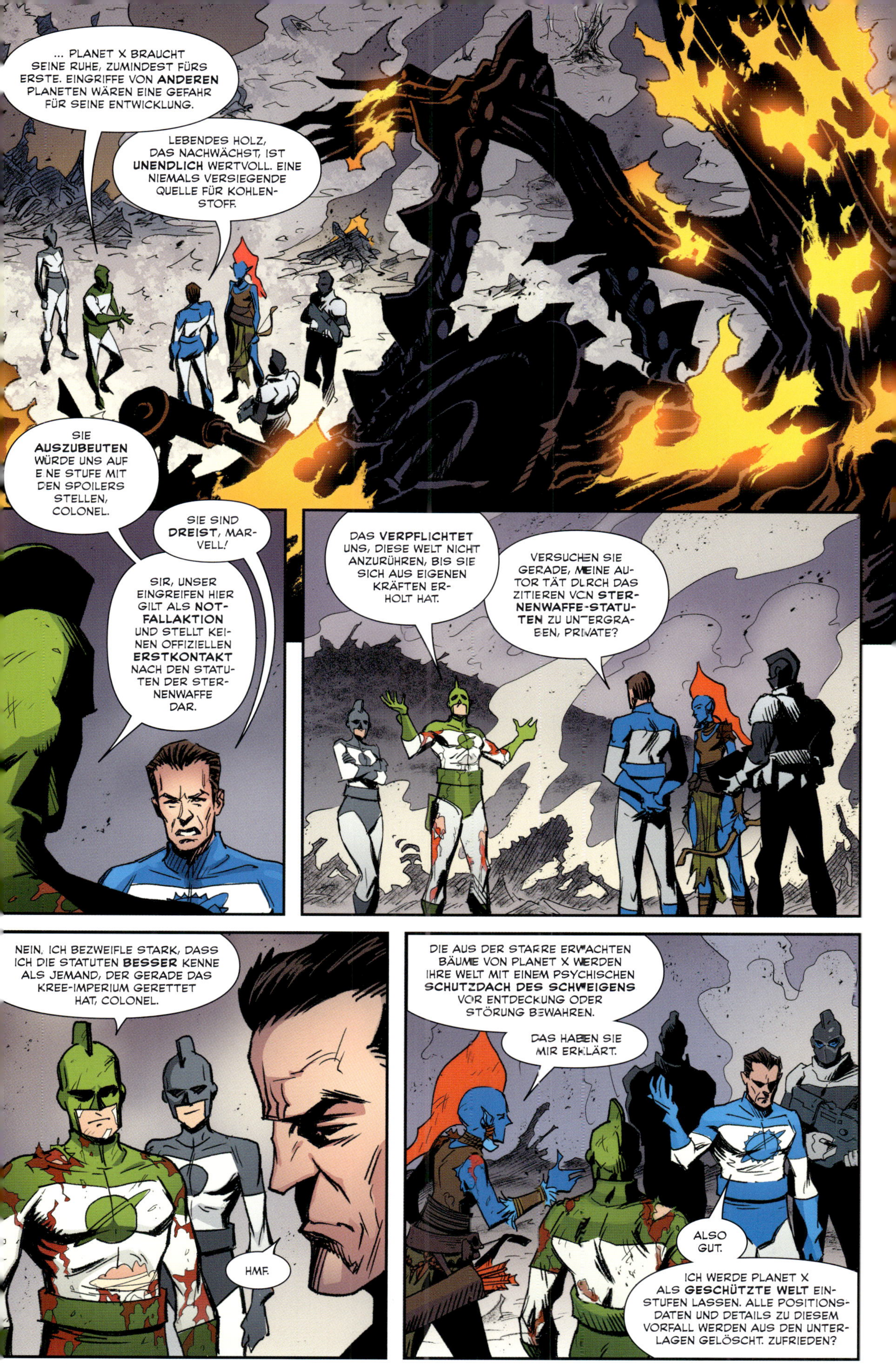

... PLANET X BRAUCHT SEINE RUHE, ZUMINDEST FÜRS ERSTE. EINGRIFFE VON **ANDEREN** PLANETEN WÄREN EINE GEFAHR FÜR SEINE ENTWICKLUNG.

LEBENDES HOLZ, DAS NACHWÄCHST, IST **UNENDLICH** WERTVOLL. EINE NIEMALS VERSIEGENDE QUELLE FÜR KOHLENSTOFF.

SIE **AUSZUBEUTEN** WÜRDE UNS AUF EINE STUFE MIT DEN SPOILERS STELLEN, COLONEL.

SIE SIND **DREIST**, MAR-VELL!

SIR, UNSER EINGREIFEN HIER GILT ALS **NOT-FALLAKTION** UND STELLT KEINEN OFFIZIELLEN **ERSTKONTAKT** NACH DEN STATUTEN DER STERNENWAFFE DAR.

DAS **VERPFLICHTET** UNS, DIESE WELT NICHT ANZURÜHREN, BIS SIE SICH AUS EIGENEN KRÄFTEN ERHOLT HAT.

VERSUCHEN SIE GERADE, MEINE AUTORITÄT DURCH DAS ZITIEREN VON **STERNENWAFFE-STATUTEN** ZU UNTERGRABEN, PRIVATE?

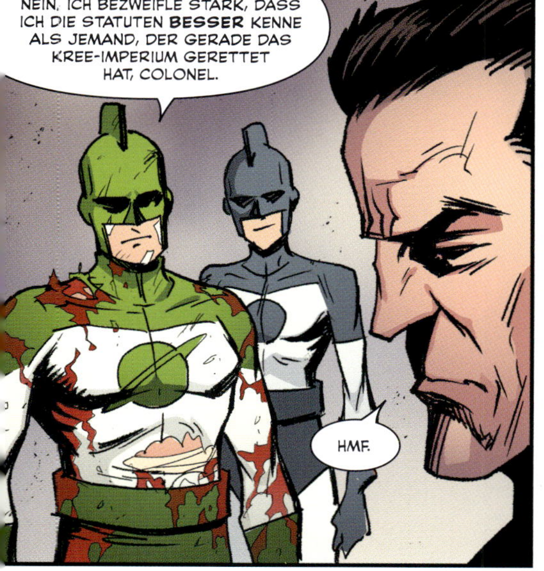

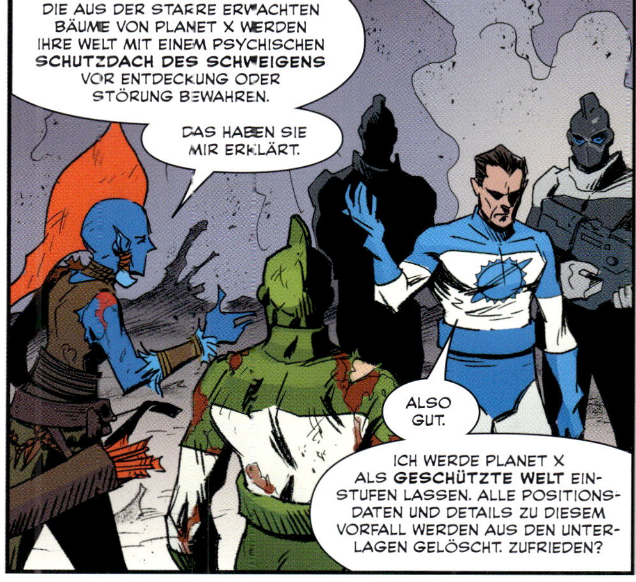

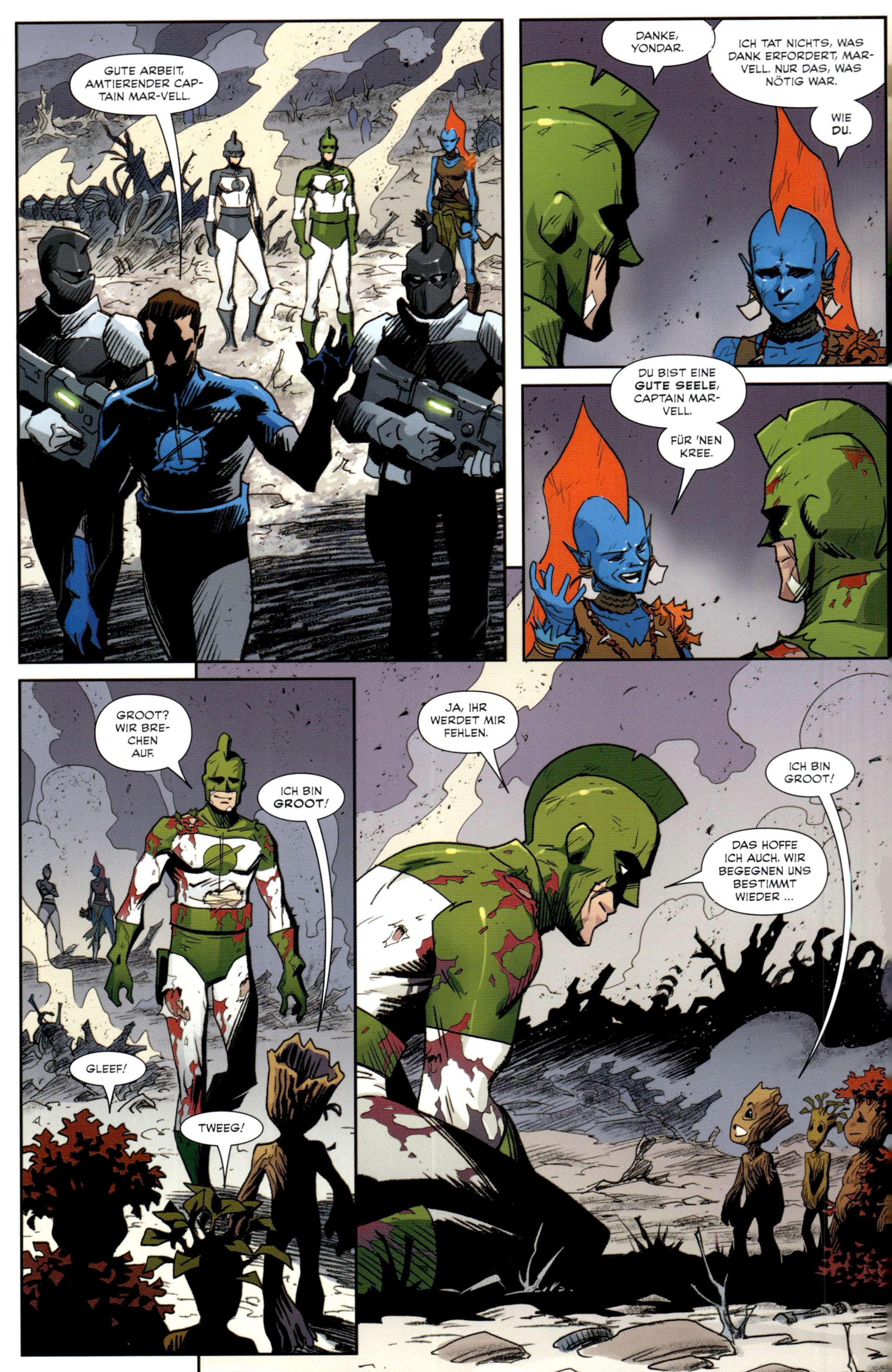
GUTE ARBEIT, AMTIERENDER CAPTAIN MAR-VELL.
DANKE, YONDAR.
ICH TAT NICHTS, WAS DANK ERFORDERT, MAR-VELL. NUR DAS, WAS NÖTIG WAR.
WIE DU.
DU BIST EINE GUTE SEELE, CAPTAIN MAR-VELL.
FÜR 'NEN KREE.
GROOT? WIR BRECHEN AUF.
ICH BIN GROOT!
GLEEF!
TWEEG!
JA, IHR WERDET MIR FEHLEN.
ICH BIN GROOT!
DAS HOFFE ICH AUCH. WIR BEGEGNEN UNS BESTIMMT WIEDER ...

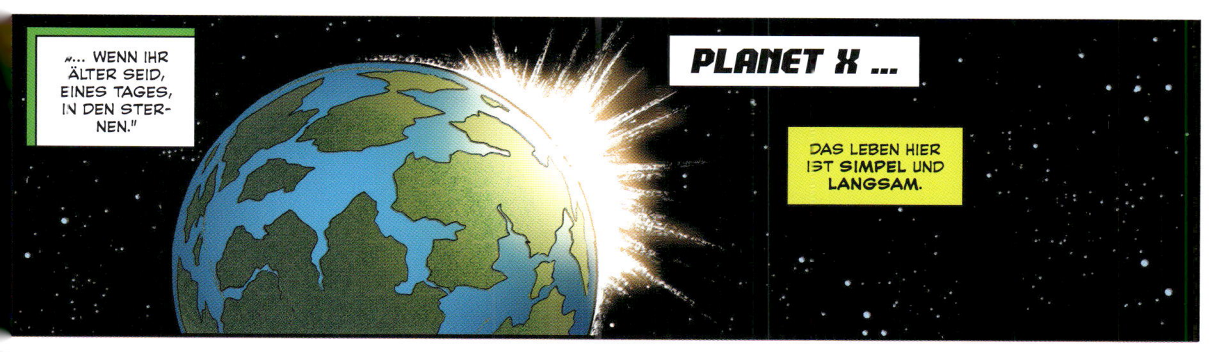

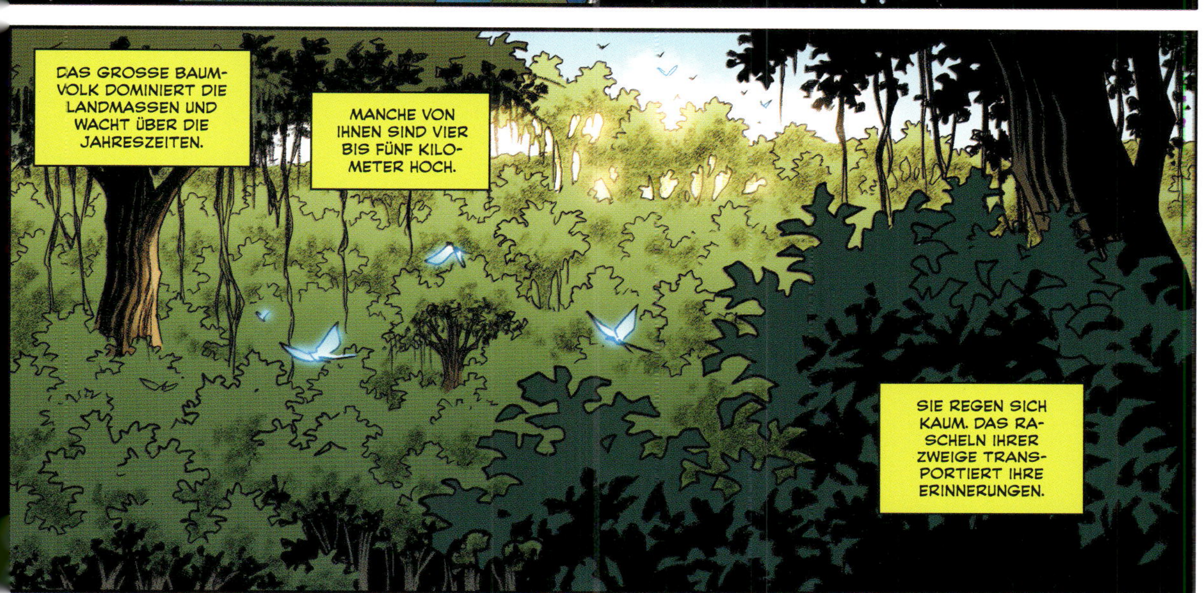

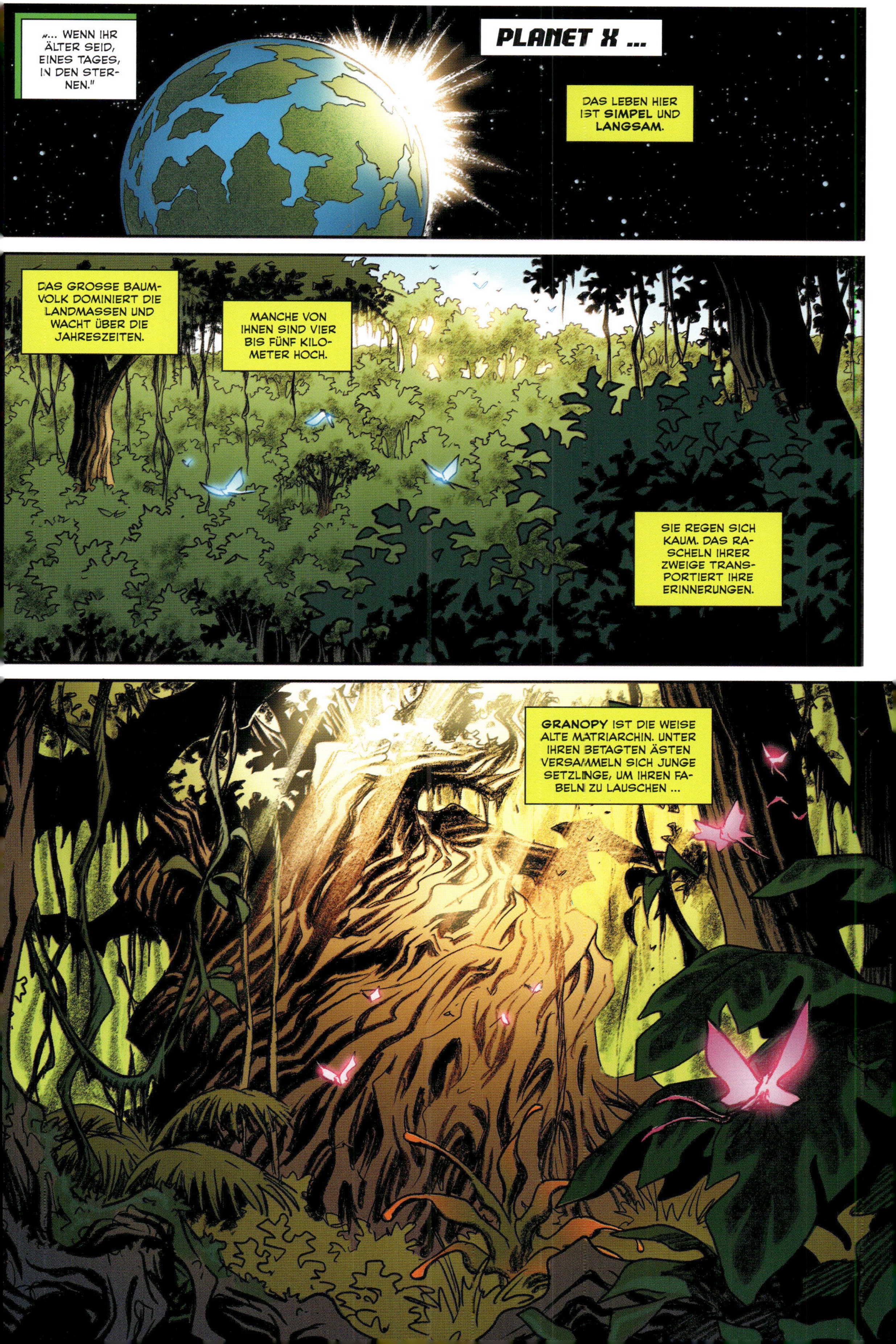

GRANOPY IST DIE WEISE ALTE MATRIARCHIN. UNTER IHREN BETAGTEN ÄSTEN VERSAMMELN SICH JUNGE SETZLINGE, UM IHREN FABELN ZU LAUSCHEN ...

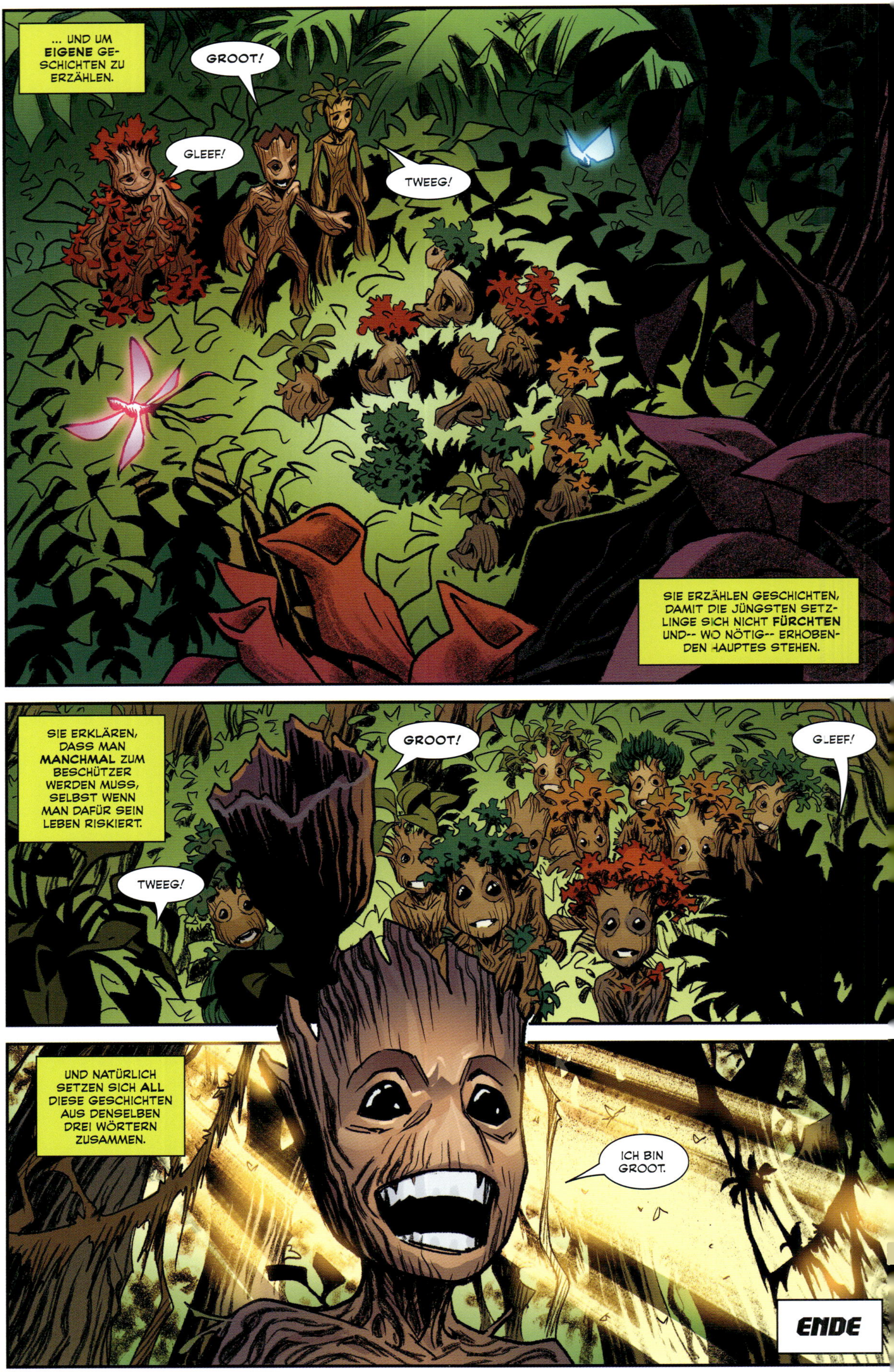

... UND UM **EIGENE** GESCHICHTEN ZU ERZÄHLEN.

GROOT!

GLEEF!

TWEEG!

SIE ERZÄHLEN GESCHICHTEN, DAMIT DIE JÜNGSTEN SETZLINGE SICH NICHT **FÜRCHTEN** UND-- WO NÖTIG-- ERHOBENEN HAUPTES STEHEN.

SIE ERKLÄREN, DASS MAN **MANCHMAL** ZUM BESCHÜTZER WERDEN MUSS, SELBST WENN MAN DAFÜR SEIN LEBEN RISKIERT.

GROOT!

GLEEF!

TWEEG!

UND NATÜRLICH SETZEN SICH **ALL** DIESE GESCHICHTEN AUS DENSELBEN DREI WÖRTERN ZUSAMMEN.

ICH BIN GROOT.

ENDE

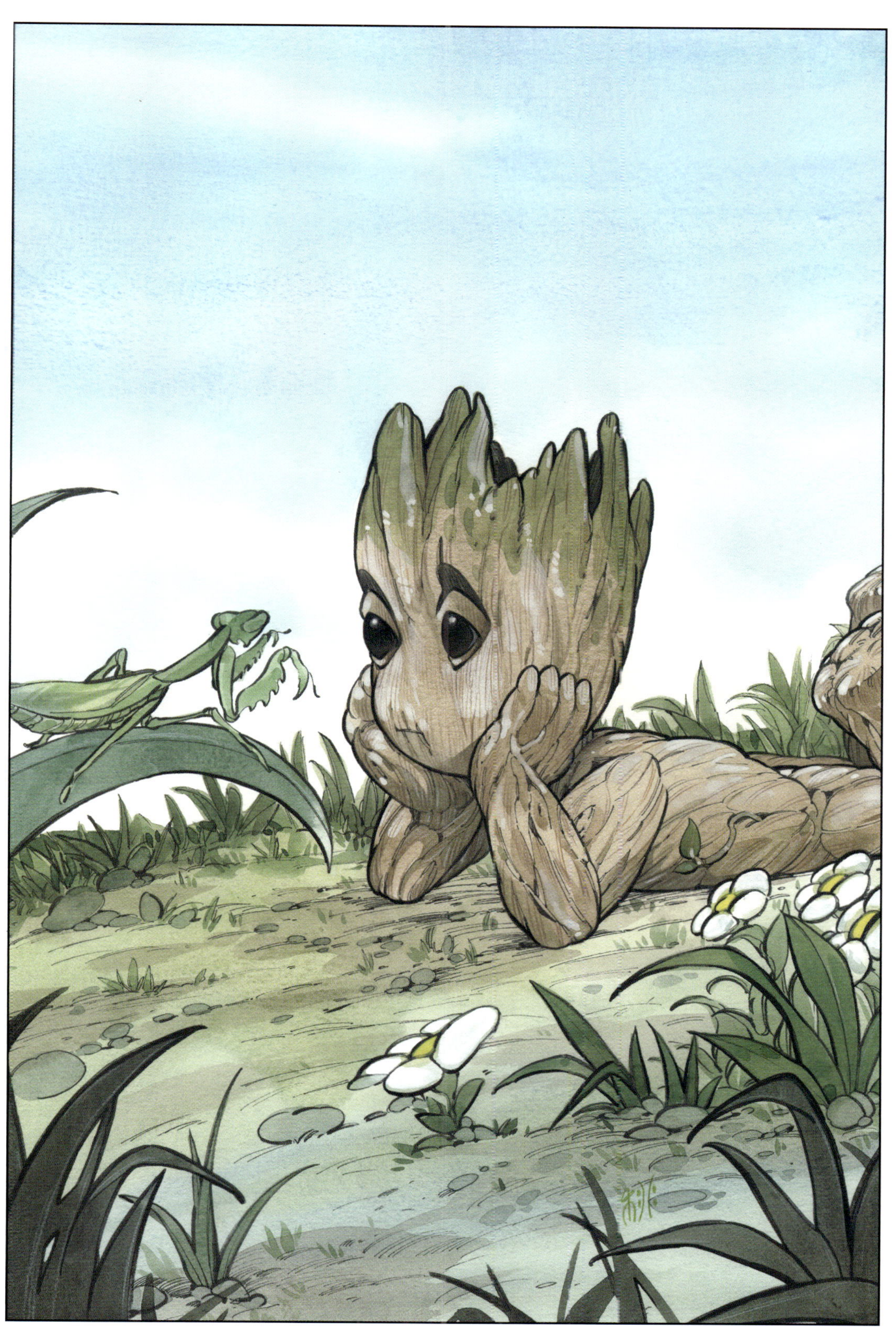

Groot (2023) 1
Variant-Cover von **PEACH MOMOKO**

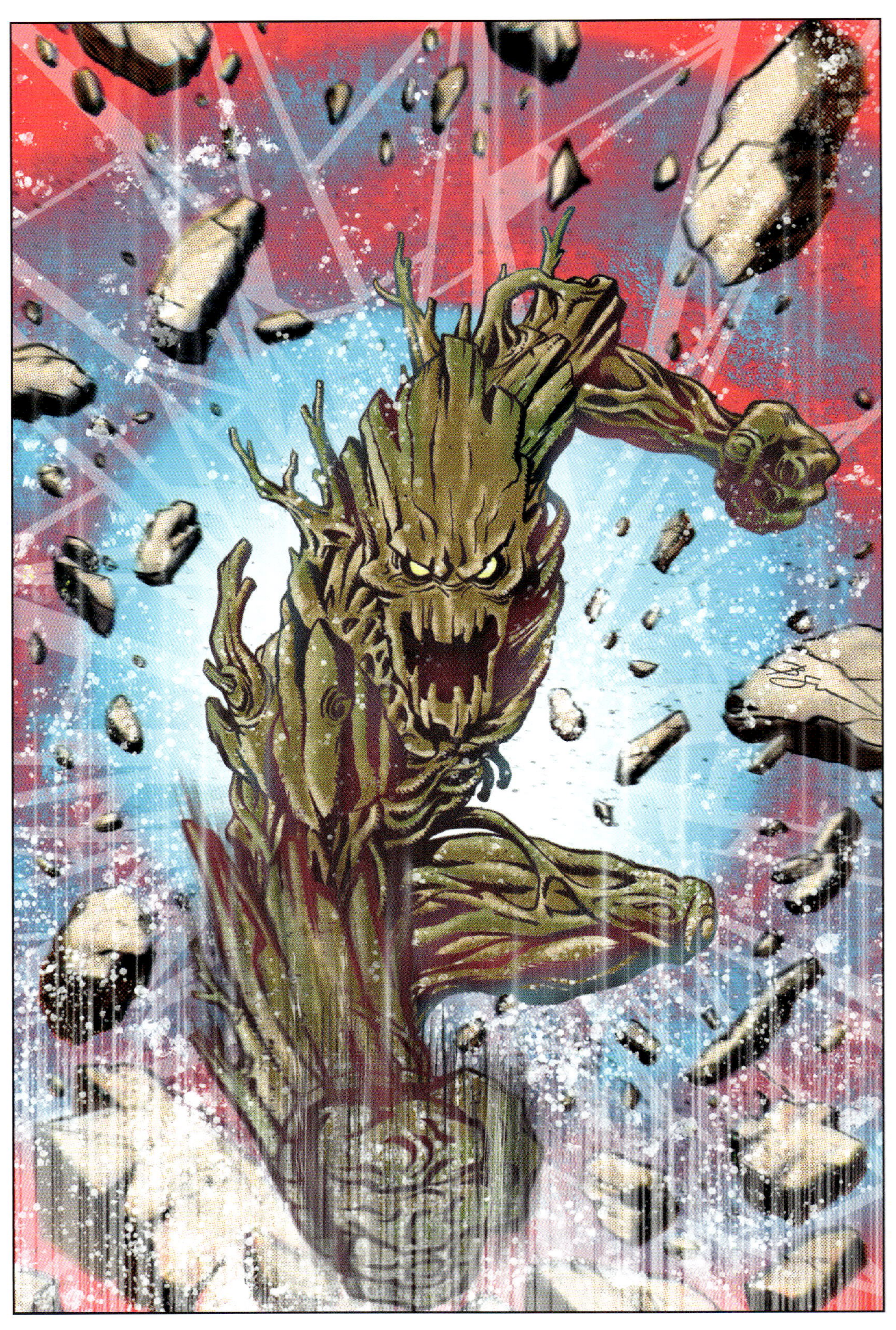

Groot (2023) 1
Variant-Cover von **BENJAMIN SU**

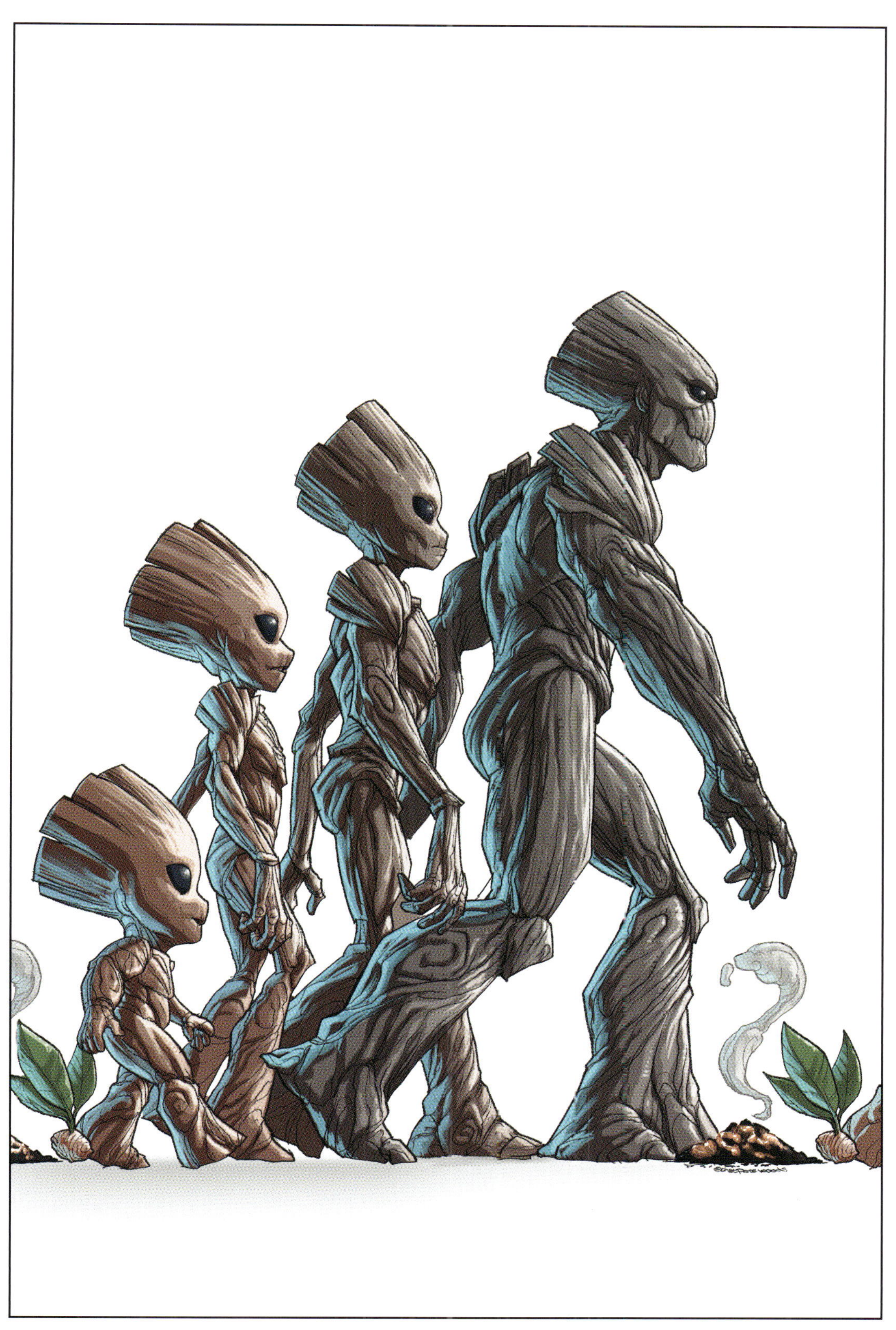

Groot (2023) 1
Variant-Cover von **PETE WOODS**

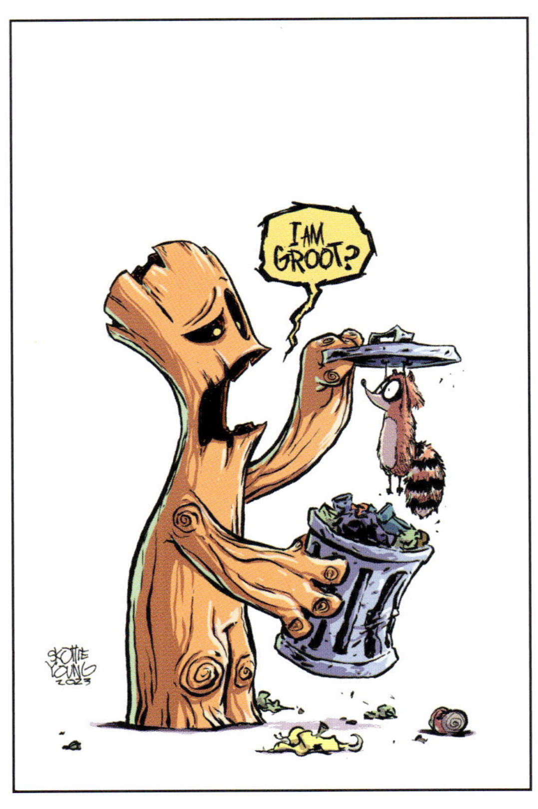

Groot (2023) 1
Variant-Cover von **SKOTTIE YOUNG**

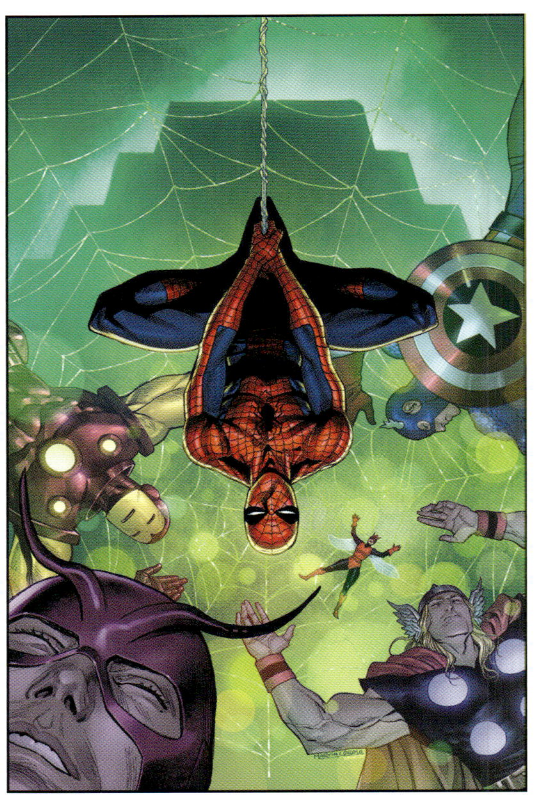

Groot (2023) 2
Variant-Cover von **MARTÍN CÓCCOLO**